杨立新 郭明瑞 ◎主编

《中华人民共和国民法典·总则编(含附则)》释义

张平华 刘宏渭 徐千寻 张 龙◎编著

人民出版社

责任编辑：洪　琼
封面设计：林芝玉
版式设计：顾杰珍
责任校对：吕　飞

图书在版编目(CIP)数据

《中华人民共和国民法典·总则编(含附则)》释义/杨立新,郭明瑞 主编;
　张平华等 编著. —北京;人民出版社,2020.6
ISBN 978－7－01－022155－7

Ⅰ.①中… Ⅱ.①杨…②郭…③张… Ⅲ.①民法-总则-法律解释-中国
Ⅳ.①D923.15

中国版本图书馆 CIP 数据核字(2020)第 099361 号

《中华人民共和国民法典·总则编(含附则)》释义
ZHONGHUARENMINGONGHEGUO MINFADIAN ZONGZEBIAN HAN FUZE SHIYI

杨立新　郭明瑞　主编

张平华　刘宏渭　徐千寻　张龙　编著

人民出版社 出版发行
(100706　北京市东城区隆福寺街 99 号)

北京盛通印刷股份有限公司印刷　新华书店经销

2020 年 6 月第 1 版　2020 年 6 月北京第 1 次印刷
开本:710 毫米×1000 毫米 1/16　印张:16.25
字数:280 千字

ISBN 978－7－01－022155－7　定价:52.00 元

邮购地址 100706　北京市东城区隆福寺街 99 号
人民东方图书销售中心　电话 (010)65250042　65289539

总　　序

杨立新　　郭明瑞

　　2020 年 5 月 28 日，第十三届全国人民代表大会第三次会议通过了《中华人民共和国民法典》(以下简称《民法典》)。这标志着启动 5 次、耗时 66 年、凝聚数代民法人心血与智慧的民法典编纂任务顺利完成。我国由此开启了全新的民法典时代。

　　这是一个具有重大历史意义的时刻。民法典作为社会生活的"百科全书"，规范和调整着社会经济生活与家庭生活的方方面面，并在此基础上深入而持久地型构、塑造着一个国家、民族、社会和人民鲜明的整体气质。作为新中国第一部以"法典"命名的法律，民法典是市民社会全体成员的"民事权利宣言书和保障书"，其始终以人为焦点，并以人的权利和自由为终极关怀。按照民法典生活，尊严就能够得到尊重，权利就能够得到实现，不仅在一生中生活得更加幸福，而且在其生前和死后都能够得到法律的保护。民法典是我国社会主义法治建设的重大成果，其奠定了民法作为市民生活基本法的地位，有利于从私权角度抵御公权力对公民生活的不当干预。民法典通过将社会主义核心价值观融入法律条文，彰显了鲜明的中国文化特色。作为新时代的法典，民法典紧扣时代脉搏，回应时代需求，体现时代特征。

　　民法典用法典化方式巩固、确认和发展了民事法治建设成果，健全和完善了中国特色社会主义法律体系。民法典的制定充分体现了中国共产党全心全意为人民服务的宗旨，体现了人民至上的理念。民法典的实施将助推国家治理体系和治理能力现代化迈上新的台阶，助推人民生活走上诚信、有爱、团结、奋进的正轨。民法典颁布后的次日，中共中央政治局就"切实实施民法典"举行第二十次集体学习,要求全党切实推动民法典实施:要加强民法典重大意义的宣传教育,讲清楚实施好民法典;要广泛开展民法典普法工作,将其作为"十四五"时期普法工作的重点来抓;要把民法典纳入国民教育体系,加强对青少年民法典教育;要聚焦民法典总则编和各分编需要把握好的核心要义和重点问题,阐释好民法典一系列新规定、新概念和新精神。

为此,人民出版社组织编写了《中华人民共和国民法典》释义系列丛书。丛书由全程参与民法典编纂的著名法学家担纲主编,汇集了国内相关领域的中青年学术骨干,本着积极勤勉的态度、求真务实的精神,按照民法典体例设立总则编(含附则)、物权编、合同编、人格权编、婚姻家庭编、继承编、侵权责任编七册。每册书按照法典章节顺序展开,各章先设导言以提纲挈领,然后逐条阐释条文主旨、立法背景、含义;力图做到紧扣立法原义,通俗易懂、深入浅出,既有利于广大读者掌握法律原义,指导日常生活的方方面面,形成和谐幸福的社会秩序;又可成为私权保障和社会责任实现的重要参考。

目　录

前　　言

　　2020年5月28日,第十三届全国人民代表大会第三次会议表决通过了《中华人民共和国民法典》,开启了我国法治的新时代。我国民法典采用了两步走的编纂战略,而2017年通过的《民法总则》是其中关键的一步。《民法典·总则编》基本保持了《民法总则》的内容,同时又有所变动,例如,将《民法总则》中一个月、三个月等短期期间改为以日计算。总结新冠肺炎疫情应对经验,要求紧急情况下居民委员会、村民委员会或者民政部门须为被监护人安排必要的临时生活照料措施。不对法人和非法人组织的人格权设兜底性规定,只限定列举名称权、名誉权、荣誉权。此外,还修改了部分词句,调整了部分标点,表述更为精准。

　　总则编覆盖民法各编,形成了总分结合、动静结合的法典结构。在静态上规定了自然人、法人、非法人组织三类主体,民事权利、民事责任等民事法律关系的内容,在动态上规定了民事法律行为、代理、诉讼时效等法律关系变动原因。总则编实现了制度传承与学说借鉴的结合。一方面,传承了民法典之前的立法经验,坚持权利本位和社会本位的结合,采取了民商合一的立法模式,并行规定了停止侵害式责任与损害赔偿责任。另一方面,借鉴相关学说新增绿色原则、决议行为,重新定义了民事法律行为,删除了民事制裁制度等。总则编奠定了私法基本精神,契合了社会现实需求。其明确规定平等、自愿、公平、诚信、守法与公序良俗、绿色六大原则,科学设计民事法律行为与代理,专章规定民事权利,宣示财产权利平等保护、厘定征收征用的条件和补偿,集中体现了私法自治的理念或精神。总则编积极回应社会关切,贯彻落实社会主义核心价值观。为适应和解决当前社会严重的人口老龄化、留守儿童问题,规定了成年监护、撤销监护;适应建设创新型国家的需求,建立了知识产权一般条款;积极应对信息网络时代的挑战,明确保护个人信息,宣示保护数据和网络虚拟财产。

比较此前的立法,总则编存在许多创新:第一章"基本规定"按照潘德克顿式立法技术,形成了统领总则其他章节的一般内容。明确了立法目的、基本原则、法律渊源等法律解释适用的基本前提。确立绿色原则,以适应我国生态文明建设任务;"公序良俗"正式进入民法,并成为兜底性强制性规定,确立了私法自治的消极界限;明确了习惯的法源地位,扬弃了以往将国家政策作为法源的做法。第二章"自然人"坚持民法的人文关怀,具体落实了主体平等、保护弱者等原则。调整了自然人出生和死亡时间的判断标准,降低了限制民事行为能力年龄门槛,强调胎儿利益的特殊保护。以"不能辨认"和"不能完全辨认"这种更为人性化的表述来替代以往"精神病人"的表述,增加了行为能力认定制度中的国家干预,允许有关组织进行无民事行为能力人或限制民事行为能力人的认定与恢复。丰富完善了监护制度,新增了遗嘱监护、成年监护等类型,以实现尊重被监护人的意愿、最有利于被监护人利益、实体和程序相结合、私法自治和国家强制相结合等原则。第三章"法人"将法人总体分为营利法人、非营利法人、特别法人,明确规定了捐助法人、宗教活动场所法人、农村集体经济组织法人、城镇农村的合作经济组织法人、基层群众自治组织法人等,分类规定其成立条件、组织管理要求,有利于推进国家治理体系和治理能力现代化。建立了法人人格否认、法定代表人代表权限制等一般规则。第四章将"非法人组织"独立成章,设立了非法人组织的成立要件,明确了设立人的无限责任,建立了非法人组织对法人设立的参照适用规则。第五章"民事权利"宣示了私权神圣原则,区分自然人、法人所享有的人格权类型,规定了自然人专享的一般人格权,建立了动态开放的民事权利类型体系。强调保护个人信息、数据、网络虚拟财产;建立了权利行使的一般原则:自愿行使原则、权利义务一致原则、禁止权利滥用原则。第六章"民事法律行为"不再要求民事法律行为以"合法性"为要件,将意思表示独立成节,承认决议行为,将乘人之危和显失公平合并,规定了通谋虚伪表示、隐藏行为,新设了第三人欺诈、第三人胁迫。以违反法律、行政法规的效力性强制性规定,违背公序良俗作为民事法律行为无效的兜底性规定。基于欺诈、胁迫、重大误解的民事法律行为不再"可变更"。第七章"代理"兼容了直接代理、间接代理,承认了职务代理,承认自己代理、双方代理为效力待定行为。将无权代理的赔偿范围限制在被代理人追认时相对人所能获得的利益限度内。第八章"民事责任"明确了连带责任的例外性,确定了内部责任的分担方式以及追偿权,规定了责任竞合和多样化的责任方式;将不可抗力、正当防卫、紧急避险规定为免责事由;创新性地规定了见义勇为、自愿救助和英烈条款。第九章"诉讼时效"结合中国国情以强行法的方式采取抗辩权发生主义的立场规定了诉讼时效问题,将普通诉讼时效期间延长为三年,删除了短期时效的相关规定;规定了特殊诉讼时效的计算方式;列举了若干不适用诉讼时效的情形。

　　本书分工如下:张平华、张龙,第一、五、八、九、十章、附则;刘宏渭,第二、三、四章;徐千寻,第六、七章。

　　本书由张平华统稿,石文静、王晖也参与了部分工作。在此,谨向各位作者及人民出版社法律与国际编辑部洪琼主任表示衷心的感谢。

张 平 华

2020 年 6 月 4 日

总 则 编

第一章　基本规定

本章导言 ▶

原《民法总则》构成了现在《民法典》的第一编，即总则。本章是《民法典》第一编总则的基本规定，其承继原《民法总则》第一章和原《民法通则》第一章，规定的是民法典总则部分最为基本的内容，发挥统领本编后续各章的作用。本章规定的内容较为宏观、全面，立法过程中关于本章名称的讨论意见也有所不同。"基本原则""一般规定"和"基本规定"的意见并存，最后综合各方面意见，本章的名字最终被确定为"基本规定"。本章共计 12 条，主要规定了民法典的五个立法目的和一个立法依据、民法的调整对象、民法的六大基本原则、民事纠纷的处理规则和民法的适用范围。相较于《民法总则》之前的民事立法，本章在承继原有立法思路的基础上又有了部分新的变化。本章将弘扬社会主义核心价值观列为民法典立法目的之一，对民法调整对象重新进行了分类，增设了绿色原则作为民法的基本原则之一。

第一条　为了保护民事主体的合法权益，调整民事关系，维护社会和经济秩序，适应中国特色社会主义发展要求，弘扬社会主义核心价值观，根据宪法，制定本法。

释　义

本条是关于立法目的和立法依据的规定。

我国立法向来坚持一种立法习惯，即选择用所立法律之第一条来明确立法宗旨、目的、原则或依据，该条也不例外。该种立法模式可以明确地阐明以上内容，确保法律保护、教育、引导等功能的发挥。但是在我国司法实践中，第一条不能单独作为法院的裁判依据加以援引。

本条的作用在于明确五个立法目的(保护民事主体的合法权益、调整民事关系、维护社会和经济秩序、适应中国特色社会主义发展要求和弘扬社会主义核心价值观)和一个立法依据(《宪法》)。

一、立法目的之一:保护民事主体的合法权益

合法权益包含两个词:合法、权益。所谓合法系要求民法仅保护合法权益,非法权益不受民法保护。例如赌债属于违法债务,不受民法保护,债权人向人民法院请求债务人偿还赌债的,人民法院也不会予以支持。权益是权利和利益的合称,权利系指民法明确认可的民事权利,例如生命权、健康权。凡是对民事主体有所助益的都可以称之为利益,但并非所有的利益都受民法保护。例如青春对一个人而言可能是利好的,但是两个恋人分手后,一方不得要求另一方赔偿自己所谓的"青春损失",因为该利益不受民法保护。

合法权益包括人身权益、财产权益以及兼具人身、财产属性的权益三个方面。人身权益是人格权益和身份权益的统称,人格权益是指基于人格而产生的相关权益,包括具体人格权和一般人格权。前者例如生命权、名誉权、荣誉权等民法已经明确认可的人格权,后者是尚未被明确认可但又需要民法进行保护的人格利益的统称。财产权益以财产利益为主要内容,当然,并非所有有关财产利益的都可以称之为财产权益,例如夫妻双方开展婚姻生活必然牵扯财产利益,但是夫妻间的权益属于身份权益而非财产权益。知识产权、股权等权利兼具人身权益和财产权益的双重属性,例如某人完成一本著作,其获取稿费的权利是财产权,其署名的权利是身份权。

二、立法目的之二:调整民事关系

人在社会中生存、生活会产生各种社会关系,例如伦理关系、宗教关系、朋友关系、恋人关系和法律关系等。法律只调整其中的法律关系,民法只调整其中的民事关系。所谓民事关系是由民法规范所确认的,以民事权利和民事义务为内容的社会关系。需要注意的是,以上提及的诸多社会关系只是从不同角度作出的分类,互相之间并不排斥,也不必然相互包容,甚至互相之间可以转化。例如张某在婚姻关系存续期间与婚外异性王某通奸,此时二人的这种恋人关系不受民法调整。但是当张某与王某的恋人关系发展到二人同居的程

度时,这种恋人关系就与法律关系产生了交叉,因为此时张某已经构成了有配偶者与他人同居,这也是我国《民法典·婚姻家庭编》认可的法定离婚的事由之一,其受民法中《民法典·婚姻家庭编》的调整。法律关系区别于其他社会关系的显著特征在于其可以产生法律权利和法律义务。例如,恋人关系中二人互相之间也不会产生互相扶养的义务,但是当二人缔结婚姻之后便会产生互相扶养的法定义务,因为此时二人的恋人关系已经转化为婚姻关系,而婚姻关系是一种民事关系。

民事关系包括人身关系和财产关系。人身关系以产生、确立、维系或解除某种人格和身份关系为主要内容,财产关系以实现财产利益的归属和流转为主要内容。人身关系的典型如配偶关系。二人办理结婚登记形成配偶关系,配偶关系以人身利益为主要内容,即二人缔结婚姻是为了确立互为配偶的这样一种身份关系,而不是为了财产的增益或流转。财产关系的典型如买卖合同关系。二人订立手机买卖合同,目的是为了实现手机所有权的转移,而手机所有权是一种财产权,所以该买卖合同关系是一种财产关系。

三、立法目的之三:维护社会和经济秩序

市场经济的发展需要三个基本要素:合格的市场参与主体、自由的交易环境和公平的参与机会。民法建立了相关法律制度为市场经济发展提供了保障:明确了合格的市场参与主体(即自然人、法人和非法人组织),确立了自由、平等、公平等原则,确保了市场经济发展过程中的多主体平等参与和公平自由竞争。社会和经济的繁荣发展必然伴随纠纷的呈现,民法作为定纷止争的规则可以有力化解社会纠纷和矛盾。法治与自治的结合在维护社会和经济秩序方面发挥了至关重要的作用。我国的基层自治组织村委会和居委会便是自治与法治相结合的典型实例。基层很大一部分纠纷和矛盾都可以在“两委”之中化解,但是其无法解决的纠纷和矛盾还是要依靠法律来调整。由此可见,民法维护社会和经济秩序,这是社会和经济发展的要求,也是民法与生俱来的使命。

四、立法目的之四:适应中国特色社会主义发展要求

民法与社会主义事业的发展相互促成。然而,既然经济基础决定上层建筑,那么相应地,法律必然具有一定的滞后性。尚未出现的社会现象民法无法

调整,民法回应新出现的纠纷也必然需要一定的时间。民法需要适应中国特色社会主义的发展,尽可能迅速地回应社会现实。例如目前尚无飞行汽车进入市场流通环节,所以民法不可能提前设定规则以规制飞行汽车的行驶问题。再如自动驾驶汽车现在已经进入市场流通环节,先前并没有专门的法律规则调整自动驾驶汽车,目前民法正在寻求积极应对自动驾驶汽车参与道路交通一事的解决方案,包括法律解释和修改,这便是民法滞后性的表现。

民法要维护同时代社会主义的发展,要维护同时代的文明。任何一个国家经济的发展都避免不了对环境的破坏,我国亦是如此。我国市场经济发展四十余年,环境污染和生态破坏并非刚刚开始,为了维护更好的生存环境,以牺牲环境为代价的经济发展模式早已不适应社会主义现代化的发展需求,由此民法也做了相应的调整。原《民法总则》增设了绿色原则作为民法的六大基本原则之一,旨在倡导节约资源,保护环境,实现绿色发展,这便是民法维护同时代社会主义发展的表现。

五、立法目的之五:弘扬社会主义核心价值观

党的十八大提出,倡导富强、民主、文明、和谐,倡导自由、平等、公正、法治,倡导爱国、敬业、诚信、友善,积极培育和践行社会主义核心价值观。富强、民主、文明、和谐是国家层面的价值目标,自由、平等、公正、法治是社会层面的价值取向,爱国、敬业、诚信、友善是民事主体个人层面的价值准则,这24个字是社会主义核心价值观的基本内容。社会主义核心价值观是社会主义核心价值体系的高度凝练和集中表达,是一种抽象的理念。民法用来维护社会秩序,保障社会发展,是一种具体的规则。二者相互统一,相辅相成。例如社会主义核心价值观要求自由、平等、公正、法治,民法也明确规定了自由原则、平等原则、公正原则、守法和公序良俗原则。换言之,从社会主义的发展来看,社会主义核心价值观是内在的理念要求,民法是外在的规则约束,二者缺一不可。因此民法要弘扬社会主义核心价值观,这既是民法的精神使然,也是社会主义发展的需要。

六、立法依据:《宪法》

民法适用的一个基本规则就是上位法优先于下位法,即下位法的规定不得与上位法的规定相冲突,否则下位法的规定无效。依本条规定,《民法典》

的立法依据为《宪法》，即《宪法》是《民法典》的上位法，如果《民法典》的规定与《宪法》相冲突的话，以《宪法》的规定为准。《宪法》是我国的根本大法，也称为"母法"，任何与《宪法》相冲突的法律规定均无效。《宪法》规定了民事主体的基本人权，为民法保护民事权利奠定了基础，民法是对《宪法》部分内容的细化和解释。

《宪法》本身不具有可诉性，一般而言，法院不能援引《宪法》规定进行裁判，而民法则可以。因为"齐玉苓与陈晓琪、陈克政、山东省济宁市商业学校、山东省滕州市第八中学、山东省滕州市教育委员会姓名权纠纷一案"，2001年，《最高人民法院关于以侵犯姓名权的手段侵犯宪法保护的公民受教育的基本权利是否应承担民事责任的批复》明确了两点：一是被告人陈晓琪的行为侵犯了齐玉苓依据《宪法》享有的受教育的基本权利，二是陈晓琪对其侵权行为应承担相应的民事责任。纵观该批复全文，最高人民法院似乎并未明示或暗示要求山东省高级人民法院可以或者应当依据《宪法》判决侵权行为人承担民事责任。司法界和法学界普遍认为该批复开了法院引用《宪法》作为裁判依据的先河，甚至该案也被诩为我国"宪法司法化第一案"，而实际上最高人民法院是一直秉持"不得引用《宪法》作为裁判依据"的司法态度的，后该批复于2008年12月18日被最高人民法院宣布废止。2016年，最高人民法院印发《最高人民法院关于印发〈人民法院民事裁判文书制作规范〉〈民事诉讼文书样式〉的通知》，该文件明确规定"裁判文书不得引用宪法和各级人民法院关于审判工作的指导性文件、会议纪要、各审判业务庭的答复意见以及人民法院与有关部门联合下发的文件作为裁判依据，但其体现的原则和精神可以在说理部分予以阐述"。总结而言，《宪法》是我国的根本大法，其本身不具有可诉性，不能作为法院裁判的依据。

第二条 民法调整平等主体的自然人、法人和非法人组织之间的人身关系和财产关系。

释 义

本条是关于民法调整范围的规定。

全面理解本条，需把握四个关键词。

1. 平等主体。民法仅调整平等主体之间的法律关系,所谓平等指的是主体的地位平等、民事权利能力平等、参与民事法律关系的机会平等。主体的地位平等是指三类民事主体参与民事法律关系的地位平等。一个生产纸张的公司因为非法排污被环保局施以罚款 10 万元的行政处罚,此时公司和环保局之间的法律关系不受民法调整,因为在这层法律关系中,环保局代表的是国家公权力机关,二者不是平等的民事主体。但是当环保局向该公司购买 10 吨纸张时,二者之间的买卖合同关系就受民法调整,因为此时环保局是以普通民事主体的身份参与市场交易,不代表国家,不行使公权力,双方是平等主体。主体的民事权利能力平等指所有主体自出生或成立时起便具有了民事权利能力。主体参与民事法律关系的机会平等是指所有主体都可以平等、自由地参与市场竞争,不能强买强卖,不能垄断或者不正当竞争。

2. 自然人、法人和非法人组织。我国民法认可的民事主体有三类,即自然人、法人和非法人组织,只有这三者之间产生的民事法律关系才受民法调整。自然人是指基于自然规律出生的人,是一种生命体,这个概念大致等同于我们日常生活用语中的“人”。法人是具有民事权利能力和民事行为能力,依法独立享有民事权利和承担民事义务的组织。法人是由自然人和财产组成的一种组织,不是生命体,例如公司、基金会等。非法人组织是指介于自然人和法人之间,未经法人登记的社会组织,例如合伙企业、个人独资企业等。非法人组织区别于自然人和法人的明显特征在于其本身并不能独立承担民事责任,例如 B 个人独资企业欠张某钱,这笔钱需要该企业的出资人来偿还,而不是由 B 个人独资企业来偿还,因为 B 个人独资企业作为非法人组织,其不能独立承担民事责任。

3. 人身关系。人身关系是人们在社会生活中形成的与主体的人身不可分离、以特定精神利益为内容的社会关系。它是基于人格和身份而产生的一系列的关系总和。理解人身关系需要把握以下几个重点:第一,民法所调整之人身关系主要是发生于自然人之间的,例如亲子关系、配偶关系等。第二,人身关系是以特定精神利益为主要内容的社会关系,例如配偶关系。第三,民法所调整之人身关系有着法定的发生原因。人身关系是社会关系的一种,但是民法所调整之人身关系不同于生活用语中的人身关系,其必须符合民法规定的发生原因,例如办理结婚登记形成配偶关系。并不是日常生活中所有的人身关系都受民法调整,例如恋人关系中两人互为男女朋友,甚至有的互称未婚妻、未婚夫,但是这种生活中的人身关系不是民法所调整的人身关系,因为民法没有规定恋爱可以产生人身关系。

4.财产关系。所谓财产关系指人们在社会生产、分配、交换与消费中所形成的社会关系的总和,即具有经济内容的社会关系。财产关系与人身关系共同组成了民法所调整之民事关系,前者主要以经济利益为内容,后者主要以精神利益为内容。民法所调整的财产关系必须符合三个条件:第一,以经济利益为主要内容,此条件将财产关系与人身关系区别开来。第二,发生于民事主体之间,即自然人、法人、非法人组织之间产生的财产关系。第三,属于财产的归属、利用或流转关系。这可以从静态和动态两个角度来理解。静态的财产归属关系归民法调整,例如张某与李某就房屋的所有权发生争议,张某诉至人民法院要求人民法院确认该房屋归张某所有,这就是财产的归属纠纷。动态的财产流转关系归民法调整,例如张某将房屋卖给李某,二人就买卖合同约定的价款产生纠纷,这就是财产的流转纠纷。

第三条 民事主体的人身权利、财产权利以及其他合法权益受法律保护,任何组织或者个人不得侵犯。

释 义

本条是关于民事主体民事权益受法律保护的规定。

本条为民事主体的权利保护提供了最根本的依据,至于承担什么样的、多大的民事责任再依据《民法典》其他条款来定。

本条指称的民事主体便是第二条规定的自然人、法人和非法人组织。民法所要保护的民事权益具体又包括三种:人身权利、财产权利以及其他合法权益。人身权利和财产权利在第1条和第2条的释义中已经有所解释,此处重点介绍一下"其他合法权益"。此概念存在的意义主要表现为两方面:一是防止立法列举的民事权利种类有遗漏,如果出现新型权利类型而又来不及修改立法时就可以通过这个概念来吸收这项新型权利,以此达到保护民事主体的法律效果。例如个人隐私在没有被明确规定为隐私权之时就是通过"其他合法权益"这个概念来对其进行保护。二是民法不仅保护权利,也保护利益,某些民事利益虽然没有被确认为民事权利,但是可以归入到"其他民事权益"当中去,以实现民法的保护。例如张某购买海景房一套,目的之一就是享受海景,结果开发商又在张某房子前加盖高层,阻挡了张某看海。民法中并没有"看海权"这一"权利",但这却是张某的一项民事利益,此时张某可以主张开发商侵犯了自己的"其他合法权益"。

本条最后一句"任何组织或者个人不得侵犯"是一种否定性、禁止性的表达,此处的"任何组织或者个人"可以包括所有的民事主体,但含义又不止于此,即便不是民事主体的国家也不得侵犯其他民事主体的民事权益。

法律保护民事主体合法权益的基本逻辑和进路是权利—义务—责任—程序。也就是说,法律首先要认可自然人享有一项民事权利,此时这个民事主体称为权利人,再为这个权利人的相对人设定一项义务(不得侵犯这个权利人权利的义务),这个相对人我们称之为义务人。单纯有权利义务还不行,还要为义务人设定一项责任,以防止义务人违反义务。最后还要设定一项程序,以此来确保责任的落实和兑现。这四步逻辑缺一不可。本条前半句"民事主体的人身权利、财产权利以及其他合法权益受法律保护"规定的是权利,后半句"任何组织或者个人不得侵犯"规定的是义务。责任由《民法典》其他条款或其他法律来规定(例如《民法典》第一编第八章),程序主要规定在专门的程序法中,例如《中华人民共和国民事诉讼法》和《中华人民共和国刑事诉讼法》。

第四条 民事主体在民事活动中的法律地位一律平等。

释 义

本条是关于平等原则的规定。

从本条一直到第9条,规定了民法的六大基本原则:平等原则、自愿原则、公平原则、诚实信用原则、守法和公序良俗原则、绿色原则。本条规定的是平等原则,主要包括了四个方面的内容:

1.民事主体的法律地位平等。民事主体指称的是自然人、法人和非法人组织,其法律地位平等具体表现为两个方面,一方面是民事主体的主体资格平等,另一方面是民事主体各自独立。所谓主体资格平等指的是自然人、法人和非法人组织都是民法认可的民事主体,三者平等地参与民事法律关系,平等地受法律保护,不会因为 A 是自然人,B 是法人,所以就特殊保护 B。所谓民事主体各自独立是指民事主体独立决定民事事务,互相之间无人身隶属关系。例如 A、B、C 三人共同出资成立有限责任公司 D,自 D 公司成立之后,D 公司就是独立合法的民事主体(法人),假如后来 D 公司经营不善,欠 E 公司债务100 万元,那么 E 公司只能要求 D 公司偿还 100 万元,此债务与 A、B、C 三个人无关。民事主体的独立性还表现为民事主体的意志独立,自己的事情自己做主,不能强迫一个人作出违背其真实意愿的意思表示。

2. 民事主体平等地依法享受权利和负担义务。民事主体参与民事法律关系时要平等地享受权利和负担义务,一方不得随意排除另一方的权利或者加重另一方的义务。例如,饭店里经常会有"本店店小利薄,禁止自带酒水"之类的警示语,从法律上讲,顾客去饭店消费实际上是与饭店缔结了餐饮服务合同,这是一种民事法律关系,但是饭店禁止自带酒水的规定限制了顾客的消费自由(因为这将导致顾客想喝酒水的话只能在这家饭店购买),排除了顾客的权利,违反了本条所规定的平等原则。

3. 民事主体的合法权益受法律的平等保护。所有民事主体,无论是自然人、法人还是非法人组织,无论自然人贫穷还是富贵,无论法人和非法人组织的性质如何、资本雄厚还是薄弱,都平等地受法律保护。一方面,法治社会人人平等,只要你的合法权益受到了侵害,无论加害人是谁,哪怕是政府,你都可以请求法律的保护。另一方面,任何人的合法权益都是合法权益,法律不会区别保护。例如张某是一位普通的工厂工人,李某是一位富豪,王某是一位机关干部,三人分别遭遇车祸死亡,那么三人的死亡赔偿金应当按照同一个标准进行计算。按照《最高人民法院关于授权开展人身损害赔偿标准城乡统一试点的通知》(法明传〔2019〕513 号)的规定,法院在计算死亡赔偿金时应取消城镇户口和农村户口的区别,按照城乡统一标准计算,具体由全国各个省份试点执行。

4. 民事主体的责任平等。这并不意味着每一个民事主体都要承担相同的民事责任,而是说任何一个民事主体都要承担他应该承担的法律责任。政府侵害民事主体合法权益的,也要承担相应的民事责任。例如某市政府与某超市签订买卖合同,购买超市的苹果 1000 斤,超市供货后市政府迟迟不给钱,按照《民法典·合同编》的规定,市政府也要承担违约责任。

第五条　民事主体从事民事活动,应当遵循自愿原则,按照自己的意思设立、变更、终止民事法律关系。

释 义

本条是关于自愿原则的规定。

自愿原则又称为意思自治原则,指民事主体依照自己的理性判断,自主参与民事活动,管理自己的私人事务,不受国家权力和其他民事主体的非法干预。该原则具体包括两方面的内容:

1.民事主体自主决定民事事项。自然人、法人和非法人组织在市场交易等民事活动中都必须遵守自愿协商的原则,有权按照自己的真实意愿独立自主地选择、决定交易对象和交易条件,建立和变更民事法律关系,并同时尊重对方的意愿和社会公共利益,不能将自己的意志强加给对方或任何第三方。当事人不仅可自主决定实体上的权利义务,而且可自主处分其权利,选择处理纠纷的程序、方式等。

2.民事主体只对自己的真实意思负责,民法只保护当事人真实自愿的意思表示。如果民事主体非基于真实意思实施某个行为,法律将提供相应的救济。例如,一方当事人以另一方当事人及其近亲属的生命、健康或财产安全等为胁迫对象,迫使另一方当事人订立的买卖合同为可撤销合同,受胁迫一方当事人可以请求人民法院撤销该合同。自愿原则贯穿于民事法律行为的设立、变更、终止的全过程,任何一个环节发生非自愿的情形均违背了自愿原则。

第六条 民事主体从事民事活动,应当遵循公平原则,合理确定各方的权利和义务。

释 义

本条是关于公平原则的规定。

公平原则要求当事人在民事活动中应以社会正义、公平的观念指导自己的行为、平衡各方的利益,要求以社会正义、公平的观念来处理当事人之间的纠纷。该要求具体表现为以下三个方面:

1.民事主体参与民事法律关系的机会平等。在计划经济时代,独立参与民事法律关系的主体数量有限,机会不对等,几乎不存在真正的市场竞争。当前,市场经济本质上要求公平竞争,许多与市场经济相关的法律的目的就是确保民事主体参与民事法律关系的机会平等。例如招投标程序就是为了确保民事主体平等参与招投标,以实现资源配置的最优化。

2.民事主体应当合理分配义务,利益均衡。民事主体在民事法律关系中的权利、义务负担应当均衡,不能有失公平。例如,消费者在网上买一盒20元钱的袜子,卖家承诺包邮,如果消费者为了尽快收到货而要求卖家必须用顺丰特快邮寄,这就背离了公平原则。因为这一要求加重了卖方的义务,导致买卖双方的义务失衡。

3.民事主体合理地承担民事责任。民事主体在民事法律关系中的责任也要均衡,一方不得违反公平原则加重另一方的民事责任。例如《民法典》第585条规定:"当事人可以约定一方违约时应当根据违约情况向对方支付一定数额的违约金,也可以约定因违约产生的损失赔偿额的计算方法。约定的违约金低于造成的损失的,人民法院或者仲裁机构可以根据当事人的请求予以增加;约定的违约金过分高于造成的损失的,人民法院或者仲裁机构可以根据当事人的请求予以适当减少。当事人就迟延履行约定违约金的,违约方支付违约金后,还应当履行债务。"这就是公平原则的具体体现。

第七条 民事主体从事民事活动,应当遵循诚信原则,秉持诚实,恪守承诺。

释 义

本条是关于诚实信用原则的规定。

诚实信用原则在民法中具有重要的地位,甚至有"帝王原则"之称。民法讲求意思自治,尊重民事主体的合法意愿,为了确保民事主体言而有信,所以设立诚实信用原则。民法中的许多具体规则都是依照该原则细化制定的,例如《民法典·合同编》规定的缔约过失责任等。诚实信用原则可以适用于民法的各个领域、民事活动的各个阶段。当事人订立合同之前、合同履行中、合同终止后都要遵循诚实信用原则。例如,甲乙订立了为期三年的雇用合同,合同期满后,尽管合同的权利义务终止,但乙作为雇员应当遵循诚实信用原则,保守其在受雇期间获知的商业秘密。

《民法总则》出台以后,禁止权利滥用原则被纳入到了诚实信用原则之中,《民法典》亦是如此。民事主体享有民事权利,自然可以行使该权利,并且受民法保护。但是任何权利都有边界,民法对权利的保护也并非没有限度。禁止权利滥用原则的要旨是尽管你可以自由地享有和行使民事权利,但是不能违反诚实信用原则,滥用该权利。例如甲乙是邻居,两家交恶之后,甲为了阻止乙看海,特意加高了自己家的东墙,甲的行为属于权利滥用,违反了诚实信用原则。

第八条 民事主体从事民事活动,不得违反法律,不得违背公序良俗。

释 义

本条是关于守法和公序良俗原则的规定。

守法和公序良俗原则具体包括两方面的内容:

1.民事主体从事民事活动不得违反法律,否则该民事法律行为无效。此处指称的法律并非广义的概念,即并不是所有违反法律的民事法律行为都无效,仅指违反法律、行政法规效力性强制性规定的民事法律行为无效。法律规定分任意性规定和强制性规定,如果违反强制性规定,法律行为不会生效,也会招致一定的不利后果。例如,法律禁止买卖毒品,这种规定是强制性规定,所以买卖毒品的法律行为无效。任意性规定没有匹配一定的法律后果,违反了不会导致法律行为无效。例如,《民法典·合同编》规定当事人订立合同可以采用口头、书面等形式,所以当事人采用电子邮件方式订立的合同不会无效。强制性规定又分为两类,效力性强制性规定和管理性强制性规定,违反效力性强制性规定的民事法律行为无效,违反管理性强制性规定的不必然无效。法律禁止买卖毒品,这是效力性强制性规定,所以甲乙买卖毒品的民事法律行为无效。本条指称的法律仅限于法律和行政法规。法律是指全国人民代表大会和全国人民代表大会常务委员会出台的法律文件,行政法规是指国务院出台的法律文件。本条守法和公序良俗原则中的"法"指的就是这两种法律文件。例如某城市出台政策,禁止路边摆摊,影响市容市貌。一街头小贩摆摊卖水果,每天与很多人订立买卖合同,这些买卖合同有效无效与该原则无关。因为街头小贩摆摊违反的是城市法律政策,某城市颁布的法律政策并不是法律或者行政法规。

2.民事活动不得违背公序良俗。公序良俗是公共秩序和善良风俗的合称。公共秩序,是指国家、社会的存在及其发展所必需的一般秩序,包括国家利益、社会经济秩序和社会公共利益。善良风俗,是指国家社会的存在及其发展所必需的一般道德,即一般道德观念或良好道德风尚,包括社会公德、商业道德和社会良好风尚。违背公序良俗的民事法律行为无效。

第九条 民事主体从事民事活动,应当有利于节约资源、保护生态环境。

释 义

本条是关于绿色原则的规定。

绿色原则的增设是我国民事立法的创新之举,这与我国对生态环境的重视和保护有直接关系。党的十八大首次将生态文明建设作为"五位一体"总体布局的一个重要部分。党的十八届五中全会提出了"绿色"发展理念,党的十九大报告以及十九届二中全会公报也多次提及环境保护与生态治理。随着生态文明体制改革成为全面深化改革的重要领域,我国逐步推出了一系列重要的党法党规,例如《中共中央、国务院关于加快推进生态文明建设的意见》(中发〔2015〕12 号)等。在此基础上,《宪法修正案(2018)》将"生态文明""新发展理念"等写进了《宪法》序言。

所谓资源主要指生态环境资源,而不是泛指其他任何资源。基于此,节约资源、保护生态环境最后的落脚点都是环境保护。绿色原则为民法和环境法建立了沟通与协调的管道,是对当前人民群众对清新空气、干净饮水、安全食品、优质环境的迫切需求的积极回应,有利于我国的生态文明建设,促进人类社会的可持续发展。该原则传承了我国天地人和、人与自然和谐共生的优秀传统文化理念,又与我国是人口大国,需要长期处理好人与资源生态的矛盾的国情相适应。

绿色原则贯彻于民法典之始终,例如,滥用地役权导致环境污染的供役地人可以解除地役权和《民法典·侵权责任编》第七章修改完善了污染环境和破坏生态环境的侵权责任等（该章的亮点有二：一是增加了生态环境损害的惩罚性赔偿制度，侵权人故意违反国家规定损害生态环境的，被侵权人有权请求相应的惩罚性赔偿；二是明确了生态环境损害的修复赔偿制度）。

第十条 处理民事纠纷，应当依照法律；法律没有规定的，可以适用习惯，但是不得违背公序良俗。

释　义

本条是关于民事纠纷处理规则的规定。

本条意在表明，处理民事纠纷的依据有多种，但是诸多依据的适用要遵守一定的规则，即坚持法律优先地位，不能越过法律直接适用习惯，只有在没有具体法律规定时才可以适用习惯。此处指称的法律为广义的法律，可以包括一切的民事法律渊源，如民法典、民事特别法、行政法规、部门规章、司法解释、国际条约和惯例等。民事法律规范包括了法律规则（具体规定）和法律原则（一般规定），有法律原则可以适用时，也不能直接适用习惯。

何为习惯？习惯是指已经在一定时间、一定空间内，由多数人遵守，并在多数人内心形成法律的约束或法律之确信的行为规范。习惯有诸多类型，风俗习惯、当地习惯、习惯做法和国际惯例等均包括在内。其中，交易习惯也是习惯的一种，《最高人民法院关于适用〈中华人民共和国合同法〉若干问题的解释（二）》第7条规定："下列情形，不违反法律、行政法规强制性规定的，人民法院可以认定为合同法所称'交易习惯'：（一）在交易行为当地或者某一领域、某一行业通常采用并为交易对方订立合同时所知道或者应当知道的做法；（二）当事人双方经常使用的习惯做法。对于交易习惯，由提出主张的一方当事人承担举证责任。"习惯有很多种，地域不同，人群不同，信仰不同，习惯也会有所不同。但是因为公序良俗也是民法的基本原则之一，所以违背公序良俗的习惯不能用以处理民事纠纷。

第十一条 其他法律对民事关系有特别规定的，依照其规定。

释　义

本条是关于一般法和特别法的关系的规定。

所有调整民事法律关系的法律规范都可以统称为民法。民法典是民事基本法,调整最为一般的民事法律关系。民法典不可能涵盖所有的民事法律规范,民法典之外还存在民事特别法。按照民法适用规则,当一般法和特别法同时并存时,应优先适用特别法。

第十二条　中华人民共和国领域内的民事活动,适用中华人民共和国法律。法律另有规定的,依照其规定。

释　义

本条是关于民法空间效力的规定。

民法的效力表现为三个方面:第一,民法对人的效力,也就是民法管哪些人。第二,民法的空间效力,也就是民法管多大空间范围。第三,民法的时间效力,也就是民法什么时候生效、失效,或者说民法管什么时间段内的事。本条规定的是民法的空间效力。简单来说,中国领域的民事纠纷民法都管,除非其他法律有特殊规定。何为中国领域? 中国领域包括我国的领土、领海和领空,还包括航行、飞行于我国之外的我国船舶、飞行器、航空器和航天器等,以及我国的驻外使领馆。例如两个美国人在我国驻美国大使馆内打架,归我国民法管。两个美国人乘坐我国国际航空公司的飞机飞往美国,飞机刚落地,两人在飞机内打架,归我国民法管。两人下飞机在美国机场打架,就不归我国民法管了。两个中国人在美国机场打架也不归我国民法管。

"法律另有规定的,依照其规定",这里说的例外主要有两种:一是根据我国缔结或参加的国际条约、双边协定的规定或者经我国认定的国际惯例,民法对享有司法豁免权的外国民事主体不具有法律效力。二是我国民法中某些专门由中国自然人、法人享有的权利能力或行为能力,对外国人、无国籍人或外国法人不具有法律效力。

第二章　自　然　人

本章导言 ▶

　　本章是在承继《民法总则》第二章相关内容的基础上制定的,共有条文44条,主要包括民事权利能力和民事行为能力、监护、宣告失踪和宣告死亡、个体工商户和农村承包经营户四节内容。本章未规定"个人合伙"的相应内容,因其已为第四章"非法人组织"部分所涵盖,且本法合同编新增了"合伙合同"一节。与《民法总则》相比,本章新增了一款规定,即第34条第4款有关紧急情况下为生活无人照料的被监护人安排临时生活照料措施的规定。

第一节　民事权利能力和民事行为能力

　　第十三条　自然人从出生时起到死亡时止,具有民事权利能力,依法享有民事权利,承担民事义务。

释　义

　　本条是关于自然人民事权利能力的规定。

一、自然人与民事主体

　　民法上的自然人是指基于自然规律而出生的人,具有五官百骸,区别于其他动物。自然人是民法观念中的规范模型[1]。民法很多规则的具体设置都是以自然人为出发点,这在本书后面的章节中多有体现。

---

[1]　参见朱庆育:《民法总论》,北京大学出版社2016年版,第379页。

需要说明的是,1986 年《民法通则》制定时,使用了"公民"一词指代自然人,但公民与自然人是不同性质的概念,且分属于不同的法域。自然人是私法上的概念,而公民是公法上的概念,指具有一国国籍的人。本法不再使用"公民"的表述,直接使用"自然人",明确了自然人作为民事主体的自然属性。按照本法总则编第 12 条的规定,凡在中华人民共和国领域内的民事活动,均适用中华人民共和国法律,不再区分从事民事活动的主体是何国籍。

自然人是民事主体之一。民事主体是民事法律关系的参加人,在民事法律关系中依法享有民事权利,承担民事义务。根据本法的规定,民事主体包括自然人、法人和非法人组织。民事主体的最初样态只有自然人,法人作为另一类民事主体,是人类社会进入资本主义时代并完成了工业革命以后,因为公司这种经济生活中最为活跃的团体的出现,需要对公司制度及其理论进行概括和总结,才有了民法上的法人制度和法人理论。所以,自然人和法人是相对应的概念。同时,尚有众多以团体名义进行活动但不具备法人条件的组织,即非法人组织。民法对非法人组织民事主体地位的确认,是晚近的事情。对法人和非法人组织,本书将在第三章、第四章进行说明。

二、民事权利能力

自然人的民事权利能力,是指自然人享有民事权利和负担民事义务的能力或资格。民事权利能力是作为民事主体的必要条件。只有具有民事权利能力,才是民法上的"人",才能成为民事主体,才能享有民事权利和负担民事义务。

民事权利能力是法律对民事主体资格的确认,非由当事人自己决定,既不能转让也不能放弃。所以,民事权利能力所表达的,是人生而平等的自然法思想。

三、"出生"与"死亡"

出生是自然人民事权利能力开始的时间,死亡是自然人民事权利能力终止的时间。民法上的"出生"与"死亡",与通常的理解有所不同。在民法上,出生应包括"出"与"生",前者指脱离母体,后者指活体,有生命。民法意义的出生,须满足"出"与"生"两大要素。民法上的死亡有自然死亡和宣告死亡之分。自然死亡,是指自然人生命的绝对消灭。自然死亡以呼吸、心跳、脉搏均已停止且瞳孔放大为判断标准。宣告死亡是一种法律上的推定,需满足法定的条件和程序,对此本书将在后续条文释义中说明。

第十四条 自然人的民事权利能力一律平等。

释 义

本条规定了自然人民事权利能力平等性。

自然人的民事权利能力平等,意为每个自然人在享有民事权利和负担民事义务上有同样的法律地位,不受其他诸如年龄、智力、民族、政治面貌、宗教信仰、文化程度等因素的限制,也不受其他任何非法限制和剥夺。

进而言之:第一,自然人民事权利能力的平等,是一种资格的平等,其立法目的是赋予所有自然人以平等的地位,体现了人人平等的理念。但是,民事权利能力是一个抽象的概念,不与具体的权利、义务相关联。民事权利能力平等并不意味着凡自然人所享有的民事权利和负担的民事义务相同。第二,自然人即使因触犯其他法律而受到处罚或者因某种原因在其他方面受有限制,其民事权利能力与其他人仍然是平等的。即是说,其民法上的主体地位不受影响。例如,受到刑事处罚的自然人,仍然享有民事权利能力,仍然是民事主体。

第十五条 自然人的出生时间和死亡时间,以出生证明、死亡证明记载的时间为准;没有出生证明、死亡证明的,以户籍登记或者其他有效身份登记记载的时间为准。有其他证据足以推翻以上记载时间的,以该证据证明的时间为准。

释 义

本条规定了自然人出生时间和死亡时间的判断标准。

自然人的民事权利能力始于出生、终于死亡,这两个时间点决定了自然人民事主体地位的开始和终止,在民法上具有重要的意义。而在法律实践中,能够确定出生时间和死亡时间的证据更为重要。

一、出生证明和死亡证明

所谓出生证明,又称出生医学证明。根据《中华人民共和国母婴保健法》第23条规定,"医疗保健机构和从事家庭接生的人员按照国务院卫生行政部门的规定,出具统一制发的新生儿出生医学证明"。该条明确了出具出生医学证明的主体是医疗保健机构和从事家庭接生的人员,出具出生医学证明事宜的主管部门为国务院卫生行政部门。该条中的"从事家庭接生的人员""统一制发的新生儿出生医学证明",在《母婴保健法实施办法》和《卫生部、公安部关于统一规范〈出生医学证明〉的通知》中有明确的规定。

除了出生医学证明之外,自然人的出生档案也应具有证明出生事实的较强的证明力。所谓出生档案,是指有关自然人出生的档案记载,是指孕妇和出生婴儿在医院中接受问诊、查体、诊断、治疗、检查、护理等医疗过程的所有医疗文件材料,是经医务人员、医疗信息管理人员收集、整理、加工后形成的具有科学性、逻辑性、真实性的原始记录。① 可见,出生医学证明是对婴儿出生完成这一事实的描述,而出生档案是对婴儿出生整个过程的记载,更为详细和直观。所以,在没有开具出生医学证明的情形下,出生档案应具有同等的证明力。

所谓死亡证明,是指证明自然人已经死亡的证明文件或证书。死亡证明的开具主体包括医院、村委会、公安局、殡仪馆等。其中,对于医疗卫生机构开具人口死亡医学证明的情形,《国家卫生和计划生育委员会、公安部、民政部关于进一步规范人口死亡医学证明和信息登记管理工作的通知》(国卫规划发〔2013〕57号)规定了自2014年1月1日起各地医疗卫生机构使用全国统一制定的新版《居民死亡医学证明(推断)书》。

二、户籍登记或者其他有效身份登记

在实践中,并非所有的新生儿都有出生证明。对于没有出生证明的,可以依据户口簿、身份证等户籍登记或其他有效身份登记的时间确定出生时间。《中华人民共和国户口登记条例》第7条规定了我国户口登记制度,"婴儿出生后一个月以内,由户主、亲属、抚养人或者邻居向婴儿常住地户

---

① 参见徐苗:《对公民出生档案管理的若干思考》,《浙江档案》2009年第5期。

口登记机关申报出生登记。弃婴,由收养人或者育婴机关向户口登记机关申报出生登记"。其中,"户口登记机关"即公安机关。所以,居民身份证、户口簿以及户口迁移证明,均是由具有户籍管理职权的公安机关出具给当事人证明其身份的法定证明。在认定出生时间时,这些法定证明具有较强的证明力。

对于死亡证明,因自然人死亡的情形较为复杂,所以实践中没有取得或者无法取得死亡证明的情形更为常见。根据《中华人民共和国户口登记条例》第8条规定:"公民死亡,城市在葬前,农村在一个月以内,由户主、亲属、抚养人或者邻居向户口登记机关申报死亡登记,注销户口。公民如果在暂住地死亡,由暂住地户口登记机关通知常住地户口登记机关注销户口。公民因意外事故致死或者死因不明,户主、发现人应当立即报告当地公安派出所或者乡、镇人民委员会。"可见,在没有死亡证明但向户口登记机关进行了死亡登记的情形下,可以死亡登记记载的时间作为死亡时间。

三、足以推翻的其他证据

上述出生证明、死亡证明、户籍登记、身份登记,均具有推定的证据效力,而出生、死亡毕竟是事实问题,如果有证据足以推翻上述证据中记载的时间,则应以事实为准。实践中,出现记载时间与真实时间有出入的原因大致有以下几种:(1)出生证明、死亡证明存在伪造、涂改等情形;(2)农历、公历交织导致登记不明;(3)申报户籍时没有出生证明,仅凭口述登记,易与事实不符;(4)违反计划生育法规出生的人口被瞒报、错报;(5)为达个人目的篡改户籍资料等。足以推翻的其他证据包括但不限于医院的分娩记录、计生办证明、学籍证明、居民委员会(村民委员会)证明、家谱族谱、证人证言等。①

第十六条 涉及遗产继承、接受赠与等胎儿利益保护的,胎儿视为具有民事权利能力。但是,胎儿娩出时为死体的,其民事权利能力自始不存在。

---

① 参见沈德咏主编:《〈中华人民共和国民法总则〉条文理解与适用》,人民法院出版社2017年版,第203页。

释 义

本条是关于胎儿利益保护的规定。

一、对"胎儿"的理解

何谓"胎儿",我国法律没有明确规定,理论定义也不尽一致。生物学和医学上认为,受孕 12 周(也有观点认为是 8 周)开始,四肢明显可见,手足已经分化的才是胎儿。但如果法律领域也采取这种界定,势必会导致 12 周以内的胎儿的合法权益得不到保护。而且,12 周的临界点也难以判断。所以,本条所涉"胎儿",应涵盖从受孕那一刻起直至脱离母体独立呼吸为止的整个孕育阶段。

胎儿尚未出生,尚未取得民事权利能力,不能成为民事主体。但是胎儿是所有自然人生命过程的必经阶段,其现实与未来都存在需要保护的利益。比如胎儿能够作为继承人继承份额,再比如孕育中的胎儿遭受到损害致其出生后罹患疾病的,或者其父母遭受人身伤害影响到对其出生后的抚养的,等等。对胎儿利益的保护,既是民法的重要任务,也是人道主义的必然要求。本法对胎儿利益保护的事项和程度,并未突破"自然人的权利能力始于出生"原则,但在涉及本条规定的具体事项时,胎儿视为具有民事权利能力。

二、对胎儿保护的具体事项

根据本条规定,对胎儿利益保护的具体事项为"遗产继承"和"接受赠与",理由是:其一,这两种情形主要涉及胎儿的权利,不涉及义务;其二,遗产继承的规定与本法继承编相关规定具有一致性。同时本条在列举两种事项后使用了"等"字,意在为今后本条的扩充解释提供空间。

三、对胎儿保护的具体事项的理解

1. 涉及遗产继承的,胎儿作为继承人在继承开始后参加遗产分割。因其尚未出生,其父母可作为法定代理人代为接受遗产。

2. 涉及接受赠与的,以胎儿作为受赠人的赠与合同的效力不因胎儿的身份受到影响。因其尚未出生,其父母可作为法定代理人代为接受赠与。

3. 若胎儿娩出时是死体,其民事权利能力溯及地消灭,视为自始不存在,所以,由其法定代理人代为受领的给付,应按不当得利予以返还。已经接受的遗产份额,应按照法定继承办理;已经接受的赠与,应返还赠与人。

4. 涉及胎儿利益保护的诉讼,须由胎儿的法定代理人作为诉讼主体。

第十七条 十八周岁以上的自然人为成年人。不满十八周岁的自然人为未成年人。

释 义

本条规定了法定的成年年龄与未成年年龄。

一、成年年龄的确定和理解

根据年龄将自然人划分为成年人与未成年人。一个自然人,或为成年人,或为未成年人。法律规定成年年龄,意为达到此年龄者为成年人,否则为未成年人。各国对于成年年龄的确定,除考虑到自然人的生理状况、智力发育程度外,还要考虑本国的习俗和社会要求,所以各国成年年龄有所不同。我国一直以十八周岁作为法定成年年龄,因为通常情况下这个年龄的自然人的身体和智力发育已经成熟,能够对自己的行为负责。我国《未成年人保护法》第2条也规定:"本法所称未成年人是指未满十八周岁的公民。"可见,十八周岁是界分成年人与未成年人的唯一标准。

对于本条的理解,还需注意本法第1259条的规定,"十八周岁以上"包括本数,"不满十八周岁"不包括本数。

二、界分成年人与未成年人的法律意义

1. 宪法上,公民只有年满十八周岁,才享有选举权和被选举权。

2. 民法上,本法总则编规定,成年人原则上属于完全民事行为能力人(不能辨认自己行为或不能完全辨认自己行为的成年人除外),未成年人原则上不属于完全民事行为能力人(以自己的劳动收入为主要生活来源的十六周岁以上的未成年人除外)。对未成年人适用监护制度。未成年人遭受性侵害的,其损害赔偿请求权的诉讼时效期间,自受害人年满十八周岁之日起计算。

本法婚姻家庭编还有关于父母子女关系的规定：父母对未成年子女负有抚养、教育和保护的义务；成年子女对父母负有赡养、扶助和保护的义务。

3. 刑法上，成年人与未成年人的界分意义更为明显，比如《中华人民共和国刑法》第 17 条有关刑事责任年龄的规定："已满十六周岁的人犯罪，应当负刑事责任。已满十四周岁不满十六周岁的人，犯故意杀人、故意伤害致人重伤或者死亡、强奸、抢劫、贩卖毒品、放火、爆炸、投放危险物质罪的，应当负刑事责任。已满十四周岁不满十八周岁的人犯罪，应当从轻或者减轻处罚。因不满十六周岁不予刑事处罚的，责令他的家长或者监护人加以管教；在必要的时候，也可以由政府收容教养。"再如该法第 49 条规定："犯罪的时候不满十八周岁的人和审判的时候怀孕的妇女，不适用死刑。"刑法上之所以作这样的规定，目的在于关心少年儿童的健康成长，对于他们的危害行为，坚持教育为主、惩罚为辅的方针。但是，近年来发生的不满十四周岁的未成年人的恶性危害行为，因行为人未达到法定刑事责任年龄而免予处罚，引发社会各界愤慨，也是刑法理论界和实务界亟待解决的严峻课题。

4.《中华人民共和国未成年人保护法》对未成年人提供了专门保护。此外，其他法律有对某些法律关系主体的要求，也体现了成年人与未成年人界分的意义，比如《中华人民共和国劳动法》第 15 条第 1 款规定："禁止用人单位招用未满 16 周岁的未成年人"。

第十八条　成年人为完全民事行为能力人，可以独立实施民事法律行为。

十六周岁以上的未成年人，以自己的劳动收入为主要生活来源的，视为完全民事行为能力人。

释　义

本条是关于完全民事行为能力人的规定。

一、完全民事行为能力及其判断标准

所谓完全民事行为能力，是指自然人能以其自己的行为独立享有民事权利、负担民事义务的资格。完全民事行为能力人，就是具备完全民事行为

能力或资格的人。民事行为能力以民事权利能力为前提,一个自然人只有在民法上成为主体,进而才有依自己的行为享有民事权利和承担民事义务的可能性。

自然人从出生到死亡是一个自然成长的过程,其对事物的理解、识别和判断能力是渐进(老年后渐衰)的,所以自然人有无民事行为能力,通常以其年龄、精神的健全与否来认定。同时,又由于自然人个体具有差异性,因人而异判断行为能力必然导致立法上的困难,也会加大司法上个体判断的成本,所以民法一直以一般人发育成长的年龄为主要衡量标准,并以具体的精神发育情况作为补充,由此建立了自然人民事行为能力以年龄为主以精神健康状况为辅的判断标准。符合标准年龄的自然人,如果没有极端的精神不正常情况,原则上均视为具有完全民事行为能力人,能够以自己的行为独立享有民事权利、承担民事义务。

二、视为完全民事行为能力人

本条第二款的规定,是针对十六周岁以上的未成年人"视为完全民事行为能力人"的情形。在我国,十六周岁以上的未成年人依法享有劳动的权利,可以通过劳动获得稳定的收入。他们通过其自身的能力,参与社会生活,并取得独立生活的地位,与成年人的判断能力已无实质性的差别。对本款规定的理解:第一,"视为"为法律上的不可推翻的推定,与"即是"无异。第二,判断"以自己的劳动收入为主要生活来源",一是要有劳动收入,二是该劳动收入为主要生活来源。第三,强调"劳动收入",以区别于"财产"或者"收入",因为在现实生活中,十六周岁以上的未成年人有自己的财产甚至财产颇丰的情形并不少见,而本款规定旨在赋予那些通过自己的劳动而获得独立社会地位的自然人以完全的民事行为能力,所以要求其劳动收入能够达到成为其主要生活来源的程度。

第十九条 八周岁以上的未成年人为限制民事行为能力人,实施民事法律行为由其法定代理人代理或者经其法定代理人同意、追认;但是,可以独立实施纯获利益的民事法律行为或者与其年龄、智力相适应的民事法律行为。

释 义

本条规定的是限制民事行为能力的未成年人。

一、限制民事行为能力人及其判断标准

所谓限制民事行为能力,又称为不完全民事行为能力,是指自然人部分独立地或者在一定范围内具有民事行为能力。相应地,限制民事行为能力人仅在一定范围内具备民事行为能力。该制度旨在对进入交易的限制民事行为能力人提供优先保护,这种保护的优先性胜于交易安全,以免危及限制行为能力人的财产利益。

本法规定未成年限制民事行为能力人的年龄为八周岁,是考虑到在我国社会发展和教育水平不断提高的当下,儿童的认知能力、适应能力及自我承担能力等均有很大的提高,"八周岁"的年龄节点基本符合现代未成年人心理、生理发展的特点,体现了对未成年人一定程度自主决定的尊重,有利于未成年人从事与其年龄、智力相适应的民事活动和更好地保护其合法权益。

二、纯获利益的民事法律行为

所谓纯获利益的行为,是指能够获得利益但不负法律上的负担。[①] 一般而言,实施此类行为仅需行为人作出单纯接受利益的意思表示。理解"纯获利益",应看是否给未成年人带来利益。"纯"的意义显然是不设定任何义务或负担,但是否仅考察该行为能否给未成年人带来利益,而不考察某些行为虽同时对未成年人产生负担但负担明显低于其获益。我们认为,对于未成年人获得的利益远远高于其承受的负担的,也可以认为属纯获利益的行为。例如附负担的赠与合同,如果未成年人作为受赠人,其最终获益远远大于负担,则可以认定属纯获利益。

三、与年龄、智力相适应的民事法律行为

由于民事行为的复杂程度不同,不宜将未成年限制民事行为能力人实施

---

① 参见王利明:《民法总则研究》,中国人民大学出版社 2012 年版,第 348 页。

的行为一律视为无效。考虑到日常生活的便利,未成年人、智力残障或醉酒者在购买必需品时,虽不能胜任签约也应支付合理价格,对这类行为的效力应予承认。何谓"必需品",这是一个事实判断的问题,应以未成年人的经济能力、身份、地位、职业等各种情况进行综合判断。相应地,未成年人实施的民事法律行为是否与其年龄、智力相适应,也是一个事实判断的问题,应根据具体情况,通过个案审查的方式予以确定。作为具体的判断因素,一般包括行为与本人生活相关联的程度,本人的智力能否理解其行为并预见相应的行为后果,以及行为标的数额等。

第二十条 不满八周岁的未成年人为无民事行为能力人,由其法定代理人代理实施民事法律行为。

释 义

本条规定的是无民事行为能力的未成年人。

一、无民事行为能力人及年龄确定

所谓无民事行为能力,是指自然人没有独立从事民事活动的资格,也就是说,不具备以自己的行为取得民事权利和承担民事义务的资格。自然人自主创设法律关系须以其具有相应的行为能力为前提。自然人无民事行为能力,其行为就不能发生有效的法律后果。年龄为自然人取得民事行为能力的重要依据,也是自然人民事行为能力类型划分的判断标准。无民事行为能力的未成年人的年龄上限与限制民事行为能力的未成年人的年龄下限紧密相关,应无缝衔接。本法将八周岁确定为无民事行为能力人的年龄上限,既考虑到自然人智力发育的客观情况,又与限制民事行为能力人的年龄相互衔接,堪为允当。

二、无民事行为能力人实施的行为的效力

不满八周岁的自然人,虽然有一定的识别能力,但其毕竟处于生长发育的初级阶段,不能理性、全面地理解其所从事的民事活动,对行为的后果也缺乏足够、充分的判断力和预见性。法律对其从事民事活动在效力上予以否定,目

的在于保护其相关权益和交易安全,而由其法定代理人代理实施民事法律行为。同时本法第144条规定:"无民事行为能力人实施的民事法律行为无效。"

实践中,不满八周岁的未成年人接受奖励、赠与、报酬等纯获利益的民事法律行为是否有效,亦即他人能否以行为人无民事行为能力为由,主张以上行为无效?从《最高人民法院关于贯彻执行〈中华人民共和国民法通则〉若干问题的意见(试行)》第6条的规定看,无民事行为能力人、限制民事行为能力人接受奖励、赠与、报酬,他人不得以行为人无民事行为能力、限制民事行为能力为由,主张以上行为无效。

第二十一条　不能辨认自己行为的成年人为无民事行为能力人,由其法定代理人代理实施民事法律行为。

八周岁以上的未成年人不能辨认自己行为的,适用前款规定。

释　义

本条规定的是无民事行为能力的成年人。

一、不能辨认自己行为的成年人

所谓不能辨认自己的行为,是指自然人对自己的行为缺乏判断能力和自我保护能力,对行为后果没有判断和预见能力。前已述及,年龄是划分自然人民事行为能力的重要依据。但是,自然人毕竟存在个体差异,已届成年的自然人也有不能辨识自己行为者,其参与社会生活时缺乏正常成年人的判断和识别能力,对其行为的后果也不能理性认知,所以民法对其采取与未成年的无民事行为能力人一样的保护。

民事行为能力制度的设立目的在于保护交易安全,保障交易相对人的信赖利益,同时也保护辨识能力欠缺的人。我国法律对自然人民事行为能力的判断标准采取"年龄主义"和"有条件的个案审查"。在实践中,对于不能辨认自己行为的成年人,其行为能力的判断只能采取个案审查。根据本法规定,对不能辨认自己行为的成年人行为能力的认定,应由特定主体向人民法院提出申请并由人民法院最终认定。

二、不能辨认自己行为的未成年人

基于辨认能力因素有无之考量,未成年人的民事行为能力可区分为限制民事行为能力人和无民事行为能力人。本法规定八周岁以上的未成年人为限制民事行为能力人。但现实生活中也有八周岁以上未成年人因心智欠缺、精神疾病等因素,导致其对自己的行为没有辨认能力和判断能力。因此,对于不能辨认自己行为的八周岁以上未成年人,应通过法定程序宣告其为无民事行为能力人。且不能辨认自己行为的八周岁以上未成年人的民事法律行为的实施,参照不能辨认自己行为的成年人的规定,由其法定代理人代为实施。

第二十二条 不能完全辨认自己行为的成年人为限制民事行为能力人,实施民事法律行为由其法定代理人代理或者经其法定代理人同意、追认;但是,可以独立实施纯获利益的民事法律行为或者与其智力、精神健康状况相适应的民事法律行为。

释 义

本条规定的是限制民事行为能力的成年人。

一、不能完全辨认自己行为的成年人

所谓不能完全辨认自己的行为,是指对比较复杂的事物和比较重大的行为,缺乏独立的判断能力,也不能完全意识到行为的后果。① 相较于不能辨认自己行为的成年人,不能完全辨认自己行为的成年人是具有一定的辨识能力的。所以,这类成年人并非不能实施任何民事法律行为,仅是对其缺乏辨识能力的重大、复杂的行为不能单独实施,而对于单纯获利以及与其智力、精神状况相适应的民事法律行为,法律并不禁止。

二、不能完全辨认自己行为的成年人的民事法律行为

本法对不能完全辨认自己行为的成年人,规定了其可以独立实施纯获利

---

① 参见王利明:《民法总则研究》,中国人民大学出版社 2012 年版,第 235 页。

益的民事法律行为或与其智力、精神健康状况相适应的民事法律行为,而除外的民事法律行为则由其法定代理人代理或者经其法定代理人同意、追认。很明确,本法限制了不能完全辨认自己行为的成年人的行为能力,这种限制表现在两个方面:一是超出其智力的或者不符合其精神健康状况的民事法律行为,其本人不能独立实施,应由其法定代理人代理;二是如果其实施了超出其智力的或者不符合其精神健康状况的民事法律行为,要经其法定代理人同意或追认才发生效力,否则无效。本法第 145 条规定:"限制民事行为能力人实施的纯获利益的民事法律行为或者与其年龄、智力、精神健康状况相适应的民事法律行为有效;实施的其他民事法律行为经法定代理人同意或者追认后有效。"对该条文的具体理解,后文有详细说明。

实践中,哪些成年人属于不能完全辨认自己行为的限制民事行为能力人,需要个案审查且应极为慎重。对于不能完全辨认自己行为的成年人,非经法院依法宣告,任何人不得以行为人是限制民事行为能力人为由主张其独立实施的民事法律行为是与其智力、精神健康状况不相适应的,是无效的。

第二十三条 无民事行为能力人、限制民事行为能力人的监护人是其法定代理人。

释 义

本条规定了监护人作为法定代理人。

一、监护与监护人

监护,顾名思义,即监督保护。监护是一项民事法律制度,本法第二章第二节设专门规定,此处不做赘述。监护即对无民事行为能力人和限制民事行为能力人的人身、财产以及其他合法权益进行监督和保护。根据本法规定,监护人的选定原则上按法定顺序。具体而言,未成年人的监护人的范围和顺序为:父母;祖父母、外祖父母;兄、姐;其他愿意担任监护人的个人或者组织。无民事行为能力或者限制民事行为能力的成年人的监护人的范围和顺序为:配偶;父母、子女;其他近亲属;其他愿意担任监护人的个人或者组织。本法还规定了其他形式的监护。监护人可因其他法定事由或法定情形而有所变化,详细规定在后文中说明。

二、监护人与法定代理人

代理,是指代理人在代理权限内,以本人(被代理人)名义与第三人为法律行为,该法律行为的后果直接由本人承受。在学理上,代理分为委托代理和法定代理。根据本法第163条的规定,委托代理是指代理人根据委托人的委托,在其委托事项范围内进行的代理。法定代理是指根据法律的直接规定而发生的代理。法定代理主要是为无民事行为能力人和限制民事行为能力人设立代理人的方式,因为他们不能依个人意思委托代理人。法定代理人的范围,以代理人与被代理人之间存在血缘关系、婚姻关系等因素为确定依据。法定代理人所享有的代理权是由法律直接规定的,与被代理人的意志无关。

法定代理的制度价值在于保护意思能力不足之人。自然人有权利能力,且其权利能力具有平等性,任何自然人均为民法上的主体。但是自然人行为能力有不同,行为能力不完全者不能通过自己的行为取得权利承担义务。为使未成年人及行为能力不完全之成年人也能够参与社会活动,特设法定代理制度,由法定代理人代为意思表示或代受意思表示,直接对本人发生效力。

前已述及,监护制度是为弥补被监护人行为能力不足,有效保护其合法权益而设。而监护人对被监护人的合法权益保护,既包括以监护人名义直接保护和管理被监护人的财产,也包括代理被监护人进行民事活动或参加诉讼。本法第34条规定:"监护人的职责是代理被监护人实施民事法律行为,保护被监护人的人身权利、财产权利以及其他合法权益等。"这里的代理实施各种民事法律行为,囿于被监护人行为能力的瑕疵,不可能采取委托代理的方式,而只能通过立法直接规定监护人即为法定代理人,使监护人取得代理资格。有关代理及法定代理的具体规定,本书将在"代理"中作出说明。

第二十四条 不能辨认或者不能完全辨认自己行为的成年人,其利害关系人或者有关组织,可以向人民法院申请认定该成年人为无民事行为能力人或者限制民事行为能力人。

被人民法院认定为无民事行为能力人或者限制民事行为能力人的,经本人、利害关系人或者有关组织申请,人民法院可以根据其智力、精神健康恢复的状况,认定该成年人恢复为限制民事行为能力人或者完全民事行为能力人。

本条规定的有关组织包括:居民委员会、村民委员会、学校、医疗机构、妇女联合会、残疾人联合会、依法设立的老年人组织、民政部门等。

释 义

本条规定了无民事行为能力或限制民事行为能力的认定与恢复。

一、被认定有无行为能力的成年人的范围

如前所述,认定自然人的民事行为能力,年龄是一般标准,智力、精神健康状况是辅助标准或特殊标准。自然人是否具有判断和识别自己行为的能力,除达到一定的年龄、智力发育到一定程度,还要有正常的精神状态。因此,自然人的民事行为能力受其年龄、智力和精神健康状况的影响,并非人人相同。一个自然人如果已届成年且智力正常,则仅以年龄为判断标准确定其为完全民事行为能力人;如果虽已成年但不能辨认或不能完全辨认自己的行为,则适用本条规定。

二、认定自然人有无行为能力的申请主体

本条规定有权申请认定自然人为无民事行为能力人或限制民事行为能力人的主体为"利害关系人",有权申请恢复自然人限制民事行为能力或者完全民事行为能力的主体为"利害关系人及其本人"。此外,前述两种情形的申请主体均包括"有关组织"。

关于"利害关系人"的范围,应理解为近亲属和其他与被申请人有民事权利义务关系的人。而近亲属的范围在本法第 1045 条第 2 款有规定,即"配偶、父母、子女、兄弟姐妹、祖父母、外祖父母、孙子女、外孙子女"。从司法实践的情况看,利害关系人作为认定自然人有无民事行为能力的申请主体,对于保护"不能辨认或者不能完全辨认自己行为的成年人"的人身和财产权益确实具有操作性,也体现了立法的慎重态度。但是,应该看到"利害关系人"的范围划定在实践中还存在缺陷,有些成年人客观上已经达到了无民事行为能力或

限制民事行为能力的认定标准,却因没有利害关系人或者利害关系人不愿向法院提出认定申请而无法启动对其行为能力的认定。比如有的嗜酒者酒后意志混乱状态下处置财产;有的狂躁型精神病人多次伤害他人,在被追责的情况下其家人以行为人不具备行为能力不应承担民事责任为由提出抗辩,才因此涉及行为人行为能力的认定问题。为了避免利害关系人缺位或懒权,尽速认定不能辨认自己行为或不能完全辨认自己行为的成年人的行为能力以及时为其确定监护人,将"有关组织"作为申请主体非常必要。有关组织的范围即本条第3款的规定。

第二十五条 自然人以户籍登记或者其他有效身份登记记载的居所为住所;经常居所与住所不一致的,经常居所视为住所。

释 义

本条是关于自然人住所的规定。

一、住所与居所

自然人的住所是指自然人生活和法律关系的中心地。民法将民事主体发生法律关系的中心地域称为住所。住所在法律上具有重要意义。对住所的确定,要考虑主客观两方面的要求:主观上要求自然人具有永久或无限期居住在该地的意图,客观上要求自然人在一地有一个居所,即实际居住在某地。

在我国,公民从事一定的政治活动和经济活动,以及涉及诉讼管辖等事项时,原则上以公民户籍所在地的居住地为依据。所以将公民户籍所在地的居住地确定为其住所。公民的住所,除法律另有规定外,每人只能有一个。如果需要变更住所,也必须经过户籍登记方能生效。如果公民长期离开户籍所在地,则可视为变更住所。

居所是自然人经常居住的场所,它表明的是一种事实状态,即自然人一段时间内居住的特定地方。2010年颁布的《中华人民共和国涉外民事关系适用法》第11条和第12条关于自然人的民事权利能力和民事行为能力的规定中,使用了"居所地"一词,其后的《最高人民法院关于适用〈中华人民共和国涉外民事关系法律适用法〉若干问题的解释(一)》第15条对居所地有细化解释:

"自然人在涉外民事关系产生或者变更、终止时已经连续居住一年以上且作为其生活中心的地方,人民法院可以认定为涉外民事法律关系适用法规定的自然人的经常居所地,但就医、劳务派遣、公务等情形除外。"可见,居所与住所不同,自然人可以拥有多处居所,但住所只有一个。

二、住所的认定

（一）户籍登记地

我国司法实践中以公民的户籍所在地为其住所。这种做法有其历史背景,比较适合人员流动少、异地就业不多的情形。在实践中,绝大多数人的户籍地与居所地有着长期稳定的关系,尤其是涉及婚姻、继承、收养等纠纷的处理时,户籍登记的法律意义依然稳固。

（二）其他有效身份登记

改革开放以来,我国人口流动频繁、异地就业增多,尤其是大量农业居民外出务工,常年不在户籍所在地的情况极为常见。这些人员的生活和法律关系中心已经变化。顺应这一变化,我国近年来推进了户籍制度改革进而推行居住证制度。居住证是持证人在居住地居住、作为常住人口享受基本公共服务和便利、申请登记常住户口的证明。在确认居民身份的意义上,居住证制度作为对流动人口的身份登记制度,具有对户籍登记制度的辅助与补充功能。因此有关自然人住所的认定,以"户籍登记或者其他有效身份登记记载的居所为住所"。

（三）其他应列入考量的情形

确定无行为能力人、限制行为能力人的住所时,应解释为以其法定代理人的住所为住所。此外,确定在我国既无户籍登记也无经常居所的外国人、无国籍人的住所时,应解释为其居所视为住所。

三、经常居所视为住所

根据《最高人民法院关于贯彻执行〈中华人民共和国民法通则〉若干问题的意见(试行)》第9条的规定,公民离开住所地最后连续居住一年以上的地方,为经常居住地。该条确立了"经常"的两项指标:(1)最后连续居住;(2)连续居住一年以上,不能中断。

第二节　监　护

第二十六条　父母对未成年子女负有抚养、教育和保护的义务。

成年子女对父母负有赡养、扶助和保护的义务。

释　义

本条规定了父母与子女之间法律义务。

一、条文依据

《中华人民共和国宪法》第二章规定了"公民的基本权利和义务",其第49条第3款规定:"父母有抚养教育未成年子女的义务,成年子女有赡养扶助父母的义务。"宪法是一国的根本大法,具有最高的法律效力。我国宪法对父母子女关系的规定,为本法"婚姻家庭编"所承袭且更加细化。

二、父母子女关系与监护

近现代民法上的监护制度,因被监护对象的不同而分为未成年人的监护及不能辨认自己行为的成年人的监护(成年监护)。本法有关监护制度的规定几乎是全新的。在制度理念方面,"未成年子女利益最大化"成为现代父母子女关系的原则,"尊重自我决定权"和保障正常参与社会生活的理念成为成年监护制度的支撑。在制度架构方面,对未成年人监护制度予以充实和完善,并新创了对不能辨认或者不能完全辨认自己行为的成年人的成年监护制度。

学理上,未成年人监护是一个广义的概念,包括父母对未成年人子女人身和财产的权利义务总和的亲权,和不在亲权下的未成年人的监护。我国立法未对此进行区分。同时,为体现总则的统领性,将有关父母子女关系的原则性规定置于总则之"监护"一节,而有关父母子女关系的具体规定则交由"婚姻家庭编"完成。

第二十七条　父母是未成年子女的监护人。

未成年人的父母已经死亡或者没有监护能力的,由下列有监护能力的人按顺序担任监护人:

(一)祖父母、外祖父母;

(二)兄、姐;

(三)其他愿意担任监护人的个人或者组织,但是须经未成年人住所地的居民委员会、村民委员会或者民政部门同意。

释　义

本条规定了未成年人的法定监护人。

一、父母是未成年子女的法定监护人

本条将"父母是未成年子女的监护人"单列为第一款,放在其他有资格担任监护人的主体之前,其立法意图在于明确父母担任未成年子女监护人的资格和地位具有优先性和当然性。父母作为未成年子女的监护人,源于法律的直接规定,不得任意放弃。未经法定程序,其监护人资格不得被撤销。如父母的监护人资格依法定程序被撤销,除对被监护人实施故意犯罪外,对确有悔改表现的,还可视情况予以恢复。父母的法定监护人的资格,在其丧失监护能力时才终止。

二、有监护资格的主体的范围和排序

现实生活中,如出现未成年人的父母均已死亡或均丧失监护能力的情形则适用本条第2款规定。未成年人的父母已经死亡,包括生理死亡和宣告死亡两种;未成年人的父母失去监护能力,是指其父母虽然生存,但是已不具备履行监护未成年子女职责的能力。"父母没有监护能力"的具体表现是:父母不具备履行监护职责的身体健康要求或相应的经济条件,父母与未成年子女两地分离,生活联系较少,无法履行监护职责等。

本条进一步规定了其他民事主体担任未成年人监护人的范围和顺序。法定监护人的范围主要限于被监护人的近亲属,而其顺序的确定则以法定监护人与被监护人关系的亲疏远近及方便履行监护职责为依据。法律之所以这样规定,主要是因为被监护人与监护人之间的血缘联系近,监护人在履行监护职

责时能够基于亲情对保护被监护人的利益更加尽职尽责。而且,监护人与被监护人之间有法定的扶养(抚养、赡养与扶养)义务,让负有此种义务的人担任监护人更为适当。

三、对"其他愿意担任监护人的个人或者组织"的限制

在扩大了法定监护人范围即"其他愿意担任监护人的个人或者组织"的同时又规定了"但书",这主要考虑到其他愿意担任监护人的个人或者组织的范围很宽泛,其是否真正具备监护能力以及是否确实出于维护未成年人合法权益、促进其健康成长的意图,需要通过进一步审查来确认。而进一步审查的主体确定为未成年人住所地的居民委员会、村民委员会或"民政部门"。

　　第二十八条　无民事行为能力或者限制民事行为能力的成年人,由下列有监护能力的人按顺序担任监护人:

　　(一)配偶;

　　(二)父母、子女;

　　(三)其他近亲属;

　　(四)其他愿意担任监护人的个人或者组织,但是须经被监护人住所地的居民委员会、村民委员会或者民政部门同意。

释　义

本条规定了行为能力不完全的成年人的法定监护人。

在监护人的范围和顺序上,本条规定具有法定性,尤其应遵守监护人的顺位:(1)配偶;(2)父母、子女;(3)其他近亲属;(4)其他愿意担任监护人的个人或者组织。对监护人顺位的理解,应注意两个方面的问题:

第一,"按顺序",意为前一顺序有监护资格的人无监护能力或者对被监护人明显不利的,人民法院可以根据对被监护人有利的原则,从后一顺序有监护资格的人中择优确定。被监护人有识别能力的,应视情况征求被监护人的意见。监护人可以是一人,也可以是同一顺序中的数人。

第二,本条将父母与子女列为同一顺序,在理解上,应以"有监护能力"为限定,要求作为监护人的子女应具有完全民事行为能力。

对本条监护人顺序第(4)项的理解,同前述第27条释义。

第二十九条 被监护人的父母担任监护人的,可以通过遗嘱指定监护人。

释 义

本条是关于遗嘱指定监护人的规定。

一、遗嘱监护的条件和程序

以遗嘱的方式指定监护人,是民法意思自治理念的体现。依本法规定,遗嘱监护的条件和程序如下:

第一,从立法的文义理解,遗嘱监护中有权指定监护人的主体,是被监护人的父亲或母亲。父母是未成年子女的法定监护人,对未成年子女负有抚养、教育和保护的义务,其有权对未成年子女的监护作出妥善安排。同时考虑到现实生活中还有需要被监护的成年子女,所以遗嘱监护中被监护人的范围还包括无民事行为能力或限制民事行为能力的成年人。

第二,遗嘱的内容和订立程序须合法。有关遗嘱的内容和订立程序,应依照本法第六编的相关规定,此不赘述。

第三,遗嘱指定监护人,如以书面或者口头形式通知了被指定人的,则指定成立。被指定人不服的,应当在接到通知的次日起30日内向人民法院起诉。逾期起诉的,按变更监护关系处理。被指定人对指定不服在法定期限内提起诉讼的,人民法院应当作出维持或者撤销指定监护的判决。如果判决撤销遗嘱指定的,可以同时另行指定监护人。

二、遗嘱监护的其他问题

遗嘱指定的监护人的监护职责,应遵行本法第34条的规定。

担任监护人的父亲或者母亲遗嘱指定的监护人不一致的,本法未作规定,但应理解为:一方面,应尊重被监护人的意愿,根据最有利于被监护人的原则确定;另一方面,一般应以在后死亡一方的指定为准。

第三十条 依法具有监护资格的人之间可以协议确定监护人。协议确定监护人应当尊重被监护人的真实意愿。

释 义

本条规定的是协议确定监护人。

实践中有资格担任监护人的人可能有多个且其监护能力可能各异。本着弥补被监护人行为能力、维护被监护人合法权益的原则,同时充分尊重私法主体的意思自治,本法允许具有监护能力和监护资格的人之间协议确定监护人。

协议监护可以不按照本法第27条、28条规定的顺序确定监护人。

本法允许有监护资格和监护能力的监护人协商确定监护人,但在其协商过程中不能仅仅考虑到各监护人的意愿,还应充分尊重和重视被监护人的意愿。对于成年被监护人而言,其辨识能力往往是一个渐衰的过程,立法者应对此有足够的认识。对于被监护人有能力独立处理的事务,应当尊重其真实意愿。成年被监护人实施的与其认知水平、判断能力、行为能力相适应的行为,尤其是实施与日常生活相关的行为,监护人不应干涉。对于未成年被监护人而言,本法规定了八周岁以上的未成年人为限制民事行为能力人,其民事行为能力虽不完全,但对于为其设定监护人的事实也有一定的认识能力,故也应尊重其意愿。

第三十一条 对监护人的确定有争议的,由被监护人住所地的居民委员会、村民委员会或者民政部门指定监护人,有关当事人对指定不服的,可以向人民法院申请指定监护人;有关当事人也可以直接向人民法院申请指定监护人。

居民委员会、村民委员会、民政部门或者人民法院应当尊重被监护人的真实意愿,按照最有利于被监护人的原则在依法具有监护资格的人中指定监护人。

依据本条第一款规定指定监护人前,被监护人的人身权利、财产权利以及其他合法权益处于无人保护状态的,由被监护人住所地的居民委员会、村民委员会、法律规定的有关组织或者民政部门担任临时监护人。

监护人被指定后,不得擅自变更;擅自变更的,不免除被指定的监护人的责任。

释 义

本条规定了监护争议的解决程序。

一、有权指定监护人的主体

本条第 1 款规定有权指定监护人的主体是被监护人住所地的居民委员会、村民委员会或者民政部门。同时人民法院也可以应有关当事人的申请指定监护人。人民法院指定监护人有两种情况:

第一,有关组织指定监护人,以书面或者口头形式通知了被指定人的,应当认定指定成立。被指定人不服的,应当在接到通知的次日起 30 日内向人民法院起诉。逾期起诉的,按变更监护关系处理。被指定人对有关组织的指定不服在法定期间内提起诉讼的,人民法院应当作出维持或者撤销指定监护的判决。如果判决撤销原指定的,可以同时另行指定监护人。

第二,本条第一款后项"有关当事人也可以直接向人民法院申请指定监护人",这里的"直接"申请,即可以不经居民委员会或村民委员会指定,由有关当事人直接向人民法院提出申请,由人民法院根据最有利于被监护人的原则进行判决。

二、最有利于被监护人的原则

监护制度的宗旨是保护被监护人的人身和财产权益,结合我国《未成年人保护法》《老年人权益保障法》等法律规定,本法确立了指定监护人时应遵循最有利于被监护人的原则。对该原则应着重从保护未成年人、无民事行为能力和限制民事行为能力的成年人两个方面分别理解:

第一,在联合国《儿童权利公约》等国际文件中有关于儿童最大利益原则的说明,"关于儿童的一切行动,不论是由公私社会福利机构、法院、行政当局或立法机构执行,均应以儿童的最大利益为一种首要考虑。"我国于 1992 年成为该公约的成员国,理应在立法和司法中贯彻该原则。《中国儿童发展纲要

（2011—2020 年）》确立的儿童保护的基本原则中即包括儿童利益最大化原则，即从儿童身心发展特点和利益出发处理与儿童相关的具体事务，保障儿童利益最大化。

第二，无民事行为能力和限制民事行为能力的成年人，已经远远超出"精神病人"的范围，其中老年人是成年监护的主要对象。以老年人为主要监护对象的成年监护制度顺应了老年人心智渐衰的客观现实，主要表现在监护人应充分尊重成年被监护人的意愿，对成年被监护人实施的与其认知水平、判断能力、行为能力相适应的行为，尤其是与日常生活相关的行为，监护人不应干涉。

综上，居民委员会、村民委员会、民政部门或者人民法院应当尊重被监护人的真实意愿，根据监护人的身体健康状况、经济条件以及与被监护人在生活上的联系状况等因素，按照最有利于被监护人的原则，依法在具有监护资格的人中指定监护人。

三、临时监护人

依本条第 3 款，在指定监护人之前，为避免被监护人的人身权利、财产权利以及其他合法权益处于无人保护状态，由被监护人住所地的居民委员会、村民委员会、法律规定的有关组织或者民政部门担任临时监护人。临时监护人制度，体现了我国监护制度以家庭监护为主体，以社区等有关单位和人员监督为保障，以国家监护为补充的特点。

四、监护人变更的限制与责任的承担

监护人被指定后，无论变更是否更有利于被监护人，均不得擅自变更。但是，实践中有监护人将监护职责部分或者全部委托给他人的情形，如在幼儿园、小学或中学生活、学习的未成年人在园、在校期间，其监护人的监护职责已部分委托给幼儿园或学校。为此，《最高人民法院关于贯彻执行〈中华人民共和国民法通则〉若干问题的意见（试行）》规定，监护人可以将监护职责部分或者全部委托给他人。因被监护人的侵权行为需要承担民事责任的，应当由监护人承担，但另有约定的除外；被委托人确有过错的，负连带责任。需注意，将监护职责部分或者全部委托给他人，并非监护人的变更。此种情形下的受委托人不是监护人，只是代行监护人的职责。而擅自变更监护人的，不具有法律

效力,被指定的监护人的监护责任不会因为擅自变更而免除。

　　第三十二条　没有依法具有监护资格的人的,监护人由民政
部门担任,也可以由具备履行监护职责条件的被监护人住所地的
居民委员会、村民委员会担任。

释　义

　　本条是关于公职监护人的规定。

　　本法有多个条文都强调民政部门对被监护人的职责,而在没有依法具有监护资格的人的情形下,本条规定将民政部门担任监护人置于居民委员会、村民委员会前面,实质上是强化了民政部门代表政府履行对被监护人的职责,体现了国家监护的兜底责任。

　　在实践中,没有依法具有监护资格的人的情形并不少见,如何处理此种问题,近年来民政部门做了积极探索。2015 年 1 月 1 日实施的由最高人民法院、最高人民检察院、公安部、民政部四部门制定的《关于依法处理监护人侵害未成年人权益行为若干问题的意见》中规定,民政部门应当设立未成年人救助机构(包括救助管理站、未成年人救助保护中心),对因受到监护侵害进入机构的未成年人承担临时监护责任,必要时向人民法院申请撤销监护人资格。判决撤销监护人资格,未成年人由其他监护人承担监护职责。其他监护人应当采取措施避免未成年人继续受到侵害。在父母或者其他监护人履行监护职责出现问题时,政府应通过一系列措施和程序对家庭监护进行干预,不能使未成年人处于无人监护或者其他危险环境中。特别值得一提的是,在 2020 年这场突如其来的新冠肺炎疾情的侵袭中,出现了未成年人的监护人丧失监护能力而其他具有监护资格的人也无法履行监护职责的情形。法律需对此给予充分的重视和积极的应对,本法第 34 条第 4 款是之。

　　从本条规定看,没有具备监护资格的人的情形自然不限于未成年人,还有成年被监护人。对于没有符合法定条件的监护人的成年被监护人,为其指定监护人的法理也是如此。

　　第三十三条　具有完全民事行为能力的成年人,可以与其近

亲属、其他愿意担任监护人的个人或者组织事先协商,以书面形式确定自己的监护人,在自己丧失或者部分丧失民事行为能力时,由该监护人履行监护职责。

释 义

本条是关于意定监护的规定。

一、意定监护的重要意义

意定监护是我国成年监护制度重大变革的标志。我国《老年人权益保障法》第 26 条规定:"具备完全民事行为能力的老年人,可以在近亲属或者其他与自己关系密切、愿意承担监护责任的个人、组织中协商确定自己的监护人。监护人在老年人丧失或者部分丧失民事行为能力时,依法承担监护责任。""老年人未事先确定监护人的,其丧失或者部分丧失民事行为能力时,依照有关法律的规定确定监护人。"《老年人权益保障法》的这一规定,需要与民法相衔接。民法以意思自治为核心理念,对民事主体之间依个人意愿达成的协议予以尊重,认可其发生法律一样的效力,以约束缔约主体。意定监护即彰显了私法主体的意思自治。允许有完全民事行为能力的成年人根据自己的意愿确定监护人,赋予其更充分的选择权利,是对当事人的尊重和保护,也有利于维护和谐稳定的社会秩序。

二、意定监护的适用

意定监护协议或合同是具有完全民事行为能力的成年人对其自身事务所作的事先安排。每个具有完全民事行为能力的成年人都可以与近亲属、其他愿意担任监护人的个人或者组织签订合同,当其因年老、精神疾病或者意外事故等原因丧失或者部分丧失民事行为能力时,由自己事先选定的监护人履行监护职责。根据本条规定,意定监护的适用需满足以下条件:

第一,当事人在协商确定意定监护人时,无论是将来的被监护人还是其近亲属、愿意担任监护人的个人或组织(该组织的代表人或负责人),作为意定监护协议的当事人双方,均应当具有完全民事行为能力。

第二,意定监护协议应采取书面形式。

第三,意定监护协议签订后,并不即刻发生效力。需待被监护人丧失或部分丧失民事行为能力时才发生效力。

第四,意定监护协议的内容,包括当事人双方就被监护人丧失或部分丧失民事行为能力以及其后监护义务和职责的具体情形作出的细致约定。

第三十四条　监护人的职责是代理被监护人实施民事法律行为,保护被监护人的人身权利、财产权利以及其他合法权益等。

监护人依法履行监护职责产生的权利,受法律保护。

监护人不履行监护职责或者侵害被监护人合法权益的,应当承担法律责任。

因发生突发事件等紧急情况,监护人暂时无法履行监护职责,被监护人的生活处于无人照料状态的,被监护人住所地的居民委员会、村民委员会或者民政部门应当为被监护人安排必要的临时生活照料措施。

释　义

本条规定了监护职责人的职责与权利及对被监护人的临时照料措施。

一、监护人的职责

本条规定监护人的职责如下:(1)保护被监护人的人身权利。首先是保护被监护人的身体健康和人身安全,防止被监护人受到侵害;其次是照顾被监护人的生活,尽到抚养、赡养、扶养等义务;此外,对未成年的被监护人,还应进行管理和教育。(2)保护被监护人的财产权利以及其他合法权益。包括妥善保管、管理和保护被监护人的财产;对被监护人获得的合法收益,如依法应得的抚养费等,应尽到保护义务;对被监护人财产的经营和管理,应以被监护人的利益为之,并尽到善良管理人的注意义务;等等。(3)代理被监护人实施民事法律行为。监护人以被监护人的名义代理实施民事法律行为,适用本法关于代理的规定。

以上监护职责的履行,在未成年被监护人和成年被监护人有所不同。监护人对未成年被监护人履行的职责主要包括照料、抚养、教育、代理民事法律行为、承担民事责任等;对成年被监护人履行的职责主要包括照料、赡养(扶养)、代理民事法律行为、承担民事责任等。此外,当被监护人的合法权益受到侵害或与他人发生争议时,监护人应当代理被监护人进行诉讼以维护其合法权益。

二、监护人的权利和责任

监护人依法履行监护职责,受法律保护,任何单位和个人都不得非法干涉,这是法律赋予监护人的权利。同时,监护人也有认真履行其监护职责的义务,如不履行监护职责或侵害被监护人的合法权益,则应依法承担法律责任。如对被监护人有虐待、遗弃行为,情节恶劣构成犯罪的,应依法承担法律责任;监护人不履行或不适当履行监护职责,给被监护人造成财产损失的,应当赔偿损失等。监护人侵害被监护人利益或者不履行监护职责的,人民法院可以根据有关人员或者有关单位的申请,撤销监护人的资格,另行指定他人担任监护人。

值得注意的是,理解本条规定,还应与本法第 36 条撤销监护人资格的第二种情形相结合。监护人"怠于履行监护职责,或者无法履行监护职责且拒绝将监护职责部分或者全部委托给他人,导致被监护人处于危困状态",是撤销监护人资格的法定事由,依举轻以明重的解释方法,不履行监护职责自然应属于被撤销监护资格之列。但本条重在明确监护人不履行监护职责的法律责任,因此还应注意与本法第七编"侵权责任"的相关规定相结合。依照本法第 1188 条和 1189 条的规定,被监护人造成他人损害的,由监护人承担侵权责任。监护人尽到监护职责的,可以减轻其侵权责任。但在监护人将监护职责委托给他人的情形下,被监护人造成他人损害的,监护人仍应承担侵权责任,只是当受托人有过错时受托人才承担相应的责任。

三、紧急情况下对被监护人的临时生活照料措施

本条第 4 款系新增内容。2020 年 5 月 22 日在第十三届全国人民代表大会第三次会议上,《关于〈中华人民共和国民法典(草案)〉的说明》中"结合此次疫情防控工作,对监护制度作了进一步完善",①增加了本款规定。2020 年

---

① 《关于〈中华人民共和国民法典(草案)〉的说明》,http://www.npc.gov.cn/npc/c30834/202005/50c0b507ad32464aba87c2ea65bea00d.shtml,最后访问时间 2020 年 5 月 23 日。

年初暴发的新冠肺炎疫情,使无数家庭遭遇亲人离丧的变故。有的家庭中父母均须隔离,暂时无法履行监护职责,甚至出现照顾幼童的祖父因病去世而幼童的父母远在外地无法及时履行监护职责。为切实维护被监护人利益,对处于生活无人照料状态的被监护人,其住所地的居民委员会、村民委员会应担负临时生活照料的责任。本法因应此种突发事件等紧急情况作出了规定,同时将民政部门列入负有临时生活照料责任主体中,也体现了国家监护兜底的立法意旨。

第三十五条 监护人应当按照最有利于被监护人的原则履行监护职责。监护人除为维护被监护人利益外,不得处分被监护人的财产。

未成年人的监护人履行监护职责,在作出与被监护人利益有关的决定时,应当根据被监护人的年龄和智力状况,尊重被监护人的真实意愿。

成年人的监护人履行监护职责,应当最大程度地尊重被监护人的真实意愿,保障并协助被监护人实施与其智力、精神健康状况相适应的民事法律行为。对被监护人有能力独立处理的事务,监护人不得干涉。

释 义

本条规定了监护人履行监护职责的原则和要求。

一、如何理解"最有利于被监护人"的原则(见本书第 31 条释义)

二、如何理解"尊重被监护人的真实意愿"的原则

尊重被监护人的真实意愿,是民法意思自治核心理念在监护制度中的诠释。首先,对未成年的被监护人履行监护职责,应尊重未成年的被监护人的真实意愿。从本法关于无民事行为能力人和限制民事行为能力人的有关规定上看,并非所有的未成年人的民事法律行为都由监护人一概代理。在监护人代理实施民事法律行为时,若未成年人表达了与其年龄、智力相适应的真实意

愿,则监护人应予以尊重。如在离婚案件中,确定未成年人子女的抚养权归属时,人民法院应充分听取未成年人的意见。其次,对无民事行为能力和限制民事行为能力的成年人履行监护职责,应尊重成年被监护人的真实意愿。本书对此已做说明,不再赘述。

三、监护人处分被监护人财产的问题

在上述原则下,监护人只有为被监护人的利益着想才能处分被监护人的财产。特别需要说明的是,监护人有权管理和保护被监护人的财产,非为被监护人的利益不得处分被监护人的财产。尤其是对于被监护人用来居住的不动产的处分,因其关系到被监护人的生存权,必要时需公权力介入加以保护。

第三十六条 监护人有下列情形之一的,人民法院根据有关个人或者组织的申请,撤销其监护人资格,安排必要的临时监护措施,并按照最有利于被监护人的原则依法指定监护人:

(一)实施严重损害被监护人身心健康的行为;

(二)怠于履行监护职责,或者无法履行监护职责且拒绝将监护职责部分或者全部委托给他人,导致被监护人处于危困状态;

(三)实施严重侵害被监护人合法权益的其他行为。

本条规定的有关个人、组织包括:其他依法具有监护资格的人,居民委员会、村民委员会、学校、医疗机构、妇女联合会、残疾人联合会、未成年人保护组织、依法设立的老年人组织、民政部门等。

前款规定的个人和民政部门以外的组织未及时向人民法院申请撤销监护人资格的,民政部门应当向人民法院申请。

释 义

本条是关于撤销监护人资格的规定。

为了更好地保护被监护人的利益,针对监护人的失职行为,本法规定了撤销监护人资格的具体条件。

1. 申请撤销监护人资格的主体。有权申请撤销监护人资格的主体比较宽泛,包括除现时履行监护职责的监护人以外的其他依法具有监护资格的人,还有居民委员会、村民委员会、学校、医疗机构、妇女联合会、残疾人联合会、未成年人保护组织、依法设立的老年人组织、民政部门等。以上个人和组织都负有保护被监护人的特定职责,他们虽然没有现时担任监护人,但是他们对监护人有监督的义务,对及时发现和披露监护人的失职行为,避免被监护人利益受损,起到应有的作用。当监护人失职甚至损害被监护人利益时,他们有权申请人民法院撤销监护人资格。本条第 3 款还规定,民政部门是申请撤销监护人资格的兜底主体。

2. 申请撤销监护人资格的具体事由。撤销监护人资格应当非常慎重,毕竟现阶段家庭监护仍然是最适合被监护人的方式,让被监护人体会家庭的温馨环境更有利于其身心健康。同时,父母抚养子女、子女赡养父母和夫妻之间相互扶养,既是情感所系,也是法定义务。因此非为不得已不能撤销监护人资格。本条列举的事由都是属于严重侵害被监护人权益的情形,这也体现了"最有利于被监护人"的原则。对于撤销监护人资格的情形,除本条的规定外,还可参照最高人民法院、最高人民检察院、公安部、民政部《关于依法处理监护人侵害未成年人权益行为若干问题的意见》第 35 条的规定。

3. 必要的临时监护措施。临时监护措施与本法第 31 条相呼应,指的是出现本条规定的监护人失职或损害被监护人利益的情形后,人民法院指定监护人之前,为避免被监护人处于无人监护的状态,可以临时指定被监护人的亲属、居民委员会、村民委员会、民政部门等担任临时监护人,履行法律规定的监护职责。

第三十七条　依法负担被监护人抚养费、赡养费、扶养费的父母、子女、配偶等,被人民法院撤销监护人资格后,应当继续履行负担的义务。

释　义

本条规定了撤销监护人资格后不免除给付费用的负担。

本法第五编对配偶、父母、子女之间的权利义务有明确规定。配偶、父母、子女是核心家庭成员,其身份联系最为紧密。而抚养、赡养、扶养,是基于身份关系产生的财产关系,只要身份关系存在,其派生的财产关系就不能消灭。因此,父母、子女、配偶的监护人资格被撤销,并不因此消灭其给付抚养费、赡养费、扶养费的义务。以父母、子女关系为例,父母是未成年子女的法定监护人,负有保护、教育未成年子女的权利和义务。但是如果父母实施了严重侵害未成年子女合法权益的行为,应依法撤销其监护人资格。父母被撤销监护人资格,自然丧失了保护和教育未成年子女的权利和义务,但如果同时还免除其给付抚养费的义务,不但使未成年子女利益受损,其父母在财产上还不当获利,显然有违监护的立法宗旨。因此,父母、子女、配偶被撤销监护人资格后,仍应依法负担抚养费、赡养费、扶养费。

第三十八条 被监护人的父母或者子女被人民法院撤销监护人资格后,除对被监护人实施故意犯罪的外,确有悔改表现的,经其申请,人民法院可以在尊重被监护人真实意愿的前提下,视情况恢复其监护人资格,人民法院指定的监护人与被监护人的监护关系同时终止。

释 义

本条是关于恢复父母与子女之间监护关系的规定。

一、本条的适用对象

本条适用于法定监护人被撤销监护资格后是否恢复的情形。监护人的监护资格被撤销后又有被恢复可能的只有本条规定的主体,即未成年子女的父母或者无民事行为能力或限制民事行为能力的成年被监护人的子女。

二、如何理解监护关系中监护人"对被监护人实施故意犯罪"

根据我国刑法规定,故意犯罪是指行为人明知自己的行为会发生危害社会的结果,并且希望或者放任这种结果的发生的行为。在监护关系中,监护人对被监护人实施的故意犯罪通常包括:故意伤害、遗弃、虐待、性侵害、出卖等。

三、监护人"确有悔改表现"的认定

法律要求撤销监护人资格要慎重为之,恢复监护人资格同样要慎重。本条规定的监护人被撤销监护资格后确有悔改表现,需要一定的证据证明,而不能仅凭被撤销监护资格的人的说明或者宣誓之类的表示。当事人申请恢复监护人资格的,应当向人民法院提交书面申请,并提交其对行为危害性的认识、悔改的决心、接受教育辅导情况以及后续表现情况等证据材料。但这些材料毕竟是申请人自己的表示,为明确和落实申请人的悔改表现是否真实可靠,一般还需要提供其他亲属、居民委员会、村民委员会、民政部门、所在单位、被监护人所在社区、所在学校的证明等。如果居民委员会、村民委员会及民政部门对监护人开展监护指导、心理疏导等教育辅导工作并取得效果的,申请人还应当向法院提交上述报告。

四、如何查明"被监护人真实意愿"

人民法院应当征求被监护人现任监护人和有表达能力的被监护人的意见,并可以委托申请人住所地的民政部门或者其他相关组织,对被监护人的身心状况、生活情况等进行调查,形成调查评估报告,最后综合判断被监护人的真实意愿。

第三十九条　有下列情形之一的,监护关系终止:

(一)被监护人取得或者恢复完全民事行为能力;

(二)监护人丧失监护能力;

(三)被监护人或者监护人死亡;

(四)人民法院认定监护关系终止的其他情形。

监护关系终止后,被监护人仍然需要监护的,应当依法另行确定监护人。

释　义

本条是关于监护关系终止的规定。

一、监护关系的终止

作为一种民事法律关系,监护关系有其发生的原因,在监护人与被监护人之间形成法律规定的权利义务关系。当引起监护关系发生的事由不再存在时,监护关系也随之终止,监护人与被监护人之间的权利义务关系也随之消灭。监护关系终止,是指因被监护人的原因使监护关系的存在成为不必要;或者因监护人的原因使其不能继续担任监护人,而由他人担任监护人,原监护关系终止。前者可称为监护关系的绝对终止,后者可称为监护关系的相对终止。

二、监护关系终止的具体事由

(一) 被监护人取得或者恢复完全民事行为能力

监护制度的目的是为了弥补行为能力不完全的自然人民事行为能力欠缺的问题,当这种欠缺不再存在,即未成年被监护人因届成年而取得完全的民事行为能力,或无民事行为能力或限制民事行为能力的成年被监护人恢复了完全民事行为能力,监护关系自然随之终止。

(二) 监护人丧失监护能力

监护制度的主要功能在于以监护人的行为弥补被监护人行为能力的欠缺。监护人作为被监护人的法定代理人,必须具备相应的监护能力。如果监护人丧失监护能力,也就无法保护被监护人的利益,监护关系应当终止。

(三) 被监护人或者监护人死亡

死亡是自然人民事主体资格消灭的法律事实,意味着与其相关的民事法律关系也随之终止。在监护关系中,无论监护人还是被监护人死亡,均导致该监护关系终止。具体而言,如果被监护人死亡,客观上已无对其进行监护的必要,监护关系绝对终止。如果监护人死亡,不能再尽监护职责,因其缺位导致被监护人处于无人监护的状态,被监护人与该监护人的监护关系也自然终止。但因为被监护人仍需要监护,应依法另行确定监护人,即监护关系相对终止。

(四) 人民法院认定监护关系终止的其他情形

本项规定作为兜底,囊括立法中不能完全穷尽的情形,也赋予法院一定的自由裁量权,由其综合案件的具体情况判断是否终止监护关系。

三、监护关系终止的法律后果

本法并未明确规定监护关系终止的法律后果。实践中,监护关系终止的法律后果主要是财产处理。从理论上看,监护关系终止后监护人负有如下义务:(1)财产清算,即监护人在监护关系终止时应会同监护监督机关所指定的人(或其他法定人员)进行财产清算。(2)财产交还,即财产清算结束后如有剩余,应将财产移交于新的监护人;如果被监护人死亡,则移交给被监护人的继承人。

第三节 宣告失踪和宣告死亡

第四十条 自然人下落不明满二年的,利害关系人可以向人民法院申请宣告该自然人为失踪人。

释 义

本条是关于宣告失踪的一般规定。

一、宣告失踪的制度意义

宣告失踪和宣告死亡是现代民法不可或缺的法律制度。由于战争、自然灾变及从事具有一定危险性的航海、航空、登山和科学探险等活动,使人们遭遇各种危险而致失踪,是经常发生的事。其他原因,如一些居民流动或外逃,也会造成一些人失踪而下落不明。① 宣告失踪,是指经利害关系人申请,由人民法院依法定程序宣告下落不明满一定期限的自然人为失踪人的民事法律制度。一个人下落不明,其参与的法律关系就会处于不确定状态,如财产可能无人管理,债务无法清偿。这种状况的持续,对失踪人本人和他人都是不利的。法律规定宣告失踪,目的在于结束因自然人下落不明而导致的财产关系不确定的状态,以保护失踪人和其利害关系人的合法权益。

二、宣告失踪的条件和程序

根据本条规定,宣告失踪需具备以下条件和程序:(1)须有自然人下落不明满二年的事实。下落不明是一种客观事实,指的是自然人离开最后居所或

---

① 参见梁慧星:《民法总论》(第五版),法律出版社 2017 年版,第 110 页。

住所后没有音讯且处于不间断的、持续的状态。也就是说,从自然人音讯消失起开始计算,持续地、不间断地经过二年时间。(2)须由利害关系人向人民法院提出申请。对利害关系人的范围,应包括被申请宣告失踪人的近亲属以及其他与被申请人有民事权利义务关系的人。利害关系人可以一人或数人同时申请,没有顺序的要求。而且,只要利害关系人范围内的一个人或者数人提出宣告失踪的申请,即使其他人反对,但只要符合宣告失踪的受理条件,人民法院就应当受理。另需注意从宣告失踪制度的立法意义出发把握"其他与被申请人有民事权利义务关系的人",将失踪人的债权人、合伙人等列入利害关系人范围。(3)须由人民法院依特别程序宣告。宣告自然人失踪为人民法院的职权,其他任何个人和机关无权作出宣告失踪的决定。

第四十一条 自然人下落不明的时间自其失去音讯之日起计算。战争期间下落不明的,下落不明的时间自战争结束之日或者有关机关确定的下落不明之日起计算。

释 义

本条规定了下落不明的时间计算。

一、下落不明的认定

《最高人民法院关于贯彻执行〈中华人民共和国民法通则〉若干问题的意见(试行)》第 26 条规定:"下落不明是指公民离开最后居住地后没有音讯的状态。对于在台湾或者国外,无法正常通讯联系的,不得以下落不明宣告死亡。"本法没有明确界定"下落不明",也没有进一步的司法解释界定"下落不明",故仍应适用上述规定。下落不明的界定与宣告失踪的起算时间密切相关,在适用上述司法解释时,还要结合本法的规定,即首先应明确的是自然人离开最后居住地,需注意是"居住地"而不是"住所",且该居住地应该是利害关系人所知悉的最后居住地。其次是自然人失去音讯。宣告失踪的起算时间应当是满足离开最后居住地这一条件后的失去音讯的时间,而非离开最后居住地的时间。

二、战争期间下落不明的宣告失踪的时间计算

战争导致社会秩序、社会关系动荡,人们的生命安全也受到极大威胁。在战争状态下,人们流离失所甚至因战乱死亡的情形很多,查找不到自然人的情形更多。如果自然人在战争期间下落不明,下落不明的具体时间很难确定,且由于正常的社会秩序受到冲击,从失去音讯的时间开始计算也不便操作。因此,对战争期间下落不明的,宣告失踪的起算时间自战争结束之日起,可谓成本最小的通行做法。当然这一规则的适用也不能过于僵化,如果能够确定自然人在某一次具体战役中下落不明的,仍然应从这一时间起算。

此外,本条还规定了从"有关机关确定的下落不明之日起计算"。这里的"有关机关",应当是有权机关,且该机关具备此能力或者职责,如军队上有权对因战争下落不明的人予以认定的机关,地方上则是民政部门或者公安部门等。

第四十二条 失踪人的财产由其配偶、成年子女、父母或者其他愿意担任财产代管人的人代管。

代管有争议,没有前款规定的人,或者前款规定的人无代管能力的,由人民法院指定的人代管。

释 义

本条规定了失踪人的财产代管人。

一、为失踪人设定财产代管人的一般规则

为失踪人设定财产代管人,是宣告失踪的立法目的,也是宣告失踪的法律后果。自然人被宣告失踪后,其民事主体资格仍然存在,所以不会发生与其人身有关的法律后果,如婚姻关系的解除和继承开始等,仅发生与失踪人有关的财产后果。通过为其设定财产代管人,解决与失踪人有关的财产问题。

设定财产代管人的一般规则:(1)财产代管人的范围。本条明确规定,失踪人的配偶、成年子女、父母作为失踪人的财产代管人,此外还包括"其他愿意担任财产代管人的人"。(2)指定财产代管人的原则。指定财产代管人除

应考虑该被指定的人意愿的外,根据《最高人民法院关于贯彻执行〈中华人民共和国民法通则〉若干问题的意见(试行)》第30条第1款的规定,"人民法院指定失踪人的财产代管人,应当根据有利于保护失踪人财产的原则指定。没有民法通则第21条规定的代管人,或者他们无能力作代管人,或者不宜作代管人的,人民法院可以指定公民或者有关组织为失踪人的财产代管人。"该司法解释确定的"有利于保护失踪人财产的原则"仍然适用。(3)代管争议的解决。人民法院应当依据上述原则为失踪人指定财产代管人。如代管有争议,包括代管人范围内的人争作代管人或相互推诿不愿作代管人,或者没有本条第1款规定的代管人或者虽然有本条第一款规定的代管人但其没有代管能力的,则由人民法院按照有利于保护失踪人财产的原则指定有关自然人或者有关组织担任失踪人的财产代管人。

二、失踪人财产代管人的顺序与代管人人数

(一) 关于代管人的顺序

本条只规定了失踪人财产代管人的范围,并未明确其顺序。对此问题在实务中应根据与失踪人关系密切的程度确定代管人的顺序。理由是:首先,根据与失踪人关系远近确定失踪人财产代管人的顺序,符合失踪人对财产处分的心理预期。根据日常生活经验可知,失踪人在自身无法亲自管理财产的情况下,通常会基于信任而选择将财产交给与其关系密切的人管理。其次,本条列举的代管人都在近亲属范围内,他们会比其他人更愿意付出时间和精力去管理和处理失踪人的财产。最后,由与失踪人关系密切的近亲属做财产代管人,可以更大程度消除因信息不对称而可能导致的财产流失。

基于以上理由,在本法未对财产代管人顺序予以明确的情况下,实务上可以考虑借鉴关于申请宣告死亡的利害关系人顺序的规定,确定失踪人财产代管人的顺序。具体为:第一顺序,配偶;第二顺序,父母、成年子女;第三顺序,兄弟姐妹、祖父母、外祖父母、孙子女、外孙子女;第四顺序,其他愿意担任财产代管人的自然人或组织。

(二) 代管人的人数

当出现失踪人没有配偶或夫妻双方均失踪的情形时,就可能出现上述第二顺序、第三顺序或者第四顺序的代管人,而如果在本顺序内多个有资格者均要求担任或均不愿担任财产代管人的,就涉及人民法院能否指定多个财产代

管人的问题。鉴于本法并未对失踪人财产代管人的人数作限制性规定,故应理解为可以指定多个财产代管人。如指定数人为财产代管人,建议数个财产代管人之间就代管方式、代管事项协商确定;没有约定或约定不明时,由人民法院根据失踪人财产的数额、管理难度大小等,合理确定财产代管的相关事项。

第四十三条 财产代管人应当妥善管理失踪人的财产,维护其财产权益。

失踪人所欠税款、债务和应付的其他费用,由财产代管人从失踪人的财产中支付。

财产代管人因故意或者重大过失造成失踪人财产损失的,应当承担赔偿责任。

释 义

本条规定了失踪人财产代管人的职责和责任。

一、财产代管人的法律地位

本法对财产代管人的法律地位没有明确规定,但根据有利于保护失踪人财产的原则可将财产代管人的法律地位归纳为:(1)财产代管人是失踪人的财产保管人,对失踪人的财产应负有如对待自己事务一样的注意义务,妥善保管失踪人财产。(2)财产代管人有权代理失踪人从事一定的民事法律行为,如代理失踪人接受其债权,以失踪人的财产代其清偿债务,等等。同时,由于绝大多数代管人代为管理失踪人财产都是无偿的,所以法律规定代管人仅因故意或重大过失造成失踪人财产损害的,才承担赔偿责任。

二、财产代管人的代管行为

在有利于失踪人财产利益的原则下,本法规定了"财产代管人应当妥善管理失踪人的财产,维护其财产权益"。理解"妥善管理",首先财产代管人应保管好失踪人的财产,避免损失。其次为维护失踪人的财产权益,在保证失踪人财产不减值的情况下,还可为适当的改良行为和必要的经营行为及处分行为。例如,可以采取必要措施对易变质的财产变价处分而保管价金;又如,将失踪人闲置的房屋出租以收取租金,等等。本条规定的各种债务清偿也属代管行为的范围,其中的"其他费用"是指《最高人民法院关于贯彻执行〈中华人民共和国民法通则〉若干问题的意见(试行)》第31条规定的"赡养费、扶养费、抚养费和因代管财产所需要的管理费等必要的费用"。此外,代管人在管理失踪人财产及维护失踪人财产权益范围内,有权代理失踪人追索债权或者接受债权;在以失踪人为原告或者被告的民事诉讼中,担任失踪人的诉讼代理人。

三、财产代管人的民事责任

本条第3款规定了失踪人财产代管人的民事责任。在对失踪人财产代管过程中,可能出现因代管人的行为使失踪人财产权益受损的情况。财产代管人是否对所有的致失踪人财产权益受损的情形都要承担赔偿责任,应作具体判断。

第一,失踪人财产代管人在代管财产过程中因故意或重大过失造成失踪人财产损失或他人损失时,应根据本法第七编的规定,由财产代管人承担责任。如代管人将失踪人的闲置房屋出租,对该房屋的水、电、燃气等设施应进行妥善维修以保证承租人正常使用,该维修费用由失踪人财产支付。如果代管人明知燃气设备存在重大隐患而未及时维修导致火灾,给失踪人房屋造成的损失或给承租人造成的损失,都应由代管人承担责任。值得注意的是,如果代管人是有偿代管失踪人财产的,则其承担赔偿责任不以故意或重大过失为限,只存在一般的过失即应承担责任。

第二,失踪人财产代管人在无偿代管失踪人财产过程中,虽无主观故意或重大过失,仍造成失踪人财产损失或他人损失的,应区分具体代管行为作出不同处理:(1)代管人对失踪人财产仅进行一般性保管造成损害时,如系无偿代管,我们认为应考虑类推适用本法第897条规定:"保管期内,因保管人保管不善造成保管物毁损、灭失的,保管人应当承担赔偿责任。但是,无偿保管人证明自己没有故意或者重大过失的,不承担赔偿责任。"即是说,只要代管人能证明其在无偿保管失踪人财产过程中没有重大过失,就不承担赔偿责任。(2)财产代管人对失踪人财产进行必要的经营行为和处分行为造成损害时,应从善良管理人注意义务的角度处理。所谓善良管理人的注意义务,乃通常合理人的标准,系一种客观化或类型化的过失标准,即行为人应具备其所属职业(如医生、建筑师、律师、药品制造者)的专业知识和能力,或某种社会活动的成员(如汽车驾驶人)或某年龄段(老人或未成年人)通常所具有的智识能力。① 例如,甲下落不明被宣告失踪,乙作为甲的财产代管人接收甲承包的出租车继续运营。某天,乙因疲劳驾车撞上公路护栏,导致公路护栏和车均受损。这里乙的疲劳驾驶行为就违反了善良管理人的注意义务,其所造成的甲的车辆和护栏的损失均应由乙自行承担赔偿责任。当然,在此还应考虑到如果乙为无偿代管,则应适当减轻其赔偿责任。

值得注意的是,对如何理解经营行为和处分行为之必要性,多有争议。我们认为,判断必要性应依照普通人的日常生活经验:如果该经营或处分行为的实施有利于失踪人财产增值或防止失踪人财产减值,则该行为即为必要。

第四十四条　财产代管人不履行代管职责、侵害失踪人财产权益或者丧失代管能力的,失踪人的利害关系人可以向人民法院申请变更财产代管人。

财产代管人有正当理由的,可以向人民法院申请变更财产代管人。

人民法院变更财产代管人的,变更后的财产代管人有权请求原财产代管人及时移交有关财产并报告财产代管情况。

释　义

本条规定了失踪人财产代管人的变更。

一、变更财产代管人的法定事由

本条前两款分别规定了两种财产代管人变更的事由。基于这两种变更事由,变更申请人也有不同。

1. 财产代管人不履行代管职责、侵害失踪人财产权益或者丧失代管能力的,申请变更财产代管人的是利害关系人。从本条的规定上看,利害关系人申

---

① 参见王泽鉴:《侵权行为》,北京大学出版社2009年版,第242页。

请变更财产代管人的法定事由具体分为三种,确切把握这三种事由很重要:(1)对于财产代管人不履行代管职责的问题,要考虑代管人是经常不履行代管职责、长时间不履行代管职责,还是偶尔疏忽或懈怠。(2)对于侵害失踪人财产权益的问题,应考虑代管人是否存在主观过错。(3)对于代管人丧失代管能力,主要包括三种情形:一是代管人被依法宣告为限制民事行为能力或无民事行为能力人;二是代管人因出国、异地求学等原因需长时间离开失踪人财产所在地,客观上无法代管;三是代管人因生病、受伤等身体原因而无法再为代管事务。至于利害关系人的范围,应划定在近亲属以及其他与失踪人有民事权利义务关系的人。

2.财产代管人有正当理由的,其本人可以向人民法院申请变更代管人。这里的"正当理由"可参照《最高人民法院关于贯彻执行〈中华人民共和国民法通则〉若干问题的意见(试行)》第35条第1款规定:"代管人以无力履行代管职责,申请变更代管人的,人民法院比照特别程序审理。"其中"代管人无力履行代管职责"可以作为正当理由来考虑,其具体情形应包括上文"丧失代管能力"的三种情形,另有代管人因自身事务繁多没有时间处理代管事务等。因此,代管人本人申请变更时,应就上述情形举证证明,否则法院不应同意其变更请求。

二、变更财产代管人的后果

本条第3款规定了变更财产代管人的后果,即"变更后的财产代管人有权要求原财产代管人及时移交有关财产并报告财产代管情况"。

第四十五条 失踪人重新出现,经本人或者利害关系人申请,人民法院应当撤销失踪宣告。

失踪人重新出现,有权请求财产代管人及时移交有关财产并报告财产代管情况。

释 义

本条规定了失踪宣告的撤销。

一、撤销失踪宣告的法定事由

撤销失踪宣告的法定事由为失踪人重新出现。有权作出撤销失踪宣告的仍然是人民法院。失踪宣告被撤销后,财产代管人的职责随之消灭,自应移交所代管的失踪人的财产,并将代管期间对失踪人财产的管理及处分情况报告给失踪人本人。

二、撤销失踪宣告的具体程序

首先,申请撤销失踪宣告,仍应向作出该宣告失踪判决的原审法院提出。根据我国《民事诉讼法》的相关规定,失踪人重新出现,系构成裁判基础的事实在裁判作出后发生了情势变更。原审法院对裁判相对更加熟悉,基于程序迅速、经济便利的考量,在上述情形出现时,仍由原审法院进行变更更符合非讼程序的设立目的。其次,撤销失踪宣告需依申请,而申请人是失踪人本人或者利害关系人。最后,申请撤销宣告失踪没有期限的限制,只要失踪人重新出现,其本人和利害关系人即可提出撤销申请。

第四十六条 自然人有下列情形之一的,利害关系人可以向人民法院申请宣告该自然人死亡:

（一）下落不明满四年;

（二）因意外事件,下落不明满二年。

因意外事件下落不明,经有关机关证明该自然人不可能生存的,申请宣告死亡不受二年时间的限制。

释 义

本条规定了宣告死亡的条件。

一、宣告死亡的制度意义

宣告死亡,是指依照法定程序,推定失踪人为"已死亡",使之产生与自然死亡同样的法律后果。自然人长期下落不明,最直接的后果就是与其有关的人身关系和财产关系处于不稳定的状态,进而会影响到经济生活和社会秩序。

宣告失踪制度的目的在于解决失踪人财产的保护问题,而宣告死亡制度则是通过推定失踪人"已死亡",以及时了结下落不明的人与他人的人身关系和财产关系。

二、宣告死亡的条件和程序

按照本条规定,宣告死亡须具备的条件和程序如下:

1.须有自然人失踪即下落不明的事实。所谓下落不明,是指失踪人离开其居住地,既不能判定其尚且生存,也无法证明其已经死亡的状态。

2.须失踪的状态届满法定的期间。这里说的法定的失踪期间,分为两种:普通期间和特别期间。因意外事件失踪的,适用特别期间,即二年;意外事件之外的失踪,适用普通期间,即四年。本条中的"意外事件失踪",是指遭遇战争、地震、海难、空难及其他重大灾变而失踪。意外事件造成的结果是行为人无法预见的,行为人不可能避免或预防。对于下落不明即失踪的起算时点,本法没有规定。由于宣告死亡的两种情形不同,其起算时点也有不同:其一,本条第1款第1项规定的下落不明的起算应自下落不明之日起计算。其二,对于本条第1款第2项规定的因意外事件下落不明满二年的起算,应自该事件发生之日起算。但是,因意外事件下落不明,经有关机关证明该自然人不可能生存,利害关系人申请宣告其死亡的,不受二年时间的限制。

此外尚需说明的是,按照《最高人民法院关于贯彻执行〈中华人民共和国民法通则〉若干问题的意见(试行)》第27条的规定,战争期间下落不明的,也须满足四年的期间。但本条没有将"战争期间下落不明"单独作为一种事由列举出来,仅规定了"意外事件"。我们认为,应将"战争期间下落不明"归入"意外事件"中,适用二年的法定期间,其起算时点为战争结束之日。

3.须由利害关系人申请。所谓利害关系人,即失踪人的近亲属以及其他与失踪人有民事权利义务关系的人,包括受遗赠人、债权人、债务人、人寿保险合同的受益人等。这里特别需要强调的是,上述利害关系人均有权申请失踪人死亡,没有顺序限制。

审判实践中,基于设置宣告死亡制度的目的,尤其是着重解决与失踪人有关的人身关系,以区别于宣告失踪的制度目的,对上述范围的利害关系人进行限制,避免当事人恶意利用宣告死亡制度,损害失踪人利益。在最高人民法院《〈中华人民共和国民法总则〉条文理解与适用》中对以下利害关系人申请宣告失踪人死亡持否定态度:(1)失踪自然人的债权人;(2)与失踪自然人具有劳动关系的单位;(3)在失踪自然人尚有配偶或者父母、子女的情况下,其兄弟姐妹申请宣告失踪人死亡的。①

4.须人民法院宣告。非经人民法院宣告,不能确认自然人被宣告死亡。

第四十七条　对同一自然人,有的利害关系人申请宣告死亡,有的利害关系人申请宣告失踪,符合本法规定的宣告死亡条件的,人民法院应当宣告死亡。

释　义

本条规定了宣告死亡的优先适用。

一、宣告死亡优先于宣告失踪

本条明确了宣告死亡的优先适用。从本法的规定看,宣告失踪与宣告死亡之立法目的和制度价值有异,显然是两项不同的法律制度。如何处理二者的关系,首先应认识两种制度的异同,其次应明确两种制度的适用次序。

宣告失踪与宣告死亡的相同点在于,二者都是为保护失踪人和相对人的利益,对失踪人下落不明的状态持续一定的期间而作出法律推定。二者的不同点有以下几点:(1)目的不同。宣告失踪制度旨在为失踪人设立财产代管人,主要解决与失踪人有关的财产问题;宣告死亡制度旨在结束失踪人参与的以其住所地为中心的民事法律关系。(2)条件不同。宣告失踪的自然人下落不明的法定期间为二年;宣告死亡的自然人下落不明的法定期间,普通期间为四年,特殊期间为二年。(3)人民法院受理后进行公告期间的不同。宣告失踪的公告期间为三个月;宣告死亡的公告期间一般为一年(因意外事故下落不明,经有关机关证明该公民不可能生存的,宣告死亡的公告期间为三个月)。(4)撤销后果不同。宣告死亡的撤销具有溯及力,最终将恢复原状(失踪人人身关系的恢复视具体情形而定);宣告失踪的撤销没有溯及力。

---

① 参见沈德咏主编:《〈中华人民共和国民法总则〉条文理解与适用》,人民法院出版社2017年版,第375—376页。

基于宣告失踪与宣告死亡的制度差异,民法在制度安排上不要求将宣告失踪作为宣告死亡的必经程序。依本条规定,针对同一个自然人,有的利害关系人申请宣告死亡而有的利害关系人申请宣告失踪的,如果符合宣告死亡的条件,人民法院应当宣告死亡。也就是说,宣告死亡的适用优先于宣告失踪。

二、利害关系人无顺序限制

从本条的规定上看,显然明确了申请宣告死亡的利害关系人没有顺序的限制,任何有资格申请宣告死亡的利害关系人均有权申请宣告死亡。比如,失踪人的配偶不同意申请宣告死亡而只申请宣告失踪,但失踪人的父母申请宣告死亡的,如符合宣告死亡的条件,则人民法院应宣告死亡。

第四十八条 被宣告死亡的人,人民法院宣告死亡的判决作出之日视为其死亡的日期;因意外事件下落不明宣告死亡的,意外事件发生之日视为其死亡的日期。

释　义

本条规定了被宣告死亡的人死亡日期的确定。

对本条规定的理解有以下两点:

1. 就一般情形的宣告死亡,被宣告死亡人的死亡日期为"人民法院宣告死亡的判决作出之日"。该日期即为判决书上所载明的文书作出日期。至于该判决是否向当事人宣告、是否送达当事人,均不影响该文书所确定的被宣告死亡人的死亡日期。

2. 因"意外事件"而被宣告死亡的,被宣告死亡人的死亡日期为该意外事件发生之日。需注意的是,有些意外事件可能会持续一段时间,即便这样,因意外事件而被宣告死亡的日期仍然是意外事件发生之日,而不是结束之日。

第四十九条 自然人被宣告死亡但是并未死亡的,不影响该自然人在被宣告死亡期间实施的民事法律行为的效力。

释 义

本条规定了被宣告死亡期间的民事法律行为的效力。

一、被宣告死亡的自然人的民事权利能力

被宣告死亡的自然人实际上并未死亡的,其民事权利能力当然不消灭。宣告死亡毕竟是一种法律上的推定,尽管宣告死亡与自然死亡一样,也会导致自然人的民事权利能力终止。但如果被宣告死亡的自然人仍然生存在异地的,依照本法第 13 条的规定,其当然具有民事权利能力。

如何协调宣告死亡制度与自然人的民事权利能力,应从宣告死亡制度的目的出发。宣告死亡制度的真正目的不在于真实地确定失踪人"死亡",而在于结束与失踪人有关的民事法律关系。因此,宣告死亡并"不影响"失踪人的民事权利能力,宣告死亡的日期也不会"终止"该自然人的民事权利能力。循着这样的逻辑,基于死亡宣告引起的法律后果是:第一,如果该被宣告死亡的自然人实际上并未死亡,则其仍然具有民事权利能力。至于其是否具有民事行为能力,则需要根据本法第 18—23 条有关民事行为能力的相关规则进行判断。第二,由于该自然人被宣告死亡,而宣告死亡与自然死亡的法律后果相同,即引起相关的民事法律关系变动。第三,如果该被宣告死亡的自然人的死亡宣告最终被撤销,则基于死亡宣告发生的法律关系应根据相关的规则予以处理,对此本法第 50—53 条有明确规定。至于被宣告死亡的自然人实施的民事行为与死亡宣告引起的法律后果相冲突的,将在下文予以说明和解释。

二、被宣告死亡的自然人实施的民事法律行为的效力

自然人被宣告死亡的法律后果是以其住所地为中心的一切财产关系和身份关系的消灭。但如果该自然人实际上并未死亡,其在异地生存并实施了一系列民事法律行为,则其实施的民事法律行为的效力不受宣告死亡的影响。至于其实施的民事法律行为的效力如何,即有效、无效、可撤销或效力待定,应依照本法有关民事法律行为效力的规则进行判断。如果其实施的民事法律行为与宣告死亡的法律后果相冲突,则以其实施的民事法律行为为准。例如,甲

下落不明满四年,其妻子依法向法院申请宣告甲死亡,法院依法宣告甲死亡。甲有房屋三套,因宣告死亡发生法定继承,由甲的妻子、儿子和父母继承了该三套房屋。后甲在异地死亡,留有一份遗嘱,遗嘱载明该三套房屋由其儿子继承。依本条规定,该案中甲的三套房屋应根据遗嘱,由甲的儿子继承。如果该案中甲没有死亡,则其可以通过撤销死亡宣告,进而请求依法定继承取得其财产的人(甲的妻子、儿子、父亲和母亲)返还其财产。

第五十条 被宣告死亡的人重新出现,经本人或者利害关系人申请,人民法院应当撤销死亡宣告。

释 义

本条是关于撤销死亡宣告的规定。

宣告死亡本就是一种法律上的推定,当被宣告死亡的人重新出现时,显然这种推定据以作出的基础已经丧失,自然应撤销死亡宣告。申请撤销死亡宣告的主体为被宣告死亡的自然人本人或者利害关系人。有关利害关系人的范围,与申请宣告死亡的范围相同,此不赘述。

第五十一条 被宣告死亡的人的婚姻关系,自死亡宣告之日起消除。死亡宣告被撤销的,婚姻关系自撤销死亡宣告之日起自行恢复。但是,其配偶再婚或者向婚姻登记机关书面声明不愿意恢复的除外。

释 义

本条规定了死亡宣告及其撤销对婚姻关系的影响。

一、婚姻关系因宣告死亡而消除

宣告死亡的制度价值在于及时结束与失踪人有关的人身关系和财产关系,而且,结束人身关系比结束财产关系更加重要。婚姻关系是最为重要的身份关系,自然也应随着宣告死亡的判决而消除。婚姻关系因宣告死亡而消除,生存配偶可以选择是否再婚,这样的规定既能充分保护生存配偶的婚姻利益也保障了其婚姻自由。

二、死亡宣告被撤销后原婚姻的效力

死亡宣告被撤销后,对于已婚的失踪人而言,最直接的影响就是其婚姻关系是否自动恢复的问题。本条规定以生存配偶未再婚为前提,如果死亡宣告被撤销,则该婚姻关系自撤销死亡宣告之日起自行恢复。例外的情形有两种:其一,如果该配偶不愿意恢复婚姻关系,则该婚姻关系不自行恢复,这是婚姻自由原则的体现。其二,如果生存配偶已再婚的,自然不能恢复原婚姻关系。进一步,即使生存配偶一方再婚后又丧偶或再婚后又离婚的,与死亡宣告被撤销后的原配偶的婚姻关系仍不能自行恢复。如果被撤销死亡宣告的自然人和该生存配偶愿意恢复婚姻关系,需要再行办理结婚登记。

第五十二条 被宣告死亡的人在被宣告死亡期间,其子女被他人依法收养的,在死亡宣告被撤销后,不得以未经本人同意为由主张收养行为无效。

释 义

本条规定了死亡宣告的撤销对收养行为的影响。

鉴于本法第五编第五章系统规定了收养制度,本丛书对此有详细释义,在此仅就收养行为、收养关系的成立和收养的效力作一简单说明。

收养制度秉承最有利于被收养的未成年人健康成长的原则。收养行为是收养关系成立的法律事实,发生在收养人与送养人之间。而收养行为的法律后果是收养关系的成立。收养关系是收养人与被收养人之间的身份关系,收养关系成立后即在收养人与被收养人之间形成法律拟制的父母子女关系。收养制度对所涉及的三方面的当事人——送养人、被收养人、收养人应具备的条件均有明确规定。其中,被收养人可以是丧失父母的未成年孤儿、生父母有特殊困难无力抚养的未成年子女;孤儿的监护人、有特殊困难无力抚养子女的生父母可以作送养人。本法第1098条至1103条对收养人应具备的一般条件和特殊要求作了明确规定。同时,有关收养行为的成立、收养关系的成立及其效力,本法第 1104 条规定:"收养人收养与送养人送养,应当双方自愿。收养八周岁以上未成年人的,应当征得被收养人的同意。"第 1105 条第 1 款规定:"收养应当向县级以上人民政府民政部门登记。收养关系自登记之日起成立。"第 1111 条规定:"自收养关系成立之日起,养父母与养子女间的权利义务关系,适用本法关于父母子女关系的规定;养子女与养父母的近亲属间的权利义务关系,适用本法关于子女与父母的近亲属关系的规定。养子女与生父母以及其他近亲属间的权利义务关系,因收养关系的成立而消除。"

结合宣告死亡的法律后果,如被宣告死亡的人在被宣告死亡期间,其子女被他人依法收养,则其父母子女关系已因收养关系的成立而消除。其死亡宣告被撤销后,自然不得主张收养行为未经其本人同意而无效。收养关系也不会因此而自动终止。如该人希望解除已经成立的收养关系,恢复与子女的父母子女关系,须依收养制度的相关规定,可以协议或诉讼解除收养关系。

第五十三条 被撤销死亡宣告的人有权请求依照本法第六编取得其财产的民事主体返还财产;无法返还的,应当给予适当补偿。

利害关系人隐瞒真实情况,致使他人被宣告死亡而取得其财产的,除应当返还财产外,还应当对由此造成的损失承担赔偿责任。

释 义

本条规定了死亡宣告撤销后的财产返还。

宣告死亡与自然死亡的法律效力相同,其重大法律后果之一是继承的发生。自然人死亡时遗留的个人合法财产为其遗产,继承人依法有权取得遗产,受遗赠人依法有权取得遗赠。而死亡宣告被撤销后,引起遗产继承或遗赠的法律事实已不复存在,被撤销死亡宣告的人有权请求返还已被他人取得的财产。本法对此规定了两种情形,一是因死亡宣告而依法取得他人财产的,二是隐瞒真实情况使他人被宣告死亡而恶意取得他人财产的。这两种不同的情形其返还财产等法律后果也不同。

一、返还财产请求权的性质

本法第 230 条规定："因继承取得物权的,自继承开始时发生效力。"第 1121 条规定："继承从被继承人死亡时开始。"可见,自然人死亡时继承即开始,继承人虽可能未现实取得遗产,但遗产所有权已经转移至继承人。如继承人为多数,则遗产已成为继承人的共有财产。自然人被宣告死亡的,自宣告死亡之日起,该被宣告死亡人的遗产即成为继承人所有或共有的财产。死亡宣告被撤销后,原有的发生遗产所有权转移的原因已不存在,自应使被宣告死亡人的财产回复到原来的状态。因此本条规定的"返还财产"的请求权应为物权请求权。

二、因死亡宣告而依法取得他人财产的

自然人在其死亡宣告被撤销后,有权请求基于宣告死亡取得其财产的民事主体返还其财产。具体适用应注意以下几点:(1)请求权主体是被撤销死亡宣告的人。如果该被撤销死亡宣告的人系限制民事行为能力人或无民事行为能力人,则应根据本法关于自然人民事行为能力的规定进行处理。(2)请求权行使的对象是依照本法第六编取得财产的"民事主体",这里应着重强调取得财产的原因是"继承"而不是其他。(3)请求返还财产的范围是"原物",如果原物不存在的,则该取得财产的人应给予适当补偿。如果该财产已经被第三人善意取得,则死亡宣告被撤销的人无权请求第三人返还财产,只能请求基于其被宣告死亡而取得该财产的人给予适当补偿。(4)被撤销死亡宣告的人请求返还财产,不问取得其财产的民事主体系善意还是恶意。故取得财产的民事主体以其系善意的抗辩不成立。

三、隐瞒真实情况使他人被宣告死亡而恶意取得他人财产的

适用本条第 2 款应注意以下几点:(1)请求权主体为被撤销死亡宣告的人。(2)请求权行使的对象是隐瞒真实情况申请宣告死亡而使他人被宣告死亡并因此取得其财产的人。(3)本条规定的责任形式不限于返还财产,还包括对由此造成的损失承担赔偿责任。如恶意取得被宣告死亡人的房屋后又将房屋出卖给第三人,第三人基于善意取得不受死亡宣告被撤销的人的追索,但恶意取得财产之人不但要返还出卖该房屋的价款,还要赔偿该房屋现值与房

屋价款之间的差价。

第四节　个体工商户和农村承包经营户

　　第五十四条　自然人从事工商业经营,经依法登记,为个体工商户。个体工商户可以起字号。

释　义

本条是关于个体工商户的规定。

一、个体工商户

个体工商户,是指自然人以个人财产或家庭财产作为营业资本,在法律允许的范围内依法经核准登记,从事工商业经营的个人或家庭。个体工商户始于改革开放,具有浓郁的中国特色。我国 1978 年《宪法》第 5 条第 2 款对"非农业的个体劳动者"限制在"从事法律许可范围内的,不剥削他人的个体劳动"。1982 年《宪法》第 11 条第 2 款规定"城乡劳动者个体经济,是社会主义公有制经济的补充"。1999 年《宪法(修正案)》将个体经济确定为"社会主义市场经济的重要组成部分"。后经过《民法通则》与《城乡个体工商户管理暂行条例》的落实,个体经济以个体工商户的面目出现。

二、个体工商户的民事主体资格

个体工商户并非一类独立的民事主体,而是包含在自然人中。一般情况下,自然人作为民事主体参加各种民事活动,主要是为了满足自己日常生活的需要;自然人一旦以个体工商户的资格从事商品生产和经营活动,就成为商事主体。但这并没有改变自然人的一般民事权利能力和民事行为能力。从立法体系上看,个体工商户仍然属于自然人的范畴,是自然人的一种特殊形式,与普通自然人的权利能力有所不同。个体工商户享有合法财产权,包括对自己所有的合法财产享有占有、使用、收益、处分的权利,以及依据法律和合同享有各种债权。个体工商户依法享有工商经营权,在法律规定和核准登记的经营范围内,充分享有自主经营权,并经批准可以起字号、刻图章、在银行开立账户,以便开展正常的经营活动。

从本条对个体工商户的规定上看,个体工商户具有以下特征:(1)个体工商户可以是一个自然人,也可以是一个家庭,但在法律上都称为"户"。个体工商户不具有企业或者其他组织的性质。(2)个体工商户必须从事工商业经营,实际上是集投资、经营、劳动于一身。(3)个体工商户的成立须依法核准登记,必须履行工商登记手续才能获得经营资格,领取营业执照后方可营业。(4)个体工商户可以起字号,其进行民事活动往往以个体工商户名义为之,这也体现了其与自然人在权利能力方面的区别。

第五十五条 农村集体经济组织的成员,依法取得农村土地承包经营权,从事家庭承包经营的,为农村承包经营户。

释 义

本条是关于农村承包经营户的规定。

一、农村承包经营户

农村承包经营户,是指农村集体经济组织的成员,在法律允许的范围内,按照承包合同的规定,使用集体所有的土地和其他,如森林、草原、荒地、滩涂、水面等生产资料,从事农业生产经营的个人或家庭。农村承包经营户是与个体工商户并列的"两户"之一,同样具有中国特色,可谓农村经济体制改革的阶段性成果。1978年年底,中共中央着手农村改革,家庭农业得以复苏,农业经营制度逐步转变成土地直接承包给集体经济组织成员的家庭联产承包责任制,农村承包经营户是我国农业家庭经营组织的具体表现形式。

二、农村承包经营户的民事主体资格

农村承包经营户在权利能力、权利义务、责任承担等方面与个体工商户无异,在主体范畴上都属于自然人,享有民事权利能力,是民事法律关系主体。但是由于其具有经营目的,对生产经营享有自主权,因而与一般的自然人有所不同。从本条的规定上看,农村承包经营户有如下特征:(1)农村承包经营户必须为本集体经济组织成员,且从主体范围上,农村承包经营户通常是以一个

家庭户为单位,具有承包经营主体与农村土地资源分配权利主体的双重身份。(2)农村承包经营户无须登记,也没有字号,须通过订立承包合同取得相应承包经营权。(3)农村承包经营户须按照与作为发包方的农村集体经济组织签订的承包合同从事农林牧渔业商品经营。

本条对农村承包经营户的规定具有重要意义:一是承认了农村集体经济组织成员承包土地的资格,即承认了农民对土地的使用权。二是明确了农民并非自给自足的形式代表,而是可以从事商品经营的主体。

农村承包经营户与农村集体经济组织之间的土地承包关系受法律保护。本法第330条规定:"农村集体经济组织实行家庭承包经营为基础、统分结合的双层经营体制。农民集体所有和国家所有由农民集体使用的耕地、林地、草地以及其他用于农业的土地,依法实行土地承包经营制度。"第331条规定:"土地承包经营权人依法对其承包经营的耕地、林地、草地等享有占有、使用和收益的权利,有权从事种植业、林业、畜牧业等农业生产。"可见,农村承包经营户具有民事主体资格,其必须在法律和承包经营合同的范围内进行经营活动,全面履行各项义务,不得损害发包方合法权益,否则将依法承担民事责任。

第五十六条　个体工商户的债务,个人经营的,以个人财产承担;家庭经营的,以家庭财产承担;无法区分的,以家庭财产承担。

农村承包经营户的债务,以从事农村土地承包经营的农户财产承担;事实上由农户部分成员经营的,以该部分成员的财产承担。

释　义

本条是关于"两户"债务承担的规定。

民事主体参加市场交易活动,进行生产经营,须有独立的财产。个体工商户、农村承包经营户在债务承担上有其特殊性。

个体工商户和农村承包经营户,其财产与经营者个人或家庭财产不可分离。一方面,个体工商户和农村承包经营户设立时的经营资金及其他财产来源于自然人个人或家庭的生产或生活资料;另一方面,生产经营收益主要用于自然人个人或家庭的日常消费,从而转化成个人的生活资料,只有少部分用于再生产,转化为生产资料。个体工商户和农村承包经营户本身没有独立的财产,其用于生产经营的财产与经营者个人或者家庭的财产融为一体,很难区分。并且,自然人与个体工商户和农村承包经营户在生产经营活动中也是合为一体的。因此在民法上,个体工商户和农村承包经营户没有独立于自然人的人格,其民事权利能力原则上属于自然人的权利能力范畴。相应地,在个体工商户和农村承包经营户的债务承担问题上,也以财产的权属为依托。若个体工商户和农村承包经营户的财产为设立者单独所有,自然由其独自承担债务;若其财产为家庭共有或夫妻共有,共有人须负连带责任。同时由于责任的无限性,在债务承担上,因个体工商户和农村承包经营户属于个人经营,经营者当然应对经营债务承担无限责任。个人经营的以个人全部财产承担无限责任,家庭经营的以家庭全部财产承担无限责任。

第三章 法 人

▌▌本章导言 ▶

　　本章是在承继《民法总则》第三章内容的基础上制定的,共有条文45条。本章以法人分类为基础展开,主要包括一般规定、营利法人、非营利法人、特别法人四节内容。第一节"一般规定"适用于所有类型法人,借鉴公司法律中较为成熟、可推广适用于所有法人的相关制度,对法人的成立、法定代表人、住所、分立与合并、中止、解散、清算、破产以及分支机构、设立中法人的民事责任等一般事项进行规定。第二节"营利法人"基于所有营利法人的共性,以公司法律及其他企业法人的相关规定为基础作出规定。第三节"非营利法人"基于事业单位、社会团体、基金会、社会服务机构等非营利法人的共性作出规定。第四节"特别法人"明确了机关法人、农村集体经济组织法人、城镇农村的合作经济组织法人、基层群众性自治组织法人的民事主体地位。

第一节 一 般 规 定

　　第五十七条 法人是具有民事权利能力和民事行为能力,依法独立享有民事权利和承担民事义务的组织。

释 义

本条规定了法人的定义。

一、法人的定义

社会生活中的权利主体不限于自然人,还有各种组织体以团体的名义从事各种民事活动。由多数自然人集合而成的组织体,为人合组织体,由财产集合而成的组织体,为财合组织体。法律规定有些组织体具有民事权利能力,有些组织体不具有民事权利能力。众多组织体中,经法律规定具有民事权利能力者,即为自然人之外的另一类民事权利主体——法人。因此,所谓法人,是指由法律规定的具有民事权利能力和民事行为能力,依法独立享有民事权利和承担民事义务的组织。

法人作为一种独立的民事主体,在民事活动中与自然人、非法人组织具有同等的法律地位。本条有关法人概念的规定实际上是将其与同为民事主体的自然人、非法人组织予以区别。本条明确了法人具有以下特点:

第一,法人是一种社会组织。社会组织是为实现一定的宗旨按照一定的方式建立起来的团体,它既可以是自然人的集合体,也可以是财产的集合体。社会组织与建立社会组织的个人或者作为社会组织成员的个人是不同的,社会组织以组织的名义在社会中存在和活动,而不是以自然人的名义存在和活动。

第二,法人是具有民事权利能力和民事行为能力的社会组织。法人是社会组织,但是并非所有的社会组织都是法人。作为法人的社会组织,首先须具有民事权利能力和民事行为能力。因为只有这样才有资格享有民事权利和承担民事义务,才能成为民事主体。

第三,法人是依法独立享有民事权利和承担民事义务的组织。能够以自己的名义进行活动的社会组织也未必就是法人,法人与其他可以以团体名义进行民事活动的社会组织的根本区别在于它具有完全的独立性,独立享有民事权利和负担民事义务。法人的这一特点具体表现在三个方面:(1)组织上的独立性。法人有独立健全的组织机构,不依赖于其他组织的存在而存在,其成员或者执行事务的人死亡(或破产)、退出也不会影响其存续。(2)财产上的独立性。法人有自己的独立财产,有自己独立的利益。法人的财产完全由法人支配,它与法人成员的财产,与其捐赠人的其他财产,与其他组织的财产是完全分开的。(3)责任上的独立性。法人以自己的独立财产独立承担民事责任。法人既不以其财产为他人承担责任,他人也不以其财产为法人承担责任。法人的财产不足以承担法人的责任时,则会因破产而终止。法人独立承担民事责任以组织独立、财产独立为条件,也是组织独立和财产独立的必然要求与结果。

二、法人的类型

法人的分类是法人制度的基石,势必反映在法人的立法中。本法在制定过程中,经过多次实证与理论研讨,以法人的本质属性即经济属性作为对法人分类的基本依据,再辅之以特别法人进行完善,最终将法人分为营利法人、非营利法人和特别法人。这一分类是对我国市场经济体制下法人体系结构的进一步完善,一方面正视国家管理政策和社会组织改革的现实问题,另一方面又兼顾社会组织改革的可能的政策走向。这一分类使得法人的体系更加科学,结果更加严谨,规范更加合理,内容更加协调。本法对不同类型的法人参与民事活动设定了不同的规则,后文对此有详细解释和说明。

第五十八条 法人应当依法成立。

法人应当有自己的名称、组织机构、住所、财产或者经费。法人成立的具体条件和程序,依照法律、行政法规的规定。

设立法人,法律、行政法规规定须经有关机关批准的,依照其规定。

释 义

本条规定了法人成立的条件。

法人作为一种组织体,要成为具有民事权利能力和民事行为能力的民事主体,必须具备法律规定的成立条件和程序。

一、法人应当依法成立

依法成立是指法人须依照法律规定的条件和程序成立,否则不能成为法人。这里所说的“法”不限于民事法律,也包括有关法人登记、管理方面的行政法规。依法成立包含两方面的内容:一是指法人成立的条件和程序合法;二是指法人组织合法,即法人的目的宗旨、组织机构、经营范围等均合法。

二、法人应当有自己的名称、组织机构、住所、财产或者经费

本条第2款的规定是法人成立的必备要件:(1)名称。法人以自己的名

义进行民事活动,如同自然人的姓名。法人的名称使其区别于其他民事主体。(2)组织机构。法人作为组织体,其团体意志需要通过一定的组织机构才能形成和实现。所以,法人要有一定的组织机构。一般而言,法人的组织机构主要有三个:一是决策机构,如股东大会等;二是执行机构,如董事会、理事会;三是监督机构,如监事会。(3)住所。与自然人一样,法人也要有自己的住所。法人的住所具有重要的法律意义,它是确定法人债务履行、登记管辖、诉讼管辖、法律文书送达、涉外民事关系准据法等的地点,是法人承担民事责任的前提条件。(4)财产或者经费。财产或者经费是法人进行民事活动,独立承担民事责任的物质条件和保障。这里的经费,主要是针对实行预算拨款的法人而言的。"法人的财产或者经费"包括两层意思:一是有独立自主支配的财产或者经费,该财产与包括投资人在内的他人的财产是分开的;二是该财产或者经费的数额要与法人的设立宗旨、所需进行民事活动的范围相适应,符合法律规定的最低财产限额。在我国,法律对不同性质、不同业务的法人有不同的最低财产限额要求。

三、法人成立的具体条件和程序,依照法律、行政法规的规定

这是一个授权性条款。在上述法人成立的必备要件外,鉴于不同种类的法人所承担的社会职能不同,其目的范围各异,法律、行政法规还需对各类法人的成立提供更具体、更有针对性的条件和程序方面的指引和规范,如注册资本、审批登记等。

四、设立法人,法律、行政法规规定须经有关机关批准的,依照其规定

我国立法对法人成立大多采取准则主义,即由法律规定设立条件,只要符合该条件,即可设立。但有些法人还须经有关机关的批准才能成立,如特殊行业的公司、外资企业、各种国家机关、全民所有制事业单位等。具体审批程序和条件,应由法律、行政法规规定。

第五十九条　法人的民事权利能力和民事行为能力,从法人成立时产生,到法人终止时消灭。

释　义

本条规定了法人民事权利能力和民事行为能力的起止时间。

法人是民事主体,自然具有民事权利能力和民事行为能力。但法人作为法律拟制的"人",其权利能力与行为能力的开始和终止的时间与同为民事主体的自然人有区别。法人的民事权利能力和民事行为能力从其成立时产生,到其终止时消灭。即是说,法人的民事权利能力和民事行为能力同时产生、同时消灭。

法人的民事权利能力从法人成立时产生,法人成立需要登记的,自登记之时产生;不需要登记的,自主管机关批准成立时产生。法人的民事权利能力至法人终止时消灭。法人因解散、被宣告破产以及法律规定的其他原因进行清算的,在清算期间仍然具有民事权利能力,直至依法向国家管理机关进行注销登记,其民事权利能力才最终消灭。

第六十条　法人以其全部财产独立承担民事责任。

释　义

本条规定了法人的独立财产责任。

通说认为,法人的全部财产为法人所拥有的独立财产。独立财产包含三层意思:一是法人的财产独立于其他法人和自然人的财产,彼此不相混同;二是法人的财产独立于其成员的财产;三是法人的财产独立于其创始人(包括国家)的其他财产。① 根据本条规定,社会组织要成为法人,必须能够独立承担民事责任,而法人的独立财产是其承担民事责任的基础。

对本条的理解主要从以下三个方面予以把握:(1)法人独立承担责任是法人的本质属性。法律赋予法人民事主体地位,最核心的理由在于其权利能力的独立性。法人的民事行为能力与民事权利能力具有一致性,法人据此取得权利和承担义务。当法人违反义务须承担民事责任时,其独立财产即成为

① 参见彭万林主编:《民法学》,中国政法大学出版社 1994 年版,第 74 页。

独立责任的基础。如法人没有独立的权利能力和行为能力,没有能够独立支配的财产,独立责任能力就是一句空话。(2)法人独立承担的责任,原则上必须是其自身的民事责任。因此,在法人为其成员、股东或他人提供担保、承担债务等例外场合,必须依法履行法律或法人章程规定的批准程序。(3)法人独立承担责任并不意味着其他主体不得为其承担责任。就责任形式而言,法人是以其独立支配的财产为其民事行为的后果承担民事责任,这也是法人责任独立性的表现。但是如果存在法人的成员、股东出资不足、滥用法人的独立人格损害债权人利益等情形,则不排除其成员、股东对法人债务承担连带责任。

第六十一条　依照法律或者法人章程的规定,代表法人从事民事活动的负责人,为法人的法定代表人。

法定代表人以法人名义从事的民事活动,其法律后果由法人承受。

法人章程或者法人权力机构对法定代表人代表权的限制,不得对抗善意相对人。

释　义

本条规定了法人法定代表人的法律地位和行为效力。

一、法定代表人及其法律地位

法人是一种社会组织,其自身不能为行为,要参与经济生活或社会事务,必须经由自然人代其为之。代法人实施法律行为的自然人,即法人的代表人,也就是本条规定的"法定代表人"。

法人是法律赋予其主体地位的实实在在的组织体,有自己的独立意思。代表人是法人的机关,其与法人是同一人格。代表人的行为就是法人自身的行为,所以法定代表人执行法人的对外业务,其后果当然由法人承担。

二、法定代表人的行为范围及法律后果归属

法定代表人产生于法律的直接规定或者法人章程的规定,则法定代表人

的权限同样来源于法律规定或者章程规定。在文义解释上,从反面则理解为法定代表人不得超越法律或者法人章程所规定的范围行使代表权。此外,法人机构内部基于分权制衡划分给法定代表人的权限,均须经董事会或者股东(大)会同意。上述法律规定的限制事项,应当解释为就法定限制事项,未经有权机构决定,代表人依法不享有代表公司的权限,不得对外签订合同和实施相关行为。法人章程中明确规定的对法定代表人权限的限制也当然有效。另有法人通过成员决议、股东会决议、董事会决议等方式对法定代表人的权限进行限制,规定一些特别重要的业务事项须由集体决议后方可作出。因此,法定代表人须遵守上述权限的规定和限制,在此权限范围内以法人名义从事的民事活动,其法律后果由法人承受。

三、法定代表人越权行为的后果及对善意相对人的保护

理解本条第 3 款的规定,一方面,在法人内部,通过章程或者权力机构的决议等方式对法定代表人的权限进行限制,是有效的。另一方面,该种限制是否具有对外效力,则取决于相对人是否善意:如相对人为善意,即不知道或不应当知道存在此种限制,则该越权行为的效果归属于法人;如相对人实际知道或者因重大过失不知道此种限制,则该越权行为的效果不归属于法人。在确定相对人的善意时,还应区分法定代表人权限受到限制的具体依据。因法定代表人的权限来源于法律规定或者章程规定以及法人权力机构的决议等,其中源于法律规定(包括本法和其他单行法律)的权限为法定限制,而源于法人章程或者法人权力机构的限制为约定限制。相对人不得以不知道法律限制而主张善意,而只能以不知道约定限制而主张善意。

另需注意,在法定代表人越权行为后果及保护善意相对人方面,本法总则编和合同编在体系上体现了一致性。本法第 504 条规定:"法人的法定代表人或者非法人组织的负责人超越权限订立的合同,除相对人知道或者应当知道其超越权限外,该代表行为有效,订立的合同对法人或者非法人组织发生效力。"

第六十二条 法定代表人因执行职务造成他人损害的,由法人承担民事责任。

法人承担民事责任后,依照法律或者法人章程的规定,可以

向有过错的法定代表人追偿。

释　义

本条规定了法定代表人职务侵权行为的民事责任。

一、法人承担民事责任的要件

法人是民事主体,具有民事权利能力和民事行为能力,自然也具有民事责任能力。又由于法人的行为是由法定代表人以法人的名义实施的,法定代表人的行为就是法人的行为,因此,法定代表人执行法人事务的职务行为构成侵权行为的,其民事责任应由法人承担。法人承担民事责任的要件如下:(1)必须是法人的代表人因执行职务的行为而致人损害。所谓职务行为,应解释为凡从事法人经营活动及与经营活动有关的行为。(2)法定代表人的加害行为必须具备侵权责任的构成要件,即加害行为的违法性、损害后果、加害行为与损害后果之间存在因果关系及行为人的过错(适用无过错责任的除外)。有关侵权责任的具体释义详见本丛书《〈中华人民共和国民法典·侵权责任编〉释义》。

二、法人承担责任后对法定代表人的追偿

本条第2款规定表明:一是法律规定或者章程规定可以追偿,即为"可以",则法定代表人并不必然受到追偿;二是法定代表人执行职务时有过错,该"过错"的认定,仍然要从法律或者章程中寻找答案。本条重在法定代表人职务行为构成侵权的外部责任,而内部追偿只是法人内部管理事务的一部分。

第六十三条　法人以其主要办事机构所在地为住所。依法需要办理法人登记的,应当将主要办事机构所在地登记为住所。

释　义

本条规定了法人的住所。

法人"办事机构所在地"是指法人业务活动执行、组织事务决定和处理的

地点。如果法人仅有一个办事机构，自然无所谓主次之分，应以该办事机构所在地为法人的住所。如果法人有两个以上的办事机构，即应区分主次。"主要办事机构所在地"应理解为统率法人业务的机构所在地，如总公司所在地、总厂所在地、总行所在地等。依照《最高人民法院关于适用〈中华人民共和国民事诉讼法〉的解释》第52条的规定，依法设立并领取营业执照的法人的分支机构可以作为诉讼参加人。由于此类法人的分支机构经常进行业务活动，对外发生民事法律关系，所以，法人的分支机构所在地是其事务执行地，应以此为其住所。

第六十四条 法人存续期间登记事项发生变化的，应当依法向登记机关申请变更登记。

释 义

本条规定了法人的变更登记。

登记是民法的重要制度之一，一般认为登记的目的是将既有形式、权利公示于外部，以便社会公众知晓，进而维护社会交往尤其是商事交易的安全。我国法人的成立并非全部需要登记，通常对商法人的成立要求必经登记程序。因为有商事登记，节约了商主体自己调查交易对象各种信息的成本，有利于交易的迅捷和安全。通常情况下，商主体可通过查询和查阅交易对象登记情况而确知其是否成立、是否存续、注册资本数额、住所地等重要事项。

法人对登记事项或者其他重大事项进行变更的，应当依法向登记主管机关申请，并由登记主管机关办理登记，此为变更登记。属于变更登记的事项一般包括：名称、住所、经营场所、法定代表人、经济性质、经营范围、经营方式、注册资金、经营期限、股东人数等，以及法人发生合并、分立、转让、出租、联营、增设或者撤销分支机构等。公司修改章程，还应向登记主管机关提交修改后的公司章程或者公司章程修正案。

第六十五条 法人的实际情况与登记的事项不一致的，不得对抗善意相对人。

释 义

本条规定了法人登记的公信力。

一、法人登记的公信力

法人登记的公信力,是指法人凡经登记机关在登记簿上所作的各种登记的内容,具有使社会公众信其正确的效力,善意相对人根据登记内容所为的行为应当有效。由于登记机关多为国家机关(行政机关或司法机关,在我国主要是工商行政管理部门),其公权力机关的地位本身即具有权威性,足以使社会公众相信其公布的登记信息真实、准确。登记机关对法人的设立、变更、注销进行的登记行为,彰显了公权力对私权利的确认和对私法事实的公示。

二、法人登记公信力的善意保护效力

法人登记的公信力会产生两个方面的效力:一是登记信息的正确性推定效力,即社会公众相信该登记信息为真实,与法人的实际情况相一致。即使法人登记中因当事人的过错或者登记机关疏忽等原因造成登记事项与实际情况不一致,对信赖登记的社会公众包括与该登记法人进行交往的交易相对人,仍然发生基于登记事项的效力。二是对相对人的善意保护效力,即相对人因信赖登记而与登记法人为民商事交往,其正当利益受保护,不因错误登记而受损,该登记法人不得以登记事项与真实情况不符为由否认行为的效力。

第六十六条 登记机关应当依法及时公示法人登记的有关信息。

释 义

本条是对登记机关及时公示法人登记信息的要求。

公示,即公开展示。前述条文释义对法人登记的具体事项已作说明。法人登记后,登记机关依法对法人设立、变更、注销等过程中的法定登记事项予以登记备案,并且以法定形式向社会公开展示以使社会公众知晓。公示与登

记密切相关,通常情况下登记的事项应全部或部分公示;同时,凡需要公示的事项都事关社会公众和公益,通过公示才能使外部人察知登记的事项,并因此决定是否进行后续活动。

本条规定是我国首次以法律的形式正式确立法人登记信息公示原则,并明确规定登记机关负有及时公示的法定义务,这不仅是登记公示的原则构建,还是对登记机关依法全面正确履职的严格要求。登记机关应转变职能,由管理型向服务型转变,建立和完善方便快捷的法人信息查询、复制、抄录等制度,以更好地履行法定职责。

第六十七条 法人合并的,其权利和义务由合并后的法人享有和承担。

法人分立的,其权利和义务由分立后的法人享有连带债权,承担连带债务,但是债权人和债务人另有约定的除外。

释 义

本条规定了法人合并、分立后的权利和义务。

一、法人的合并、分立

法人组织形式的变更即组织形式的改变,是在原法人主体的基础上创设新法人,因此需要依法律规定的程序办理。法人在存续期间因各种原因发生的重要事项的变更,主要包括分立和合并两种情形。法人的分立,是指一个法人分为两个以上的法人。法人分立包括新设分立和派生分立。前者是指原法人分成两个以上的新法人,原法人资格消灭;后者是指原法人资格不消灭,只是从中分出一个或几个新的法人。法人的合并,是指两个以上的法人合并为一个新法人。法人合并包括吸收合并和新设合并。前者是指一个法人吸收其他法人,其法人资格保留,而被吸收的法人资格消灭;后者是指两个以上的法人合并为一个新法人,原法人资格消灭。

二、法人合并、分立后的债权债务

法人的分立与合并,是法人组织变更的主要形式,也是法人自我调整组织结构的最主要的法律手段。法人变更,虽然会对原法人权利、义务造成一定影响,但无论如何变更,原法人的权利、义务不能随之消灭。法人分立、合并时,在法人财产方面,原有的财产所有权、经营权、知识产权等都一并转移给分立、合并后的法人;在债权债务方面,虽然合并和分立也是一种权利、义务的概括转移,但因此而引起的债权债务关系的变化均由法律直接规定,是法定的债权债务概括转移。具体而言,变更后的法人依法有权请求原法人的债务人履行义务,原法人的债权人亦有权请求变更后的法人清偿债务,分立后的各个法人对原法人的债务承担连带清偿责任。在民事损害赔偿方面,因变更后的法人承继了原法人移转的权利,也就当然有义务承担原法人的赔偿责任,故由合并、分立后的法人主体承担侵权损害赔偿责任。本条第 2 款中的"连带债权"与"连带债务",在本法第三编第四章中有明确规定,此不赘述。

三、法人分立后权利义务归属的约定优先

约定优先是民法意思自治、契约自由原则的具体体现。法人特别是公司法人分立后,有关其债权债务关系尤其是债务的承担,法律允许各方当事人协商确定。只要法人与债权人之间的债务承担协议不存在无效事由,该协议就具有法律约束力,协议各方均应严守。特别说明的是,由于法人分立必然会对法人财产进行改造,分立的后果必然会导致作为法人责任财产的法人资产的变化,所以分立行为不仅涉及分立前的法人和存续法人或者新设法人的权利义务,更会影响到原法人债权人的利益。因此,协议优先的适用前提是各分立后的法人对债务承担的约定必须经债权人同意,否则债权人有权依法追究有关责任主体的民事责任。

第六十八条 有下列原因之一并依法完成清算、注销登记的,法人终止:

(一)法人解散;

(二)法人被宣告破产;

(三)法律规定的其他原因。

法人终止,法律、行政法规规定须经有关机关批准的,依照其规定。

释 义

本条规定了法人终止的原因和程序。

法人终止也称法人的消灭,即法人丧失民事主体资格。其意义与自然人死亡相同。法人终止,须有严格的法定事由出现并须经法定程序,方可消灭其主体资格。只有出现法人终止的原因才能启动法人终止的程序。法人终止的原因包括:(1)法人解散,即消灭法人的团体性。(2)法人被宣告破产,即企业法人不能清偿到期债务,由其自身或者其债权人向人民法院申请破产,经法院宣告破产并进入清算程序,清算结束后向登记机关申请注销,法人主体资格归于消灭。(3)其他原因,此为兜底条款,以弥补以上列举的不足。

法人的终止并非一个简单的行为,它是由一系列法律程序和法律行为构成的时间过程,必须依法定程序而为之。法人终止的原因出现,则应进入清算程序,在依法完成清算后,再办理注销登记。法人民事主体资格的最终消灭以注销登记为准。

第六十九条 有下列情形之一的,法人解散:

(一)法人章程规定的存续期间届满或者法人章程规定的其他解散事由出现;

(二)法人的权力机构决议解散;

(三)因法人合并或者分立需要解散;

(四)法人依法被吊销营业执照、登记证书,被责令关闭或者被撤销;

(五)法律规定的其他情形。

释 义

本条规定了法人解散的原因。

本条规定的法人解散的原因,可以区分为自行解散、法院或主管机关宣告解散或撤销许可。

一、自行解散——本条第(一)、(二)、(三)项

本法规定的法人自行解散的原因,可再具体分为:(1)因法人的目的事业完成或者无法完成而解散。(2)因法人机关的决议而解散。(3)因章程规定的解散事由出现而解散。(4)社团法人因不足法定人数而解散。(5)法人因合并或者分立的需要而解散。

二、法院或主管机关宣告解散或撤销许可——本条第(四)项

当法人的目的和行为违反法律、公共秩序或善良风俗时,可由法院依法宣告解散,或由主管机关撤销许可。如企业法人伪造、涂改、出租、出借、转让法人执照,抽逃资金、隐匿财产逃避债务,从事非法经营活动等,登记主管机关可以依法吊销企业法人营业执照,强令其解散。又如社会团体在申请登记时弄虚作假,骗取登记的,或者自取得社会团体法人登记证书之日起一年未开展活动的,由登记管理机关予以撤销登记,等等。当法人内部治理出现僵局,法院应法人成员的请求,可以解散法人,此为司法解散。司法解散在实践中比较常见,主要针对的是公司法人。

三、本条适用的其他情形

综观本条对法人解散原因的规定,虽置于法人一章的"一般规定"中,突出了法人解散制度的重要性和统领性,但就制度本身而言,主要针对的还是营利法人,其中又以公司法人最为典型。而对事业单位、社会团体、基金会、社会服务机构等非营利法人以及机关法人、农村集体经济组织法人、合作经济法人、基层群众性自治组织等特别法人来说,在解散的具体适用范围以及解散的原因方面尚有较大差异,无论在立法技术上还是在条文的篇幅上都不宜全面铺开,还需结合其他相关法律法规的规定进行处理。

第七十条 法人解散的,除合并或者分立的情形外,清算义务人应当及时组成清算组进行清算。

法人的董事、理事等执行机构或者决策机构的成员为清算义务人。法律、行政法规另有规定的,依照其规定。

清算义务人未及时履行清算义务,造成损害的,应当承担民

事责任;主管机关或者利害关系人可以申请人民法院指定有关人
员组成清算组进行清算。

释　义

本条规定了法人解散后的清算。

一、及时清算

清算,是指法人终止前,依照一定的程序了结法人事务,清收债权、清偿债务,分配剩余财产,使法人人格消灭的行为过程。以营利法人为例,要求及时进行清算的原因在于:第一,营利法人的出资人往往不止一人,如法人终止,要求全体出资人对财产分配方式和程序形成决议,难以形成一致意见,容易引发争议,因此需要法律规定统一的清算程序来解决。第二,在营利法人尤其是公司解散的情形,由于股东众多,多数情况下所有权与经营权分离,实际控制公司的董事、经理或者实际控制人可能在法人终止前私自处分法人财产或者不公平分配法人财产,损害股东和其他债权人利益,故有必要规定法定程序对法人财产进行清理和公平分配。第三,营利法人的出资人大部分以出资额为限对法人债务承担有限责任,法人以其全部财产为债权人提供保障,如法人未清偿债务就直接终止,债权人的债权将无法实现,尤其在法人有多个债权人的场合。故有必要要求法人终止前依清算程序向债权人平等清偿。第四,法人的终止,除了影响股东和债权人利益外,还可能影响企业职工等其他利害关系人的利益,必须通过法定程序保障这些利害关系人都能参与法人财产的分配。关于"及时清算"的具体时间,应依照《公司法》第183条、《最高人民法院关于适用〈中华人民共和国公司法〉若干问题的规定(二)》第18条和《全国法院民商事审判工作会议纪要》(第九次)的相关规定办理。

二、清算义务人及其责任

民法理论上,法人清算可以由组织或者个人进行,负责清算的个人或者组织,统称为清算人。本法所称的"清算义务人",是指基于其与法人之间存在特定法律关系而在法人解散时对法人负有依法组织清算的义务,并在法人未及时清算给相关权利人造成损害时依法承担相应责任的民事主体。清算义务人与清算人是两个不同的概念。前者强调义务,是负责清算的组织主体,后者是在清算中具体实施清算事务的主体。当然,清算义务人也可直接担任清算人。除本法关于清算义务人的规定外,《最高人民法院关于适用〈中华人民共和国公司法〉若干问题的规定(二)》第18条进一步明确,有限责任公司的股东、股份有限公司的股东和控股股东、公司的实际控制人是清算义务人。

本法概括规定了清算义务人的责任:一是清算责任,即主管机关或者利害关系人可以申请人民法院指定有关人员组成清算组进行清算,有关人员可以包括清算义务人。这里的利害关系人,除了债权人外,还应包括公司股东以及职工等其他可能参与法人财产分配的主体。二是赔偿责任,即清算义务人未及时履行清算义务造成他人损害的,应承担损害赔偿责任。至于该赔偿责任的构成要件、法律后果、举证责任以及诉讼时效等问题,应视具体情况而定。

第七十一条　法人的清算程序和清算组职权,依照有关法律的规定;没有规定的,参照适用公司法律的有关规定。

释　义

本条规定了法人清算适用的法律依据。

本条关于法人的清算程序和清算组职权并不明确。结合本法第70条的规定,除合并或者分立的情形外,法人解散均须经清算程序。法人清算包括破产清算和非破产清算。在我国,破产清算由《企业破产法》专门规定,不属于本条的调整范围。

本条尽管置于法人的一般规定中,但就清算程序而言,目前的法律规范主要集中于公司法律领域,主要规范性文件有《中华人民共和国公司法》《最高人民法院关于适用〈中华人民共和国公司法〉若干问题的规定(二)》《最高人民法院审理公司强制清算案件工作座谈会纪要》《全国法院民商事审判工作会议纪要》(第九次)。上述规范性文件构成目前公司清算程序的基本规则体系,也使其他法人主体的清算退出程序有了具体参照。

对于非公司类法人的清算程序,如法律有特别规定,则需按照特别规定处理。另在有些专门法律法规中,也有对清算事项的规定,如《民办非企业单位登记管理暂行条例》第16条等,但大都是从管理和规范的角度设置的规则,在具体操作程序上如无特别规定,仍需参照公司法律的有关规定。

本条并未规定清算组的职权,只是规定依照有关法律的规定。依清算程序的目的,清算组的职权包括以下几个方面:(1)了结现务,即法人于解散前已经着手而未完成的事务,清算组应予以了结。(2)收取债权,即属于法人的债权应由清算组一一收取。若有尚未到期或条件未成就的债权,应以转让或换价方法收取。(3)清偿债务,即法人对他人所负债务(包括税负)应由清算组予以清偿。如果债务未到期,应抛弃期限利益,提前清偿。(4)移交剩余财产,即清偿债务后所剩余的财产应由清算组负责移交于有权获得此财产的人。至于何人有权获得此剩余财产,则应依法律规定或法人章程的规定。如果有关法律对清算组职权没有规定,应参照适用公司法律的有关规定。

第七十二条　清算期间法人存续,但是不得从事与清算无关的活动。

法人清算后的剩余财产,按照法人章程的规定或者法人权力机构的决议处理。法律另有规定的,依照其规定。

清算结束并完成法人注销登记时,法人终止;依法不需要办理法人登记的,清算结束时,法人终止。

释　义

本条规定了清算中法人的地位、剩余财产处理和清算法人终止。

一、法人清算期间的法律地位

法人出现解散事由后,应当进入清算程序。在清算阶段,法人的主体资格仍然存续,直至注销登记结束或履行其他手续使法人终止。在法人清算期间,法人的主体资格虽然没有消灭,但其存续的目的仅限于清算,不得开展与清算无关的经营活动。如涉及诉讼时,清算中的法人为诉讼主体。但是因此时清算组接管法人决策和执行机关的相应权力,则由清算组在清算目的范围内对内执行清算事务,对外了结债权债务。一般情况下,由清算组的负责人参加诉讼活动。实践中经常出现法人解散后应当清算而未清算的情形,如果此时需要参加诉讼活动,则可参照《最高人民法院关于适用〈中华人民共和国公司

法)若干问题的规定(二)》第 10 条的规定,由原法人的法定代表人等代表法
人参加诉讼。

二、法人清算后剩余财产的分配

不同类型的法人,清算后剩余财产的分配规则不同。

营利法人清算后的剩余财产分配问题,根据《公司法》第 186 条的规定,
清算组在清理公司财产、编制资产负债表和财产清单后,应当制定清算方案,
并视法人清算的不同性质,即区分是自行清算还是强制清算,分别报股东会、
股东大会或者人民法院确认。公司财产的具体分配顺序是,在分别支付清算
费用、职工工资、社会保险费用和法定补偿金,缴纳所欠税款,清偿公司债务后
的剩余财产,有限责任公司按照股东的出资比例分配,股份有限公司按照股东
持有的股份比例分配。非营利法人剩余财产的处理,见本法第 95 条释义。另
在有些专门法律法规中对清算有规定的,依照其规定。

三、法人的清算终止

法人清算终结即清算人完成清算职责,应由清算人向登记机关办理注销
登记并公告。完成注销登记和公告,法人即告消灭。依法无须办理法人登记
的,清算终结法人即告终止。

第七十三条　法人被宣告破产的,依法进行破产清算并完成
法人注销登记时,法人终止。

释　义

本条规定了法人因破产而终止。

本法第 68 条规定了法人终止的原因,其中法人被宣告破产,经破产清算
并注销登记,法人即告终止。破产清算不同于本法第 70 条规定的解散清算。
破产清算是指法人因不能清偿到期债务,其自身或者债权人向人民法院申请
破产,法院受理后查明确实存在破产原因(不能清偿到期债务)即作出破产宣
告,并进入清算程序,清理法人的债权债务,经法院审理与监督,强制清算其全
部财产,使全体债权人公平受偿的法律程序。有关破产原因、破产宣告、破产

清算、破产财产分配及破产程序终结,均在我国《企业破产法》中有明确规定。本书不作具体说明。

法人在依法完成破产清算并注销后终止。对于依破产程序未能受偿的债权,债权人不能请求继续履行。

第七十四条 法人可以依法设立分支机构。法律、行政法规规定分支机构应当登记的,依照其规定。

分支机构以自己的名义从事民事活动,产生的民事责任由法人承担;也可以先以该分支机构管理的财产承担,不足以承担的,由法人承担。

释 义

本条规定了法人的分支机构及其民事责任。

一、法人的分支机构的设立

法人的分支机构是法人的组成部分,它是法人在某一区域设置的完成法人部分职能的业务活动机构。法人的分支机构与法人的内设机构不同,后者存在于法人内部,没有独立性。法人的分支机构具有一定的独立性,通常有自己的名称、场所、管理机构和负责人以及从事业务活动所需要的资金和从业人员。经法人授权并办理登记,领取独立的营业执照。因此,法人的分支机构可以成为独立的民事主体,可以在银行开立结算账户,以自己的名义对外进行各项民事活动。

二、法人分支机构的民事责任

分支机构自身没有独立的章程和独立的财产,故不能独立承担民事责任,其以自己的名义从事民事活动产生的民事责任要由法人承担。但是,分支机构毕竟有一定的财产,虽然其民事责任最终由法人承担,也应允许分支机构先以自己管理的财产承担,不足部分再由法人承担。这样一方面便于分支机构债权人就近选择分支机构主张权利,另一方面也减轻业务范围覆盖广、拥有众多分支机构的法人的负担。

实践中存在很多以所谓分支机构的名义进行民商事活动的组织,但并非都是本法意义上的法人的分支机构,要注意区分。常见的几种情况有:第一,总公司设立分公司的情形,这种分公司较为规范,是较典型的法人的分支机构。第二,对于挂靠到总公司名下的一些经济实体,实际上多为个体户、个人合伙或者个人独资企业,它们借用总公司的名义对外进行业务活动,与总公司的关系比较复杂,有的是承包关系,有的是报账制,更有虚假借名的。对此类"分公司",应视具体情况确定最终民事责任的承担。

第七十五条　设立人为设立法人从事的民事活动,其法律后果由法人承受;法人未成立的,其法律后果由设立人承受,设立人为二人以上的,享有连带债权,承担连带债务。

设立人为设立法人以自己的名义从事民事活动产生的民事责任,第三人有权选择请求法人或者设立人承担。

释　义

本条规定了法人设立人民事活动的后果归属和民事责任。

一、法人设立人的法律地位

法人作为一个组织体,需要有人设立。以设立法人为目的从事相关的设立行为的人,是法人设立人。法人成立须经设立,而设立法人是一个行为过程,期间设立人要与他人进行交易,从事与法人设立相关的民事活动。处理设立人从事的与法人设立相关的民事活动的后果归属问题,要以法人设立人的法律地位为出发点。一方面,从设立人与设立中的法人的关系看,设立人作为一个整体属于设立中法人的机关,对外代表设立中的法人从事设立活动。由于设立中的法人与成立后的法人是同一的,设立人因设立行为所产生的权利义务当然归属于成立后的法人。另一方面,从设立人之间的关系看,其属于合伙关系,法人未能合法成立,设立人应对因设立行为产生的义务承担连带责任。

二、法人设立人民事责任的承担

本条第2款规定的"民事责任",既包括合同责任也包括侵权责任。实践中,有些设立人并未认识到设立法人的活动与自身的活动应予区分,在为设立法人而为民事活动时仍然以其个人名义。由此产生的民事责任,第三人作为权利人,法律赋予其选择权,体现了对第三人的着重保护。因为,设立人以自己的名义对外签订合同时,合同的当事人是设立人,第三人自然有权要求设立人承担相应的责任。同时,设立人的行为又是以设立法人为目的,为保护第三人的合理信赖利益,也允许其选择由成立后的法人承担相应责任。

第二节　营　利　法　人

第七十六条　以取得利润并分配给股东等出资人为目的成立的法人,为营利法人。

营利法人包括有限责任公司、股份有限公司和其他企业法人等。

释　义

本条规定了营利法人的定义和范围。

根据本条规定,认定营利法人要注意其目的性,即以取得利润并分配给股东等出资人为目的。但法人在经营过程中可能因各种原因而不能向出资人分配利润,比如,经营不善没有取得利润而无法向出资人分配利润,或者经出资人同意不向出资人分配利润等,均不构成改变其营利法人性质的理由。当然,法人成立时不以取得利润并分配给出资人为目的,经营期间也不得向出资人分配利润。

除本条对营利法人的分类外,理论上对营利法人可再分为三类,即公司法人、企业法人和其他营利法人。公司也是企业法人,是采行公司制的企业法人,有独立的财产,享有法人财产权。非公司形式的法人即其他企业法人,包括全民所有制企业、城镇集体所有制企业、农村集体所有制的乡镇企业、三资企业等。其他营利法人是指非企业营利法人,如营利性民办学校。根据我国《民办教育促进法》,民办学校举办者可以取得合理回报,民办学校存在营利性民办学校和非营利性民办学校,营利性民办学校即属于营利法人。

第七十七条 营利法人经依法登记成立。

释 义

本条规定了营利法人的成立。

营利法人作为一种组织体,其成立需要经过设立阶段。我国现行法对法人的设立,依法人类型的不同而采取不同的原则。对于营利法人设立,因营利法人包括公司法人和非公司企业法人,其设立原则也有不同。

1. 设立有限责任公司和股份有限公司,除法律、行政法规规定必须报经批准外,仅须向公司登记机关申请设立登记,系采准则设立主义。我国《公司法》第 23 条和第 76 条分别规定了有限责任公司和股份有限公司设立的一般条件。而从《公司法》第 6 条第 2 款的规定看,一些公司的设立采取许可主义,设立前需办理批准手续。至于哪些公司的设立需要办理批准手续,应由法律、行政法规进行规定。

2. 设立非公司企业法人,依《企业法人登记管理条例》第 14 条的规定,首先须经主管部门或者有关审批机关批准,然后才向登记机关申请登记,这属于行政许可主义。

第七十八条 依法设立的营利法人,由登记机关发给营利法人营业执照。营业执照签发日期为营利法人的成立日期。

释 义

本条规定了营利法人的成立日期。

本条规定了营利法人成立的日期为登记机关发给的营业执照的签发日期。如此,未办理设立登记取得营业执照的营利法人,即属未成立,不具备营利法人的民事权利能力和民事行为能力,不具备营利法人资格,也不能以营利法人的名义参与民事活动。因此,所有营利法人都应当依法设立并办理登记,由登记机关颁发营业执照,并以营业执照签发的日期作为营利法人的成立日期。

第七十九条 设立营利法人应当依法制定法人章程。

释 义

本条是对营利法人章程的强制性规定。

法人章程，是指根据法人性质、任务和业务活动需要制定的关于法人的活动范围、组织机构以及内部成员之间的权利义务等问题的书面文件。营利法人的章程是营利法人必须具备的由发起设立法人的投资人制定的，就营利法人的重要事务及法人的组织和活动做出具有规范性的长期安排，对法人、股东、内部经营管理人员具有约束力的调整法人内部组织关系和经营行为的自治规则。在公司法律上，营利法人的章程具有根本的地位，是法人组织和活动的基本准则，被视为法人一系列文件中的宪法性文件。营利法人的章程通常根据法人成员共同的民事法律行为而成立，其内容对于《公司法》具有补充性和排除《公司法》中选择性条款的效力。营利法人的章程一经登记就具有法律效力，成为法人的行为准则。

本条规定具有强制性，亦即凡营利法人均须制定章程。其原因在于：第一，营利法人是资本与人的联合，有关法人的组织形式和行为规则，均须全体股东的共同意志且应一体遵行；第二，不同类型的营利法人，其营利目的、经营模式等均有差异，章程是法定规则外的有针对性的补充；第三，营利法人的营利性决定了其对外交往和交易时应表明自身的基本情况，包括营利法人类型、资本构成、经营目的、法定代表人等，这些重要事项是章程不可或缺的内容；第四，营利法人章程对法人、股东以及法人的董事、监事、高级管理人员的行为予以具体规范，对其行为具有约束力。

第八十条 营利法人应当设权力机构。

权力机构行使修改法人章程，选举或者更换执行机构、监督机构成员，以及法人章程规定的其他职权。

释 义

本条规定了营利法人的权力机构。

营利法人的权力机构是指社员根据法律和章程组成的对社团法人重大事务进行表决的机构,也称意思机关或社员总会。鉴于营利法人主要表现为公司形式,本条规定也主要参照我国公司法律的相关规定。根据我国《公司法》规定,其机关由股东(大)会、董事会、监事会构成。股东大会为最高权力机构。营利法人还有其他企业法人形式,如具有法人资格的国有企业、集体所有制企业等。非公司企业法人,实行厂长(经理)负责制。此外,我国尚有外商投资企业法人,至今维持不同于普通公司的组织体制,如中外合资经营企业虽采行有限责任公司形式,法律不要求设股东会,而以董事会为最高权力机构。

营利法人权力机构的职权有:(1)修改法人章程。法人章程对法人意义重大,是法人的宪法性规范文件,其修改权自然要交由权力机构行使。(2)选举或更换执行机构、监督机构成员。在分权制衡的公司治理结构中,执行公司权力机关的意志和对外代表公司的是董事会。股东(大)会为使自己的意志得到更有力的执行和公司运营更有利于其利润分配,自然要选择和选任合适的管理者和监督者。而对于不合格者则有权更换。(3)法人章程规定的其他职权。这一兜底条款,意在赋予章程可以就权力机构职权的未尽事项作出规定,以弥补权力机构职权范围的缺漏或后发的需要规范的新情况。

第八十一条 营利法人应当设执行机构。

执行机构行使召集权力机构会议,决定法人的经营计划和投资方案,决定法人内部管理机构的设置,以及法人章程规定的其他职权。

执行机构为董事会或者执行董事的,董事长、执行董事或者经理按照法人章程的规定担任法定代表人;未设董事会或者执行董事的,法人章程规定的主要负责人为其执行机构和法定代表人。

释 义

本条规定了营利法人的执行机构。

营利法人的执行机构是根据法律和章程,由社员大会任命人员担任执行法人事务的机构,可以由一人担任,也可以由数人担任,组成复合机构。营利

法人的执行机构的职权有:(1)召集权力机构会议。营利法人的权力机构是
以会议的形式行使权力,没有常设机构或日常办公机构。(2)决定法人的经
营计划和投资方案。执行机构具体运营的专业能力决定了其对权力机构的经
营方针和投资计划有决定权,进而组织具体实施。(3)决定法人内部管理机
构的设置。营利法人的内部管理也是保证其正常有效运行的不可或缺的条
件,如何设置内部机构、如何分配内部机构的权限和责任,都在营利法人执行
机构的职权范围内。(4)法人章程规定的其他职权。本项规定系兜底条款,
法人章程可以就执行机构职权的未尽事项做出规定。

　　法定代表人以法人名义从事的民事活动,其法律后果由法人承受。本条
规定了营利法人法定代表人由董事长、执行董事或者经理担任。对于未设董
事会或者执行董事的营利法人,法人章程规定的主要负责人为其执行机构和
法定代表人。

　　第八十二条　营利法人设监事会或者监事等监督机构的,监
督机构依法行使检查法人财务,监督执行机构成员、高级管理人
员执行法人职务的行为,以及法人章程规定的其他职权。

释　义

　　本条规定了营利法人的监督机构。

　　监督机构是营利法人必不可少的机构,担负着对执行机构在法人运营中
各种行为的监督职能。对营利法人的权力机构而言,执行机构的运营活动如
何,直接关系着法人营利目的的实现。但权力机构不设常设机构或日常办公
机构,需要有一个向自己负责并报告执行机构活动的机关。因此,在营利法人
治理结构中,监督机构即担负起该职责。营利法人监督机构的职权有:(1)依
法行使检查法人财务的权力。营利法人监督机构有权对法人财务状况进行检
查,对法人的财务报表、会计凭证等进行检查、调查,比如,公司监事会可以查
阅公司账簿和其他会计资料,核对公司董事会提交的股东会的会计报告、营业
报告和利润分配方案等会计资料,发现疑问可以进行复核等。(2)对法人经
营管理活动进行监督。(3)法人章程规定的其他职权。营利法人可以根据其
自身情况和实现监督机构职能的需要,在法人章程中对监督机构的职权作出

规定,以指导和约束监督机构依照章程行使职权。

第八十三条 营利法人的出资人不得滥用出资人权利损害法人或者其他出资人的利益;滥用出资人权利造成法人或者其他出资人损失的,应当依法承担民事责任。

营利法人的出资人不得滥用法人独立地位和出资人有限责任损害法人债权人的利益;滥用法人独立地位和出资人有限责任,逃避债务,严重损害法人债权人的利益的,应当对法人债务承担连带责任。

释 义

本条规定了营利法人出资人滥用权利的责任。

权利的行使必须有一定的界限,超过正当界限而行使权利,即构成权利滥用。禁止滥用权利,是本法的基本原则。本条规定了出资人滥用权利的两种情形及其责任。

第一,出资人滥用权利损害内部人利益。对此可以从两个方面把握:一是出资人行使权利不得超越法律、法规和法人章程规定的限度;二是出资人行使权利不得违反法律、法规尤其是法人章程规定的程序。

第二,出资人滥用权利损害债权人利益。首先,法人的独立地位,是指法人作为民事主体的资格,即法人具有民事权利能力和民事行为能力,因此也具有独立承担民事责任的能力。其次,出资人的有限责任,是指出资人依约认缴出资后,其出资已与本人的财产相分离而成为营利法人的财产,出资人也不参与该财产的使用和营利法人运营。财产分离实则是人格各自独立的结果,即营利法人与出资人的人格或者主体资格是各自独立的。当法人以其全部财产对其债务独立承担责任时,此时的财产责任本与出资人无关,法人的债权人也不会直接向出资人追索。对出资人而言,其出资既成为营利法人财产的一部分,也自然成为营利法人对债权人承担责任的责任财产的一部分,除此之外出资人不会对营利法人的债权人担责。出资人的有限责任由此产生。最后,从法律赋予某种团体以法人资格的初衷看,是因为法律认为该团体具有以之为权利主体的价值时,才在法的政策上以之为法人。如果法人资格完全成为一种虚构,或者法人资格被滥用,却仍然承认法人资格,就不符合承认法人资格的原初目的了,这时就有必要否认法人的人格。① 本条规定即属之。

营利法人出资人在出资后,破坏法律规定的分权制衡的治理结构,通过各种手段、途径控制其所出资的营利法人,为赚取高额利润或逃避债务,擅自挪用公司的财产或者与自己的财产混同、账目混同、业务混同……有的出资人为达到非法目的,设立一个空壳公司从事违法活动,实际控制该企业,但又以有限责任为掩护逃避责任。如果出现了这些情况,却仍然贯彻营利法人形式上的独立性,会导致违反正义和衡平的后果。因此在具体案件中,否定营利法人的人格,将其与出资人在法律上视为一体。这就是所谓公司人格否认制度,又称"揭开公司面纱"。公司人格否认制度并非全面否定法人的独立人格,而是在承认公司具有法人人格的前提下,对特定法律关系中的公司人格及股东有限责任加以否认,赋予债权人直接追索公司背后成员责任的权利。根据本条规定,出资人滥用法人独立地位和有限责任逃避债务,严重损害法人的债权人利益的,应当对法人债务承担连带责任,这对防止出资人滥用法人人格、有限责任获取非法利益,保护债权人利益和维护正常的交易秩序都有极为重要的意义。

第八十四条 营利法人的控股出资人、实际控制人、董事、监事、高级管理人员不得利用其关联关系损害法人的利益;利用关联关系造成法人损失的,应当承担赔偿责任。

释 义

本条规定了不当利用关联关系的法律责任。

本条规定主要针对的是营利法人中的公司法人,但因考虑到关联交易的情况并非公司独有,又由于实践中关联交易的情况较为复杂,所以只做原则性规定。

首先,关联交易中关联关系的界定比较困难,虽然我国的相关法律等对关

---

① 参见王利明主编:《民法》,中国人民大学出版社 2005 年版,第 111—112 页。

联交易都有所涉及,却都没有明确关联关系的界定。一般而言,关联交易是指具有投资关系或合同关系的不同主体之间进行的交易。按市场经济原则,一切企业之间的交易都应该在市场竞争的原则下进行,而在关联交易中由于交易双方存在各种各样的关联关系,有利益上的牵扯,交易并不是在完全公开竞争的条件下进行的,所以关联交易客观上可能给企业带来或好或坏的影响。由于关联交易行为极有可能严重损害公司、少数股东和债权人的利益,财政部门、税务部门、证券监管部门都有应对公司关联交易的一些规定,但相对而言,《公司法》更适合对关联交易作出基本的界定。

其次,受规制的主体是与营利法人有关联关系的五种人,法律规定他们不得利用其与法人的关联关系损害营利法人的利益。这五种人是控股出资人、实际控制人、董事、监事和高级管理人员。

最后,因关联交易导致损害的,上述五种人应承担赔偿责任。明确具体法律责任也是一项法律制度中不可或缺的一部分,它既能起到威慑作用,以减少不正当关联交易的发生,也对违反者予以处罚和为受害者提供必要的救济。

第八十五条　营利法人的权力机构、执行机构作出决议的会议召集程序、表决方式违反法律、行政法规、法人章程,或者决议内容违反法人章程的,营利法人的出资人可以请求人民法院撤销该决议。但是,营利法人依据该决议与善意相对人形成的民事法律关系不受影响。

释　义

本条规定了营利法人决议的撤销及其对外效果。

一、营利法人决议撤销的原因

营利法人的权力机构和执行机构作为法人的意思决定和执行机关,其行使权力是通过召开会议并做出决议的方式来实现。上述决议一旦依法作出并生效,则成为营利法人的意志,对营利法人及其成员具有约束力。因此,权力机构、执行机构的决议对法人及其成员均关系重大。如果有关决议存在瑕疵,可能损害成员的合法权益。可见,赋予营利法人的出资人以撤销权实为必要。

从本条规定看,营利法人的权力机构、执行机构作出的决议被撤销的原因有二:一是决议存在内容瑕疵,二是决议存在程序瑕疵。基于上述原因,本条赋予营利法人出资人有权提起撤销之诉。

本条对撤销权的行使期间并未明确规定。对此应理解为,其他法律对撤销权有规定的,依照其规定。例如根据我国《公司法》第 22 条的规定,撤销之诉需由股东自决议作出之日起 60 日内提起;超过 60 日的,股东便失去这一权利,法院不再受理该撤销之诉。其他法律没有规定的,应当理解为在合理期间内行使,以免因时间过长而影响与营利法人相关的法律关系的稳定。如决议被人民法院撤销,自撤销之日起失去效力。

二、决议的撤销不能对抗善意相对人

对善意相对人的保护是民法公平理念的具体体现,同时也是交易安全的需要。在营利法人的决议被人民法院判决撤销后,营利法人依据该决议与相对人之间形成的法律关系是否仍旧归属于营利法人,取决于该相对人是否为善意。有关"善意"的认定标准,同前文。

第八十六条 营利法人从事经营活动,应当遵守商业道德,维护交易安全,接受政府和社会的监督,承担社会责任。

释 义

本条规定了营利法人的社会责任。

对营利法人而言,其营利性、营利目的是不言而喻的。本条规定旨在明确营利法人的社会责任。但这样的规定均属于宣示性条款,其本身不具有可诉性。就本条关于营利法人的社会义务,简要说明如下:(1)应当遵守商业道德。商业道德是商事主体从事商业活动中应当遵循的道德规范。营利法人遵守商业道德,符合自身的长远利益,也有助于维护诚实信用的市场交易秩序。(2)应当维护交易安全。交易安全是市场主体从事交易过程中对整个交易环境的期待和要求,营利法人从事经营活动应当注意维护交易环境的安全,诚实守信,如主动披露交易信息,积极履行合同义务,不损害交易对方的合法权益。(3)应当接受政府和社会的监督。营利法人从事经营活动,应当主动接受政

府和社会各界的监督,这样才能使其行为更加规范,更符合法律的要求和商业道德,也有利于促进社会公共利益。(4)应当承担社会责任。营利法人的社会责任或称企业的社会责任,是指企业在谋取自身及其股东最大经济利益的同时,从促进国民经济和社会发展的目标出发,为其他利害关系人履行某方面的社会义务,以实现社会利益的最大化。这里所说的其他利害关系人及社会利益,通常包括雇员(职工)利益、消费者利益、债权人利益、中小竞争者利益、当地社区利益、环境利益、社会弱者利益及整个社会公共利益等。营利法人承担社会责任应有必要的限度,要特别防止企业社会责任的外部效应,不能将应由政府承担的责任转嫁到企业头上,在那些不应由企业自己承担也不可能承担的社会责任的领域,其权利和义务的实现要受其能力的限制。

第三节 非营利法人

第八十七条 为公益目的或者其他非营利目的成立,不向出资人、设立人或者会员分配所取得利润的法人,为非营利法人。

非营利法人包括事业单位、社会团体、基金会、社会服务机构等。

释 义

本条规定了非营利法人的定义和类型。

非营利法人是指为公益目的或者其他非营利目的成立,不向其成员或者设立人分配利润的法人。

在传统民法理论上,以法人成立目的为标准将法人分为营利法人和公益法人。"非营利法人"的概念在我国民事立法中系首创。依成立目的将法人分为营利法人与非营利法人,实现了法人外延的严谨周密。该概念统合了我国以往的行政法规中诸如"非营利性法人""非营利性组织""非营利性社会组织""民间非营利组织"等,对其中具有法人资格的非以营利为目的的组织均称为"非营利法人"。需明确,本法所规定的"非营利",是用以界定组织性质的,而不是经济学意义上的无利润,也不是不从事经营活动。

本条规定非营利法人包括事业单位法人、社会团体法人、基金会和社会服务机构,其具体界定详见后文。除上述四种非营利法人外,本条用"等"字将现实生活中已经存在或者可能出现的其他符合非营利法人特征的组织囊括在内。

第八十八条　具备法人条件,为适应经济社会发展需要,提供公益服务设立的事业单位,经依法登记成立,取得事业单位法人资格;依法不需要办理法人登记的,从成立之日起,具有事业单位法人资格。

释　义

本条规定了事业单位的法人资格。

事业单位,根据国务院颁布的《事业单位登记管理暂行条例》第 2 条的规定,是指国家为了社会公益目的,由国家机关举办或者其他组织利用国有资产举办的,从事教育、科技、文化、卫生等活动的社会服务组织。国家事业单位登记管理局制定的《事业单位登记管理暂行条例实施细则》对事业单位的定义进行了细化,该实施细则第 4 条规定:"本细则所称事业单位,是指国家为了社会公益目的,由国家机关举办或者其他组织利用国有资产举办的,从事教育、科研、文化、卫生、体育、新闻出版、广播电视、社会福利、救助减灾、统计调查、技术推广与实验、公用设施管理、物资仓储、监测、勘探与勘察、测绘、检验检测与鉴定、法律服务、资源管理事务、质量技术监督事务、经济监督事务、知识产权事务、公证与认证、信息与咨询、人才交流、就业服务、机关后勤服务等活动的社会服务组织。"上述条例与实施细则是目前我国有关事业单位法律调整的主要依据。从上述条例和实施细则的规定看,我国事业单位就其定位而言,具有服务性、公益性和知识密集性的特征。本条规定事业单位法人资格的取得,应结合《事业单位登记管理暂行条例》第 3 条规定,事业单位经县级以上各级人民政府及其有关主管部门批准成立后,应当依照条例的规定登记或者备案;事业单位应当具备法人条件。

第八十九条　事业单位法人设理事会的,除法律另有规定外,理事会为其决策机构。事业单位法人的法定代表人依照法律、行政法规或者法人章程的规定产生。

释　义

本条规定了事业单位法人的组织结构及法定代表人。

我国正在进行事业单位改革,本法对事业单位的规定体现了其稳定性和长期性。2011年《中共中央国务院关于分类推进事业单位改革的指导意见》(以下简称《指导意见》)中,对事业单位的定位、管理机构和管理模式均有指导意见。《指导意见》第15条指出:"改革管理体制。实行政事分开,理顺政府与事业单位的关系。行政主管部门要加快职能转变,创新管理方式,减少对事业单位的微观管理和直接管理,强化制定政策法规、行业规划、标准规范和监督指导等职责,进一步落实事业单位法人自主权。对面向社会提供公益服务的事业单位,积极探索管办分离的有效实现形式,逐步取消行政级别。对不同类型事业单位实行不同的机构编制管理,科学制定机构编制标准,合理控制总量,着力优化结构,建立动态调整机制,强化监督管理。"第16条指出:"建立健全法人治理结构。面向社会提供公益服务的事业单位,探索建立理事会、董事会、管委会等多种形式的治理结构,健全决策、执行和监督机制,提高运行效率,确保公益目标实现。不宜建立法人治理结构的事业单位,要继续完善现行管理模式。"为贯彻落实《指导意见》,经国务院同意,国务院办公厅发布了一系列关于事业单位改革的配套文件,其中《关于建立和完善事业单位法人治理结构的意见》就建立和完善事业单位法人治理结构提出了具体的要求和操作步骤。本法对事业单位法人组织结构的规定,就是在《关于建立和完善事业单位法人治理结构的意见》的框架下,以法律的形式将事业单位法人治理结构固定下来,以示权威性和强制性。

第九十条　具备法人条件,基于会员共同意愿,为公益目的或者会员共同利益等非营利目的设立的社会团体,经依法登记成立,取得社会团体法人资格;依法不需要办理法人登记的,从成立之日起,具有社会团体法人资格。

释　义

本条规定了社会团体的法人资格。

我国目前有关社会团体的规范性文件主要是《社会团体登记管理条例》。根据我国《社会团体登记管理条例》第 2 条规定:"本条例所称社会团体,是指中国公民自愿组成,为实现会员共同意愿,按照其章程开展活动的非营利性社会组织。"本法确认了社会团体法人是非营利法人的一种,对社会团体法人的成立条件和程序,也应结合该条例的规定办理。

由于社会团体的范围非常广泛,其中有的依法需要办理法人登记,有的依法不需要办理法人登记,对此,《社会团体登记管理条例》第 2 条、第 3 条、第 7 条、第 9 条分别作了规定。此外,民政部发布的《关于对部分团体免于社团登记有关问题的通知》(民政部民发〔2000〕256 号),就部分社团不登记和免予登记的有关问题做了具体的列举。

第九十一条　设立社会团体法人应当依法制定法人章程。

社会团体法人应当设会员大会或者会员代表大会等权力机构。

社会团体法人应当设理事会等执行机构。理事长或者会长等负责人按照法人章程的规定担任法定代表人。

释　义

本条规定了社会团体法人章程、组织机构和法定代表人。

社会团体法人应依法制定章程,以规范其活动。按照《社会团体登记管理条例》第 15 条的规定:"社会团体的章程应当包括下列事项:(一)名称、住所;(二)宗旨、业务范围和活动地域;(三)会员资格及其权利、义务;(四)民主的组织管理制度,执行机构的产生程序;(五)负责人的条件和产生、罢免的程序;(六)资产管理和使用的原则;(七)章程的修改程序;(八)终止程序和终止后资产的处理;(九)应当由章程规定的其他事项。"

社会团体法人的组织机构包括权力机构、执行机构和法定代表人等。根据本条第 2 款、第 3 款的规定,社会团体法人的权力机构是会员大会或者会员代表大会,执行机构是理事会等,法定代表人是理事长或者会长等负责人。上述组织机构产生和确定的具体程序,应按照《社会团体登记管理条例》第 14 条的规定办理。需注意的是,本条属指引性规定,有关"会员大会或者会员代表大会"作为权力机构,"理事会"作为执行机构,"理事长或者会长"作为法定代表人,后面均有"等"字,表明并非限制性规定。正因为这样,章程才显得尤其重要。将社会团体法人的组织机构的具体设置交由章程最终确定,充分体现了对社会团体法人意思自治的尊重。

第九十二条 具备法人条件,为公益目的以捐助财产设立的基金会、社会服务机构等,经依法登记成立,取得捐助法人资格。

依法设立的宗教活动场所,具备法人条件的,可以申请法人登记,取得捐助法人资格。法律、行政法规对宗教活动场所有规定的,依照其规定。

释 义

本条是有关捐助法人资格的规定。

捐助法人是指为公益为目的以捐助财产设立的基金会、社会服务机构、宗教活动场所等。捐助法人的范围广泛,除基金会、社会服务机构外,还包括宗教活动场所等,如捐资设立的学校、医院、孤儿院、养老院、图书馆、文化馆、博物馆等。

一、基金会

依据我国《基金会管理条例》第 2 条的规定,"本条例所称基金会,是指利用自然人、法人或者其他组织捐赠的财产,以从事公益事业为目的,按照本条例的规定成立的非营利性法人。"需注意,此前的《基金会管理办法》曾明确基金会是社会团体法人,但在本法对非营利法人的分类中已将其单独列出成为与社会团体相并列的非营利法人种类。

二、社会服务机构

民政部《社会福利机构登记管理条例》(《民办非企业单位登记管理暂行

条例》修订草案征求意见稿)第 2 条规定:"本条例所称社会服务机构,是指自然人、法人或者其他组织为了提供社会服务,主要利用非国有资产设立的非营利性法人。"

三、宗教活动场所

我国目前最新的有关宗教活动的情况体现在国务院就中国宗教事务发表的 2018 年白皮书中。① 我国有关宗教事务的法规也较完善,2017 年修订公布的《宗教事务条例》,强化了对公民宗教信仰自由和宗教界合法权益的保障,依法规范政府管理宗教事务的行为,增加了维护国家安全和社会和谐的内容。宗教团体在性质上属于社会团体,其登记管理部门是民政部门。从《宗教事务条例》的规定来看,宗教团体与宗教活动场所无隶属关系,是相互独立的。但条例赋予了宗教团体管理宗教活动场所的部分职责,如设立宗教活动场所应当由宗教团体提出申请,宗教活动场所的主要教职任职应当经宗教团体同意,等等。此外,宗教团体与宗教活动场所之间也有教务指导关系,宗教团体制定的规章制度,宗教活动场所需要执行。目前对宗教活动场所的规范主要是 2018 年 2 月 22 日国家宗教局发布的《宗教临时活动地点审批管理办法》(国宗发〔2018〕15 号)和《宗教局 民政部关于宗教活动场所办理法人登记事项的通知》(国宗发〔2019〕1 号)。

是否明确宗教活动场所的民事主体资格问题,需要在民事法律中做出规定。理解本条第 2 款的规定要注意三点:一是宗教活动场所法人资格登记以自愿为原则。二是不影响国家对宗教活动场所的规范和管理。宗教活动场所从事各类活动必须遵守国家法律法规,必须接受国家相关部门依据《宗教事务条例》等行政法规对其进行的规范和管理。三是赋予宗教活动场所法人地位不影响其与宗教团体的关系。

第九十三条 设立捐助法人应当依法制定法人章程。

捐助法人应当设理事会、民主管理组织等决策机构,并设执行机构。理事长等负责人按照法人章程的规定担任法定代表人。

---

① 参见《国务院就中国宗教问题于 2018 年正式发表白皮书》,https://www.lingyinsi.org/detail_30_12256.html,最后访问时间为 2020 年 2 月 26 日。

捐助法人应当设监事会等监督机构。

释 义

本条规定了捐助法人章程、组织机构及法定代表人。

一、捐助法人的章程

法人章程对捐助法人尤其重要。因为,捐助法人系财产集合体,没有成员,也就没有会员大会等权力机构,其组织和管理办法,除了法律、行政法规的规定外,章程是其行为目的等一切活动的行为准则。本条对捐助法人章程和组织机构的规定,只是原则性的,其具体内容还需要参照其他相关立法。鉴于我国目前捐助法人的典型形式是慈善基金会,所以捐助法人章程的具体事宜可参照有关基金会的规范文件,主要有《中华人民共和国慈善法》和《基金会管理条例》。

二、捐助法人的组织机构

捐助法人的组织机构与社团法人不同,因其没有权力机构,其公益目的的实现,主要有赖于章程规定的决策机构、执行机构和法定代表人,以此保证捐助法人的正常运行。对捐助法人的组织机构的具体设置,即决策机构、执行机构、法定代表人和监督机关等,本法只作了原则性规定,现阶段其具体操作仍需参照《中华人民共和国慈善法》和《基金会管理条例》的有关条文办理。

第九十四条 捐助人有权向捐助法人查询捐助财产的使用、管理情况,并提出意见和建议,捐助法人应当及时、如实答复。

捐助法人的决策机构、执行机构或者法定代表人作出决定的程序违反法律、行政法规、法人章程,或者决定内容违反法人章程的,捐助人等利害关系人或者主管机关可以请求人民法院撤销该决定。但是,捐助法人依据该决定与善意相对人形成的民事法律关系不受影响。

释 义

本条规定了捐助人的权利和捐助法人决定的撤销。

一、捐助人的监督权

监事等监督机关对捐助法人行使监督权。监事列席理事会会议,有权向理事会提出质询和建议,并应当向登记管理机关、业务主管单位以及税务、会计主管部门反映情况。除监事外,本条第 1 款的规定又强化了对捐助法人的监督,赋予捐助人以监督权。捐助人和监事等监督机关有权对捐助法人的财产使用、管理情况进行查询,并提出意见和建议,捐助法人负有及时、如实答复的义务。

二、捐助人等利害关系人的撤销权及其对相对人的影响

理解本条第 2 款,首先,撤销权人的范围包括捐助人、利害关系人和主管机关。这里的"利害关系人"主要是指捐助人的继承人等。而将主管机关列入撤销权人范围,更可见规范力度之大。这样的规定有助于减少决策机构、执行机构或者法定代表人违法或者违反章程的现象,更有助于捐助法人目的的实现。其次,撤销事由分为两个方面:一是决定的作出违反了法律、行政法规、捐助法人章程规定的程序,比如决议的表决程序、表决方式违反程序;二是决定的内容违反了捐助法人章程。对于这类决定,是维持其效力还是撤销该决定,交由捐助人等利害关系人或者主管机关决定。最后,行使撤销权,应向人民法院提起撤销之诉;如决定被人民法院撤销,则自始没有约束力;如撤销权人不行使撤销权,则决定有效,具有约束力。

当捐助法人的决定被人民法院撤销后,其对内具有溯及力,自决定开始时无效。但是在对外关系上,为维护交易安全,捐助法人依据该决定与善意相对人形成的民事法律关系不受影响。此处相对人"善意",同前述有关"善意"的说明。

第九十五条 为公益目的成立的非营利法人终止时,不得向出资人、设立人或者会员分配剩余财产。剩余财产应当按照法人

章程的规定或者权力机构的决议用于公益目的;无法按照法人章
程的规定或者权力机构的决议处理的,由主管机关主持转给宗旨
相同或者相近的法人,并向社会公告。

释 义

本条规定了公益性非营利法人终止时剩余财产的处理。

为公益目的成立的非营利法人终止时的剩余财产的具体处置规则,应当
适用本法第三章第一节"一般规定"的相应规定。本法第72条第2款规定:
"法人清算后的剩余财产,根据法人章程的规定或者法人权力机构的决议处
理。法律另有规定的,依照其规定。"非营利法人终止时,其剩余财产不得向
出资人、设立人或者会员等分配,这是由其宗旨和目的决定的,也是其与营利
法人相区别的显著特征。本条规定的立法意旨在于:首先,非营利法人的公益
性决定了其成立以及运作过程中所占据的诸多优势。如其享受公益事业用地
及建筑的优惠,还有国家规定的税收优惠、信贷优惠及政府经费资助等各项扶
持,而且其公益性的运作也更易获得社会各界的捐赠。当公益法人终止后,经
清算如有剩余财产,该剩余财产自然也具有相当程度的公共性。其次,非营利
法人设立者设立非营利法人的目的是为了公益,如果将剩余财产分配给设立
者等,将违背其设立初衷。而将剩余财产仍然用于性质、宗旨相同或者相似的
社会公益事业,才是最符合设立者初衷的。再次,我国法律、行政法规的规定
对公益性的非营利法人剩余财产的处置也有一贯的态度,具体体现在《慈善
法》第18条第3款,《基金会管理条例》第10条第1款、第33条,《宗教事务
条例》第60条中。最后,本法这样的规定也是对其他国家和地区的普遍做法
的借鉴,即公益性非营利法人终止时的剩余财产坚持按"目的近似原则"
处置。

为公益目的成立的非营利法人终止时,如果违反本条规定向其出资人、设
立人或者会员分配剩余财产的,取得财产的人因无合法根据,构成不当得利,
依法应予返还。拒不返还的,相关利害关系人或者主管机关应当向人民法院
提起诉讼。

第四节 特别法人

第九十六条 本节规定的机关法人、农村集体经济组织法人、城镇农村的合作经济组织法人、基层群众性自治组织法人,为特别法人。

释 义

本条是关于特别法人类型的规定。

一、"特别法人"的由来

本法关于"特别法人"的规定要溯及《民法总则(草案)》的讨论过程中。由于对法人分类的论争,草案几易其稿,直至最后确定采行以法人的成立目的为标准将法人分为营利法人与非营利法人。但是随之而来的问题是,非营利法人的种类繁多,对有些法人的定位存在困难,例如农村的合作经济组织法人,其对内公益性与对外营利性的特征使归类变得困难,而且其对内还可以"按成员与本社的交易量(额)比例返还"等方式向其社员分配盈余。如果无法归类就无法确认其主体地位。再如机关法人,其因行使职权也需要从事民事活动,如需要以平权主体的身份购置办公用品、租用房屋等。可见,极有必要另外确认一类在营利法人与非营利法人之外的不宜纳入这两类法人的第三类别。所以,"根据我国实际,增设特别法人",以利于其更好地参与民事生活,也有利于保护其成员和与其进行民事活动的相对人的合法权益。①

二、特别法人的范围

本条规定特别法人有四种:机关法人、农村集体经济组织法人、城镇农村的合作经济组织法人、基层群众性自治组织法人。从本法第 97 条至第 101 条的规定看,这四种组织是否为特别法人,是有一定区别的。对于有独立经费的

---

① 参见张璁:《全国人大常委会审议民法总则草案 法人一章增加特别法人类别》,《人民日报》2016 年 12 月 20 日。

机关和承担行政职能的法定机构、基层群众性自治组织而言,是一律具有法人资格的。而农村集体经济组织、城镇农村的合作经济组织,取得法人资格为一般规定,但如果法律、行政法规另有规定的则依其规定,可以不取得法人资格。

第九十七条　有独立经费的机关和承担行政职能的法定机构从成立之日起,具有机关法人资格,可以从事为履行职能所需要的民事活动。

释　义

本条是关于机关法人的规定。

本法将机关法人归类于特别法人中,并对其原有内涵和外延做了调整,将"承担行政职能的法定机构"纳入其中。机关法人具有以下特点:(1)机关法人只有在从事民事活动时才为法人,即此时才是民事主体。而其行使国家管理职权时,不是民法意义上的法人。(2)机关法人所能从事的民事活动仅限于为履行管理职能所必需的范围,不能从事营利性活动。(3)机关法人进行民事活动用以承担债务的财产来自国家各级财政的拨款,其行使职能收取的费用也须上缴财政。(4)机关法人依国家法律的直接规定或者命令设立机关而成立,不需经核准登记程序。本条对机关法人的规定,有其明确的要求:一是有独立经费,二是承担行政职能。承担行政职能的法定机构,是指不属于行政机关序列,但又行使行政机关职能的社会组织,包括中国银行保险监督管理委员会、中国证券监督管理委员会等组织,它们与其他政府组织没有隶属关系,本身不是行政机构,但又行使一定的行政管理职能。将承担行政职能的法定机构纳入机关法人,意味着承担行政职能的法定机构能够从事民事活动,成为民事活动中的平等民事主体,享有民事权利,承担民事义务,相对人可以与承担行政职能的法定机构从事交易,向其主张权利。

第九十八条　机关法人被撤销的,法人终止,其民事权利和义务由继任的机关法人享有和承担;没有继任的机关法人的,由作出撤销决定的机关法人享有和承担。

释 义

本条规定了机关法人终止后权利义务的承继。

机关法人终止是指机关法人丧失民事主体资格,不再享有民事权利能力和民事行为能力。本法在本章第一节"一般规定"中规定了法人终止的原因和程序均须按法定要求进行。本条规定明确了机关法人的终止事由是依法被撤销。在我国的法律实践中,因政府机构改革而由立法者撤销机关法人的情形较多。我国改革开放以来,已进行了8次国务院政府机构改革,力图降低行政成本,提高行政效率,国务院组成部门已由1982年的100个削减为2018年的26个。2018年3月13日,国务院机构改革方案公布。根据该方案,改革后,国务院正部级机构减少8个,副部级机构减少7个,除国务院办公厅外,国务院设置组成部门26个。这样的机构改革,都会涉及机关法人因依法被撤销而终止的问题。对于机关法人的撤销,应符合两个条件:一是撤销决定必须由有法定权力的机关作出,二是作出撤销决定的程序必须符合法律要求。

实践中,不少机关法人特别是基层政府和部门存在长期不清偿债务或不能清偿债务的情况,比如一些政府部门长期拖欠办公楼施工单位的施工费用,全国乡镇政府普遍负债问题多年存在……而机关、机构改革的频繁更使得其负债难以得到及时解决。本条新增机关法人终止后权利义务概括转移的规定,明确了机关法人终止后的权利义务承担主体。机关法人终止后权利义务的概括转移,是指终止的机关法人的全部资产和责任,包括动产、不动产、债权、债务等,一律由继任的机关法人承受。为体现平等和公平,尤其规定"没有继任的机关法人的,由作出撤销决定的机关法人享有和承担",更加保证了利益相关人的权利,也增强了广大人民群众对机关法人的信任度。

第九十九条 农村集体经济组织依法取得法人资格。

法律、行政法规对农村集体经济组织有规定的,依照其规定。

释 义

本条规定了农村集体经济组织的法人资格。

农村集体经济组织的历史由来已久,最初产生于 20 世纪 50 年代初的农业合作化运动。它是为实行社会主义公有制改造,在自然乡村范围内,更多地是在一个生产队范围内,由农民自愿联合,将其各自所有的生产资料、土地、较大型农具、耕地(不包括农村宅基地即农村集体建设用地),投入集体所有,由集体组织农业生产经营,农民进行集体劳动,各尽所能,按劳分配的农业社会主义经济组织。人民公社是中国农村集体所有制经济的一种组织形式,以"政社合一"("政社合一"其实就是"政经合一")和集体统一经营为特征,是当时计划经济体制下农村政治经济制度的主要特征。党的十一届三中全会之后,随着改革开放的深入,家庭承包责任制在农村逐步建立。之后,人民公社开始解体,农村改革实行政社分开,乡政府、村委会和村民小组逐步建立,由此形成了乡镇、村、组三级集体经济组织格局。尽管我国包括宪法在内的法律、法规和政策性文件都多次使用"农村集体经济组织"的概念,但其内涵和外延都比较模糊。我国《宪法》第 8 条和第 17 条的规定给农村集体经济组织预留了广泛的空间,对其概念的界定是广义上的。而本法所规定的农村集体经济组织是狭义上的。从法律层面上,我国的农村集体经济组织是以土地的集体所有制为基础,以乡村区域为范围,以管理土地和集体财产、组织本集体成员共同开展大规模的生产经营活动和提供其他社会经济服务的集体性经济组织。

本条规定的意旨很明确,农村集体经济组织是否取得法人资格,首先,仍然要符合本法对法人成立条件的规定。其次,应符合法律法规关于农村集体经济组织取得法人资格的特别规定,如是否需要有关机关批准,是否需要向有关机关办理登记。

第一百条　城镇农村的合作经济组织依法取得法人资格。
法律、行政法规对城镇农村的合作经济组织有规定的,依照其规定。

释　义

本条规定了城镇农村的合作经济组织的法人资格。
人类社会的合作现象可谓源远流长,但是作为一种特殊的社会经济组织现象和合作方式,合作经济只是近代社会的产物,是人类社会发展到资本主义阶段才出现的。在合作经济发展过程中,由于不同历史年代和不同文化传统的影响,对合作经济组织的界定多种多样。目前,理论界对合作经济组织的提法也不统一,谓之"合作社""合作经济组织"等,对于农村的合作经济组织,又有"农业合作经济组织""农民合作经济组织"等不同提法。本书对合作经济组织的界定采行受众易于查找并被广泛认同的内容:合作经济是社会经济发展到一定阶段中,劳动者自愿入股联合,实行民主管理,获得服务和利益的一种合作成员个人所有与合作成员共同所有相结合的经济形式。自愿、民主、互利和惠顾者与所有者相统一的合作经济,是其在不同的社会经济制度中所具有的共性,合作社则是这种合作经济关系的一种典型组织形式。① 在我国广大农村,合作经济组织数量繁多。我国《农业法》和《农民专业合作社法》对农村的合作经济组织也称谓不一。本法在立法过程中,一方面要确立农村合作经济组织的法律地位,另一方面又要将其称谓予以进一步明确。"农业"的外延过大,"农民"的界定也存在问题,带有计划经济时代的痕迹,现在已统称为农业居民。所以本条规定使用了"农村合作经济组织"的概念。

本法将农村合作经济组织纳入"特别法人"一节,明确了农村和城镇的合作经济组织在具备法人条件并履行登记程序后即具有法人资格,解决了农村和城镇的合作经济组织在民事活动中法律地位不明的问题。城镇农村的合作经济组织是否取得法人资格,仍然要看其是否符合法人成立的必备要件,同时还应履行法定的登记、报批手续。而本条第 2 款的规定意在认同其他法律、行政法规的特别规定或除外规定。如果城镇农村的合作经济组织未取得法人资格,则其从事民事活动时应属非法人组织。

第一百零一条 居民委员会、村民委员会具有基层群众性自治组织法人资格,可以从事为履行职能所需要的民事活动。

未设立村集体经济组织的,村民委员会可以依法代行村集体经济组织的职能。

释 义

本条规定了基层群众性自治组织的法人资格。

① 百度百科词条:合作经济。

一、居民委员会的法人地位

我国《城市居民委员会组织法》第2条规定:"居民委员会是居民自我管理、自我教育、自我服务的基层群众性自治组织。不设区的市、市辖区的人民政府或者它的派出机关对居民委员会的工作给予指导、支持和帮助。居民委员会协助不设区的市、市辖区的人民政府或者它的派出机关开展工作。"实践中,城市居民委员会具有诸多职能,从《城市居民委员会组织法》第3条、第4条的规定看,其不仅仅是纯粹的自治组织,还承担了许多政府职能。但由于其定位一直处于模糊不清的状态,其自治性难以充分发挥。本条规定对居民委员会进行了法人化改造,明确赋予其基层群众性自治组织法人资格。

二、村民委员会的法人地位

我国《村民委员会组织法》第2条第1款规定:"村民委员会是村民自我管理、自我教育、自我服务的基层群众性自治组织,实行民主选举、民主决策、民主管理、民主监督。"可见,村民委员会同样是基层群众自治组织,其自治主体是村民。从《村民委员会组织法》第2条第2款、第5条的规定看,村民委员会的自治性一直比较清晰。但是由于村民自治范围内的事务与国家公共事务存在一定程度的重合,使之实践中的行政主体色彩浓厚。本法对包括村民委员会在内的基层群众性自治组织进行法人化改造,是顺应法治建设潮流的重要举措。村民委员会作为基层群众性自治组织法人,享有独立的民事主体资格,可以从事为履行职能所需要的民事活动,对推动和促进其自治功能的发挥将起到积极作用。

三、村民委员会依法代行村集体经济组织的职能

本条第2款的规定,顺应和反映了村民委员会长期以来在农村集体组织中的作用。《村民委员会组织法》第8条规定:"村民委员会应当支持和组织村民依法发展各种形式的合作经济和其他经济,承担本村生产的服务和协调工作,促进农村生产建设和经济发展。村民委员会依照法律规定,管理本村属于村农民集体所有的土地和其他财产,引导村民合理利用自然资源,保护和改善生态环境。村民委员会应当尊重并支持集体经济组织依法独立进行经济活动的自主权,维护以家庭承包经营为基础、统分结合的双层经营体制,保障集

体经济组织和村民、承包经营户、联户或者合伙的合法财产权和其他合法权益。"该规定中的村民委员会的职能和义务,与村集体经济组织的职能和义务基本一致。而现实中,农村集体经济组织成立得比较少,因为施行农村土地承包经营以来,承包合同的发包方多数都是村民委员会,村民委员会实际代行了集体经济组织的发包权能。迄今为止,很多地方的村民委员会和村集体经济组织仍然是两套班子一套人马。本条规定正视并接受这一现实,对农村集体经济组织和村民委员会履行职责的顺序进行了整理,即农村集体资产优先由农村集体经济组织进行管理,农村集体经济组织在民事活动中是一方民事主体。只有在没有设立农村集体经济组织的自然村,村民委员会在有关法律、法规规定的条件下,才可以作为一方民事主体,依法代行农村集体经济组织的职能。

第四章　非法人组织

本章导言 ▶

本章确立了"非法人组织"的民事主体资格,即承认了在自然人、法人之外的"第三类主体"。承认非法人组织的民事主体资格,既解决了民事实体法之间可能存在的矛盾,也解决了民事实体法与程序法之间存在的矛盾,是民事主体立法上的一大进步。本章共有条文7条,规定了非法人组织的定义和类型,非法人组织成立的批准、登记;尤其明确了非法人组织与法人之间在财产责任方面的区别;规定了非法人组织对外代表的问题以及解散情形和清算责任。

　　第一百零二条　非法人组织是不具有法人资格,但是能够依法以自己的名义从事民事活动的组织。

　　非法人组织包括个人独资企业、合伙企业、不具有法人资格的专业服务机构等。

释　义

本条规定了非法人组织的定义及类型。

一、非法人组织的意义

所谓非法人组织,是指虽不具有法人资格但可以自己的名义从事民事活动的组织体。非法人组织作为一种组织体,在社会经济生活中广泛存在并发挥着重要作用。现代各国民法,基本都承认在自然人和法人之外还存在不具有法人资格但具有主体性的组织体,只是对其称谓不同。

本条规定的重大意义就在于明确了非法人组织的民事主体地位。同时,由于非法人组织在经济生活中数量庞大、范围广泛,对其立法定义不宜过于细腻,因此采行了概括加列举的立法技术。

结合本章条文的规定,非法人组织须具备以下要件:(1)须为由多数人组成的人合组织体。非法人组织是由多数人组成的人合组织体,且这种组织体不是临时的、松散的,而应设代表人或管理人,有自己的名称、组织机构、组织规则,有进行业务活动的场所,即具有稳定性。(2)须具有自己的目的。非法人组织的目的可以是非经济性的,例如发展科学研究、学术事业、文化、体育、艺术、慈善、宗教,等等;也可以是经济性的,如以获取经济利益即以营利为目的。(3)须有自己的财产。非法人组织为实现其团体目的,从事经济性或非经济性活动,均须有一定的财产基础。但该种财产不必须与其成员的财产截然分开而由非法人组织享有所有权。(4)须设代表人或管理人。代表人或管理人是非法人组织的机关。非法人组织为实现其目的对外实施民事法律行为,须由代表人或管理人为之。(5)须以团体的名义为法律行为。在对外为法律行为时,须以非法人组织的名义而不是以其成员个人的名义或以其他团体的名义。

二、非法人组织的类型

1. 个人独资企业,是指依《中华人民共和国个人独资企业法》在中国境内设立,由一个自然人投资,财产为投资人个人所有,投资人以其个人财产对企业债务承担无限责任的经营实体。

2. 合伙企业,是指依《中华人民共和国合伙企业法》设立的普通合伙企业与有限合伙企业。该法第2条第2款、第3款分别规定了普通合伙企业和有限合伙企业:"普通合伙企业由普通合伙人组成,合伙人对合伙企业债务承担无限连带责任。本法对普通合伙人承担责任的形式有特别规定的,从其规定。有限合伙企业由普通合伙人和有限合伙人组成,普通合伙人对合伙企业债务承担无限连带责任,有限合伙人以其认缴的出资额为限对合伙企业债务承担责任。"

3. 不具有法人资格的专业服务机构,其范围极为广泛,几乎囊括所有的"第三产业"。

本条列举了上述三种非法人组织后,需注意还有"等"字,意为不完全列举。《最高人民法院关于适用〈中华人民共和国民事诉讼法〉的解释》第52条规定可作为认定非法人组织的参照。

第一百零三条　非法人组织应当依照法律的规定登记。

设立非法人组织，法律、行政法规规定须经有关机关批准的，依照其规定。

释　义

本条规定了非法人组织的设立程序。

本法赋予非法人组织的民事主体资格，这是我国民事立法的极大进步。非法人组织在社会经济生活中存在并以其名义进行民事活动，须具有公示性。因此非法人组织的设立，必须经过登记。一些特殊的非法人组织的设立还需要经过有关机关批准。合法性是非法人组织不可或缺的特征，而满足非法人组织合法性的关键要件则是依法成立。从程序上看，设立非法人组织必须履行法定的核准登记手续或满足其他合法要件，如企业须经工商行政管理部门的登记并取得营业执照，社会团体则须经民政部门核准登记并取得社会团体登记证等。从实体上看，非法人组织必须是法律允许成立的组织，其成立宗旨不得与法律、法规以及社会公共道德相抵触。对非法人组织合法性要求的目的在于排除非法组织的存在。

对非法人组织设立的原则，各国立法基本上包括许可主义、登记主义或者自由主义。近半个世纪以来，登记主义成为一般要求，而未登记的非法人组织也大量存在。法律对非法人组织的态度越发变得宽容。我国立法区分非法人组织是否具有营利性并以此为依据规定其分属于不同的登记机关：对于非营利性非法人组织特别是民间社团组织，我国推行设立许可与强制登记制度，对未经登记成立的非营利性非法人组织持明确的禁止与否认态度；对营利性非法人组织的设立，自2014年我国实行商事登记制度改革后，所有法人和非法人组织的设立均采行登记主义原则，对未经登记而营业或擅自以企业名义经营的，属非法经营，应当依法予以禁止或取缔。

第一百零四条　非法人组织的财产不足以清偿债务的，其出资人或者设立人承担无限责任。法律另有规定的,依照其规定。

释 义

本条是关于非法人组织债务承担的规定。

非法人组织的偿债能力与其财产密切相关。非法人组织具有相对独立性,与设立人或出资人在人格上并非绝对独立。该"相对性"尤其表现在其财产缺乏独立性或独立性较差。为了保证与非法人组织交往或交易的相对人利益,进而保证交易环境的安全,本法明确规定了非法人组织债务承担的无限性和连带性。

非法人组织的债务承担应遵循以下规则:非法人组织对外清偿债务时,基于其财产的相对独立性,先以其享有处分权的财产清偿债务,如若该部分财产足以清偿,则不涉及其出资人或设立人;如若该部分财产不足以清偿,则由出资人或设立人承担无限责任。当出资人或设立人为二人以上时,承担无限连带责任。当然在其内部关系上,其中一人偿还债务超过自己应当承担的份额的,可向其他出资人或设立人追偿。

关于非法人组织的债务承担,还需注意的是,当同时存在非法人组织债务和非法人组织设立人、负责人或内部成员的个人债务,而非法人组织的相对独立的财产不足以清偿债务,需要其设立人等承担无限责任时,对非法人组织的债权人与非法人组织成员个人债权人的保护顺序,应采行双重优先原则,即非法人组织的债务应优先以非法人组织的财产予以清偿;非法人组织成员个人的债务应优先以其个人财产予以清偿;如非法人组织设立人、负责人或内部成员自愿以个人财产优先清偿非法人组织债务的,须以不损害其个人债权人的利益为限。

第一百零五条 非法人组织可以确定一人或者数人代表该组织从事民事活动。

释 义

本条规定了非法人组织的代表人。

本法第 102 条的解释中对非法人组织的特征进行了描述。非法人组织要进行民事活动,须设有内部管理事务和对外代表非法人组织进行交往的机构,并有进行活动的场所。非法人组织也须有自己的意思,以区别于其成员的个人意思,并通过其代表人或管理人将该意思以团体的名义对外表示,以便于对外交往或交易。因此,非法人组织的成员应有其内部分工。

非法人组织的成员基本上可以分为三类,即非法人组织机关成员、一般成员和准成员。其一是非法人组织的主要负责人,他是非法人组织的法定代表人。其二是非法人组织的一般成员,该一般成员与非法人组织机关成员并没有隶属关系,其地位是平等的,只是内部职位上的不同而已。其三是非法人组织的准成员,是指非法人组织的雇员或者工作人员,他们不是非法人组织的出资人或设立人。

本条规定显然没有区分非法人组织内部成员的性质,只要是非法人组织的成员,均可以非法人组织的名义代表非法人组织从事民事活动,且该民事活动的法律后果均由非法人组织承担。

理解本条规定,尚需说明的还有非法人组织的雇员与非法人组织的责任关系问题。对于非法人组织而言,无论属何种类型,组织雇员的相关责任最终都由非法人组织承担。至于事后是否向雇员等准成员追偿,或者组织财产不足以承担相应责任时,是否应当追究准成员的连带责任,根据《最高人民法院关于审理人身损害赔偿案件适用法律若干问题的解释》第 9 条的规定,对工作人员或雇员的外部连带责任和内部责任的追究制度应当同时存在,缺一不可,因此雇主或雇员都可以成为赔偿义务主体。

第一百零六条 有下列情形之一的,非法人组织解散:

(一)章程规定的存续期间届满或者章程规定的其他解散事由出现;

(二)出资人或者设立人决定解散;

(三)法律规定的其他情形。

释 义

本条规定了非法人组织解散的情形。

一、非法人组织解散的情形

非法人组织在运行过程中,如出现法定或约定的解散事由,则应终止其主体资格。本条以列举加概括的立法技术规定了非法人组织解散的情形。本条规定具有两项功能,一是概括指引功能,二是剩余适用功能。在我国《个人独资企业法》《合伙企业法》分别对其解散原因有具体规定的情况下,仍然适用其具体规定。对于不具有法人资格的专业机构等其他非法人组织,如果法律对其解散原因没有具体规定,本条应直接适用。所以说本条规定具有对相关单行法规定的概括性功能,同时又对未规定具体解散事由的其他非法人组织的解散具有直接适用的功能。从本条规定来看,导致非法人组织解散的事由分为两大类:一类是任意解散事由(又称自愿解散事由),即基于出资人或者设立人的意愿预先设定解散情形或者适时决定解散,本条第 1 项和第 2 项分别规定了这两种任意解散事由,其任意性体现在事由的自由决定和自由变更方面;另一类是非任意解散或称强制解散事由,即非法人组织基于法律或者行政法规的规定,而非基于其出资人或者设立人本身的意愿而被迫解散,这类法定原因出现后,非法人组织可以主动依法宣布解散,否则就要基于主管机关的命令或者人民法院的裁定予以强制解散,本条第 3 项实际上就是概括性地规定了非任意解散事由。

我国现行《合伙企业法》第 85 条第 1 至 3 项规定了合伙企业的解散事由;《个人独资企业法》第 26 条第 1 至 2 项规定了个人独资企业的解散事由。《合伙企业法》第 85 条第 4 至 7 项规定了合伙企业被强制解散的事由;《个人独资企业法》第 26 条第 3 至 4 项规定了个人独资企业被强制解散的事由。对本条与《合伙企业法》和《个人独资企业法》的上述条款的关系,应理解为本条第 3 项的"法律规定的其他情形"的范围要大于特别法规定的解散事由中的"法律规定的其他情形",本条第 3 项的规定具有概括单行法中任意性解散事由和兜底条款的双重功能。

二、决定或者宣布非法人组织解散的主体

现行法律没有明确规定决定或者宣布非法人组织解散的主体,对此可以理解为,在任意解散的情形,非法人组织的权力机关或者出资人、设立人均有权决定或者宣布解散非法人组织。在非任意解散的情形下,主管机关可以命

令非法人组织解散,人民法院也可以根据主管机关或者利害关系人的申请责令非法人组织解散。因为,本编第三章第一节是针对各种具体法人的统领性规则,而本法第108条规定:"非法人组织除适用本章规定外,参照适用本编第三章第一节的有关规定。"本法第70条第3款规定的"主管机关或者利害关系人可以申请人民法院指定有关人员组成清算组进行清算",虽是对法人解散"清算"的规定,但根据解散与清算的关联,非法人组织解散后也应进行清算,有权命令或决定的主体当然可以是主管机关或者人民法院。

第一百零七条 非法人组织解散的,应当依法进行清算。

释 义

本条规定了非法人组织的解散清算。

非法人组织清算,是指其解散事由出现后,在终止其民事主体资格前,要对其各项未了事务和剩余财产进行清理和分配(或者划转),最终结束该组织所有的法律关系。经由清算,非法人组织归于消灭。在清算期间,非法人组织的民事主体资格并不消灭,但其权利能力仅限于清算范围。

民法上组织体的清算,共有两种类型:解散清算和破产清算。2006年修订的《合伙企业法》和2007年6月1日《企业破产法》同步施行前,破产主体的范围并不包括不具有法人资格的民事主体,所以,非法人组织的清算仅有解散清算一种。但上述两法自2007年6月1日同步施行后,合伙企业也有可能进行破产清算,其依据是《合伙企业法》第92条的规定:"合伙企业不能清偿到期债务的,债权人可以依法向人民法院提出破产清算申请,也可以要求普通合伙人清偿。合伙企业依法被宣告破产的,普通合伙人对合伙企业债务仍应承担无限连带责任。"而《企业破产法》第135条规定:"其他法律规定企业法人以外的组织的清算,属于破产清算的,参照适用本法规定的程序。"上述条文表明,非法人组织中的合伙企业的解散清算,有可能因为清算过程中发现不能清偿到期债务转而适用《企业破产法》的破产清算程序。由于解散清算与破产清算在适用法律和程序上的不同,非法人组织的解散清算,原则上适用企业组织法。有关单行法和本法没有规定的,可以参照适用公司法律的规定。

第一百零八条 非法人组织除适用本章规定外,参照适用本编第三章第一节的有关规定。

释 义

本条是有关非法人组织法律参照适用的规定。

一、"参照适用"的理由

理解本条有关非法人组织"参照"本法关于法人的"一般规定"的规定,首先,要厘清法人与非法人组织的本质区别:法人原则上有独立的法律人格、独立的权利能力、行为能力和独立的责任能力。而非法人组织欠缺法律人格实质意义上的独立性,可谓具有"形式人格"。在人格独立的特征上,既然我国民法规定非法人组织为自然人、法人之外的第三类主体,可以以自己的名义从事民事活动,享有权利并负担义务,则表明承认非法人组织具有一定的民事权利能力,在同一范围内也具有民事行为能力。非法人组织与法人的实质差别仅在于不具有完全的民事责任能力。非法人组织不具有独立承担民事责任的能力,须由非法人组织的出资人或者设立人对非法人组织的债务承担无限责任。其次,要明晰非法人组织与法人的共同点,一是两者均是自然人以外的民事主体,对外从事民事活动的方式和面目基本无异;二是两者的内部组成和治理结构有很多相似性,较普遍地存在决策、执行、监督三类内设的职能机构。正因为如此,从节约制度成本和立法技术的科学性出发,本条规定非法人组织在一定范围内准用本编第三章第一节有关法人的一般规定。

二、"参照适用"的范围

一是参照适用本法关于非法人组织的规定和各非法人组织单行法没有规定的事项,二是参照适用的事项不涉及非法人组织与法人的根本属性的区别性规定(独立承担民事义务或者民事责任、破产清算)。但是参照适用时要充分考虑非法人组织的具体情形。因此,关于"参照适用"的具体范围应基本掌握在以下几个方面:

(一) 关于非法人组织的设立与终止

本法第 103 条规定了非法人组织设立、登记的原则性规定。而《合伙企

业法》第 14 条、《个人独资企业法》第 8 条、《民办非企业单位登记管理暂行条
例》第 8 条、《乡村集体所有制企业条例》第 13 条都有对各自非法人组织设立
条件的规定,上述规定当然适用。对其他形态的非法人组织,依据本条规定并
参照本法第 58 条,可以确定非法人组织应当有自己的名称、组织机构、固定的
活动或经营场所、一定的人员或财产、必要的经费。非法人组织的成立应依法
登记,参照本法第 59 条和第 72 条,非法人组织登记注册之日为其成立之日,
注销登记之日为其终止之日。

（二）　关于非法人组织的合并与分立

参照本法第 67 条的规定,非法人组织合并、分立的,除债权人与债务人另
有约定外,其权利和义务由合并、分立后的非法人组织享有和承担,并且应当
履行相应的登记手续。

（三）　关于设立非法人组织的责任承担

参照本法第 75 条的规定,设立人为设立非法人组织从事民事活动,法律
后果由设立后的非法人组织承受;非法人组织未设立的,其法律后果由设立人
承受;设立人为设立非法人组织以自己的名义从事民事活动产生的责任,第三
人有权选择请求设立后的非法人组织或者设立人承担。

（四）　关于非法人组织剩余财产的分配

参照本法第 72 条第 2 款的规定,非法人组织经由清算,其财产尚有剩余
的,除法律另有规定外,应当依照非法人组织章程的规定或者出资人、设立人
的约定或决议或其设立的权力机构的决议处理。《合伙企业法》和《个人独资
企业法》对清算后剩余财产的分配基本上没有作出规定,原则上应遵照其出
资人、设立人的意志处理。

第五章　民事权利

　　保护民事权利是民法的重要任务,民法典单独规定民事权利一章,其目的便在于彰显民事权利在民法典中的重要地位和民法典对民事权利的重视程度。我国原《民法通则》设专章(第五章)规定民事权利,彰显了民法对民事权利的尊重和保护,这是我国民事立法的重大成就。正因为如此,原《民法通则》也被称为权利宣言书,其深远影响不言而喻。该种立法体例也早已被广大人民群众和法律工作者所普遍熟悉和接受,所以后来的《民法总则》和现在的《民法典》均继承了原《民法通则》的这一优良传统,再次将民事权利单列成章。

　　从民法典的立法体例和功能角度来讲,《民法典》第一编专章规定民事权利至少可以起到以下三方面的作用:第一,可以涵盖权利客体的规范。本章将各种类型之民事权利逐一列举,则权利客体也自然隐含于各个民事权利的定义之中。第二,可以贯通民法体系。民法是权利法,《民法典》各编以及各种民事特别法均以权利为中心展开。本章广泛列举各种类型之民事权利,表明了民商合一的立法态度,将知识产权法也吸纳其中,展示了我国的大民法体系。第三,具有"权利宣言"的实在意义。民法不仅是裁判规范,也是行为规范。民法典的读者也不仅限于学者、法官、律师等专业群体,其更大的受众群体恰恰是对民法不甚了解的社会大众。专章规定民事权利向民事主体进行权利宣言,这既可满足民事主体事后解决纠纷之用,又可事前引导民事主体之行为,意义重大。

　　本章共计 24 条,主要规定了民事主体依法享有的具体民事权利类型,即人格权、身份权、物权、债权、知识产权、继承权、股权和其他投资性权利、其他民事权利和利益,明确了民法典保护数据、网络虚拟财产的态度,强调了民法典对未成年人、老年人、残疾人、妇女、消费者等特殊群体的民事权利进行特别保护,建立了民事权利的取得和行使规则等。

第一百零九条 自然人的人身自由、人格尊严受法律保护。

释　义

本条是关于自然人一般人格权的规定。

本条旨在确认自然人的一般人格权受法律保护,其仅规定了自然人享有人身自由和人格尊严,而没有具体列举自然人所应该享有的各种民事权利,至于自然人享有的其他具体民事权利,适用后边的具体规定,例如第110条等。

人身自由指自然人可以按照自己的意愿实施民事活动。例如,适龄学生可以选择自己就读的学校,毕业生可以选择自己喜欢的工作等。人格尊严指自然人的人格应受他人尊重,如果遭到侵害,可以得到法律上的救济。例如,殴打、辱骂他人属于侵犯他人人格尊严。只有自然人才享有人身自由和人格尊严,法人和非法人组织虽然也是民事主体,但是他们并不享有人身自由和人格尊严。

自然人的人身自由和人格尊严是自然人享有的部分具体民事权利(人格权)的基础和根基,所以本条居于民事权利一章之首。接下来的第110条所规定的就是自然人的具体人格权。

如果自然人的具体人格权被侵害,其应先适用第110条进行保护。产生民事责任的,应适用《民法典》第一编第八章和《民法典》第七编的相关规定。法律没有规定相关具体人格权的,可以适用本条自然人一般人格权的规定。例如,被告在与原告婚姻存续期间,生育他人子女,致使原告将他人子女误做亲生子女抚养,原告得知真相后精神极度痛苦。此案可以认定原告的一般人格权遭受侵害。

第一百一十条 自然人享有生命权、身体权、健康权、姓名权、肖像权、名誉权、荣誉权、隐私权、婚姻自主权等权利。

法人、非法人组织享有名称权、名誉权和荣誉权。

释　义

本条是关于自然人、法人、非法人组织具体人格权的规定。

本条第 1 款规定的是自然人享有的具体人格权类型,第 2 款规定的是法人、非法人组织享有的具体人格权类型。因为自然人和法人、非法人组织属性的不同,自然人享有的具体人格权的类型比法人、非法人组织的要多,例如法人、非法人组织不可能有生命权、健康权等。

1.生命权。生命权是自然人依法享有的生命不受非法侵害的权利。生命权是自然人享有其他民事权利的前提,没有了生命,其他任何权利都无从谈起。自然人的生命权始于出生,终于死亡。所谓出生,一方面要求新生儿与母体脱离,具有独立性;另一方面要求其生存。出生时间以出生证明记载的时间为准,没有出生证明的,以户籍登记或者其他有效身份登记记载的时间为准。有其他证据足以推翻以上记载时间的,以该证据证明的时间为准。死亡分两种:一种是自然死亡,一种是法律上的宣告死亡。自然死亡就是生理意义上的死亡,死亡时间以死亡证明记载的时间为准;没有死亡证明的,以户籍登记或者其他有效身份登记记载的时间为准。有其他证据足以推翻以上记载时间的,以该证据证明的时间为准。

宣告死亡是民法规定的一种制度,有其特定要件和程序的要求,本条不详细展开,详见自然人一章。

2.身体权。身体权指自然人保持其身体组织完整,并保护自己的身体不受他人非法侵犯的权利。自然人享有保持自己身体完整的权利,例如张某男为报复李某女,故意将其长辫子剪掉,这就是侵犯了李某女的身体权。因为头发是身体的一部分,张某男故意将李某女长发剪掉的行为导致了李某女身体不完整。但是需要注意的是,头发一旦脱离了人体便不再是身体的一部分。例如李某女将自己的长辫子剪掉打算卖钱,但是张某男偷偷将李某女剪下的长发烧掉,此时张某男侵犯的不是李某女的身体权,而是李某女的财产权,因为此时李某女的头发脱离了李某女的身体之后成了李某女的财产。

3.健康权。健康权是自然人享有的,以机体生理和心理机能正常运作和功能完善发挥为内容的人格权。身体健康是自然人参加社会活动和从事民事活动的重要保证,保护民事主体的健康权就是保障民事主体身体的机能和器官不受非法侵害。常见的道路交通事故致人残疾就是对受害人健康权的侵害。

4.姓名权。姓名权是自然人依法享有的决定、使用、改变自己姓名的权利。关于姓名权需要注意以下几点:第一,姓名权不以有姓名为前提,并不是说没有姓名就没有姓名权,姓名权是自然人出生时就享有的权利。第二,姓名权的内容包括了决定、使用和改变自己的姓名。也就是说,自然人有权决定自己的姓名,任何人不能干涉这种自主决定权。自然人有权使用自己的姓名,有权改变自己的姓名。例如,自然人在刚出生时因为自己无法行使自己的姓名权,往往都是父母帮助自己取名字,等该自然人长大以后他可以自己决定或者改变自己的姓名。考虑到社会管理的方便,自然人改变自己姓名的次数往往受到限制。第三,姓名包括姓和名。民法对名的限制较少,通常会尊重自然人的意愿,但是民法对姓却有限制。我国法对姓的要求是,原则上子女可以随父姓,也可以随母姓,除此之外,自然人有以下三种情形之一的可以在父姓和母姓之外选取姓氏:选取其他直系长辈血亲的姓氏(例如随祖母或者外祖母姓);因由法定扶养人以外的人扶养而选取扶养人姓氏(例如随养父母姓);有其他正当理由。另外,少数民族民事主体可以根据本民族的文化传统和风俗习惯选取姓氏。① 第四,姓名权的客体是自然人对自己人格的文字标识的专有权。专有的客体,就是自然人的人格文字标识,不仅包括正式的登记姓名,而且也包括笔名、艺名、别号等。例如,很多演员为人知晓的名字都是其艺名,他们的艺名也受法律保护。

5.肖像权。肖像权是自然人对其肖像所体现的精神利益和物质利益依法享有的排他支配权。肖像权是自然人人格权利中的一种,它主要表现为两个方面:一是自然人有权拥有自己的肖像、有权禁止他人恶意玷污自己的肖像,或是未经本人许可使用自己的肖像;二是有权同意他人摄制、写生本人的肖像。所谓的肖像仅指包括五官在内的识别自然人身份的特征总和,不包括肢体等其他身体部位。例如,健身房在未经健美明星同意的情况下将健美明星的上半身裸照作为宣传海报进行宣传的行为就侵犯了健美明星的肖像权,但是宣传海报图像如果不包括脸的话就不是侵犯健美明星的肖像权。

---

① 以上有关姓氏选择的规定见《全国人民代表大会常务委员会关于〈中华人民共和国民法通则〉第九十九条第一款、〈中华人民共和国婚姻法〉第二十二条的解释》,但是《民法典》生效以后,该解释也会同步废止。

6. 名誉权。名誉是指人们对于自然人、法人、非法人组织的品德、才干、声望、信誉和形象等各方面的综合评价;名誉权是自然人、法人、非法人组织享有的就其自身特性所表现出来的社会价值而获得社会公正评价的权利。常见的侵害名誉权的方式主要是侮辱和诽谤等。侮辱是指用语言(包括书面和口头)或行动,公然损害他人人格、毁坏他人名誉的行为。如用极其下流、肮脏的语言辱骂、嘲讽他人等。诽谤是指捏造并散布某些虚假的事实,破坏他人名誉的行为。如毫无根据地捏造他人作风不好,并四处张扬、损坏他人名誉等。注意,如果是发布真实事件,则不构成名誉权侵害,例如,真实的新闻报道等。

7. 荣誉权。荣誉权是指自然人、法人、非法人组织所享有的,因自己的突出贡献或特殊劳动成果而获得的光荣称号或其他荣誉的权利。常见的侵害荣誉权的行为主要有:第一,非法剥夺他人荣誉。例如授予荣誉的组织应当将某荣誉称号授予给张某而未授予或者非法剥夺已经授予给张某的某荣誉称号等。第二,非法侵占他人荣誉。例如张某偷偷将李某的某项研究成果据为己有,并以此申请了某荣誉称号。第三,严重诋毁他人所获得的荣誉。例如张某因李某被授予某荣誉称号而心怀不满,所以捏造事由恶意举报李某等。第四,侵害荣誉权人应得的物质利益。例如拒发或者少发荣誉权人应得的物质奖励等。注意,荣誉权和名誉权有所不同,任何自然人都享有名誉权,但不是所有人都享有荣誉权,只有取得了某项荣誉的人才享有荣誉权。

8. 隐私权。隐私权是指自然人享有的私人生活安宁与私人信息秘密依法受到保护,不被他人非法侵扰、知悉、收集、利用和公开的一种人格权。权利主体对他人在何种程度上可以介入自己的私生活,对自己的隐私是否向他人公开以及公开的人群范围和程度等具有决定权。例如以电话、短信、即时通信工具、电子邮件、传单等方式侵扰他人的私人生活安宁。需要注意的是民法对隐私权的保护并非没有限制,自然人隐私权要受到公共利益的限制。例如为了查清案件事实,法院可以依职权调查自然人的一些个人隐私等。有关自然人隐私权与自然人个人信息的区别详见下一条之释义。

9. 婚姻自主权。婚姻自主权是婚姻自由原则的具体表现,其包括了结婚自主权和离婚自主权两个方面,即任何人不得干涉当事人的结婚自由和离婚自由。例如《民法典》第 1042 条第 1 款规定:"禁止包办、买卖婚姻和其他干涉婚姻自由的行为。禁止借婚姻索取财物。"

10. 名称权。法人和非法人组织的名称权类似于自然人的姓名权,只不过法人和非法人组织不存在姓氏一说,所以将其称之为名称权,而不是姓名权,但是二者还是有所不同。第一,自然人刚出生时可以没有姓名,但是却有了姓名权,而法人、非法人组织成立时必须要有名称。第二,姓名权的权能有决定权、变更权和使用权,而名称权的权能除了以上三者之外,还有转让权。也就是说自然人的姓名是不能转让的,但是法人和非法人组织的名称是可以转让的。第三,自然人的姓名权保护的范围比较广,包括了真实姓名、艺名、笔名等,而法人和非法人组织的名称权保护的范围比较单一,就是成立时享有的名称,不存在其他艺名、笔名等。

第一百一十一条　自然人的个人信息受法律保护。任何组织或者个人需要获取他人个人信息的,应当依法取得并确保信息安全,不得非法收集、使用、加工、传输他人个人信息,不得非法买卖、提供或者公开他人个人信息。

释　义

本条是关于自然人个人信息受法律保护的规定。

自然人的个人信息是指以电子或者其他方式记录的能够单独或者与其他信息结合识别特定自然人身份或者反映特定自然人活动情况的各种信息,包括姓名、身份证件号码、通信通讯联系方式、住址、账号密码、财产状况、行踪轨迹等。自然人个人信息的保护也要受制于公共利益的需要。例如,2020年年初新冠肺炎疫情扩散传播,为了保护公共利益,有关部门需要掌握某些特定人员的基本个人信息甚至某些时间段内的活动路径,这不属于侵犯自然人个人信息的行为。

民法既认可了自然人的隐私权,也认可了自然人的个人信息受民法保护,二者都是自然人的具体人格权。在一定情况下,二者可能存在交叉的情形,此时自然人可以选择一种对自己最有利的方式保护自己。两者的区别主要在于以下五个方面:

1. 隐私强调私密性,个人信息强调标识性。隐私主要是一种私密性的信息或私人活动,凡是个人不愿意公开披露且不涉及公共利益的部分都可以成为个人隐私。隐私不是为了区分不同自然人身份的,其未必具体指向某一主体身份。而个人信息注重的是身份识别性,一定与个人人格或身份有一定的联系,其可以直接指向个人,也可以在信息组合之后指向个人。例如自然人的手机号码、身份证号、车牌号等。

2.隐私不都是以信息的形式呈现,它还可以以个人活动、个人私生活等方式体现,且并不需要记载下来。而个人信息必须以固定化的信息方式表现出来,因此,个人信息通常需要记载下来,或者以数字化的形式表现出来,体现其信息属性。隐私可以以非信息形式呈现,其并不指向民事主体的身份,例如夫妻性生活属于隐私范畴。

3.隐私侧重个体生活安宁、独处,原则上不会和公共利益甚至国家安全相关联。个人信息以信息形式呈现,信息可以相互交织或聚集,形成大数据。这些大数据可能涉及公共利益,甚至一些敏感信息可能涉及国家安全,例如自然人的基因等信息。

4.隐私权重在"隐",也就是说当事人不愿公开,因为公开可能会影响到自己的生活安宁或和谐。而个人信息权重在强调支配和自主决定,侵犯他人个人信息等于侵犯的是他人对这些个人信息的支配和自主决定。例如,你收集人家的个人信息要经过人家同意,你使用人家的个人信息也要经过人家同意一样。

5.法律救济的方式也不同。自然人隐私权受到侵害往往通过精神损害赔偿的方式进行救济,但是自然人个人信息受到侵害的救济方式则比较广。因为个人信息的非法加工、利用等往往涉及商业利益,也会造成权利人财产利益的损失。所以自然人个人信息受到侵害时,除了精神损害赔偿救济之外,还可以采用财产救济的方法。

第一百一十二条 自然人因婚姻家庭关系等产生的人身权利受法律保护。

释 义

本条是关于自然人身份权受法律保护的规定。

本条旨在表达两层意思:

1.本条是自然人救济自己人身权利的基本法律依据。人身权本来是人格权和身份权的统称,由于《民法典》第110—111条已经规定了人格权,此处的人身权利应该限缩解释为身份权,身份权以身份利益为客体。历史上,身份权意味着不平等和特权。今天,其已经和不平等、特权等含义完全无关。

2.自然人身份权的发生原因主要是婚姻家庭关系。婚姻的认定以登记为要件,换句话说,办理了结婚登记,双方就是法定的夫妻,办理了离婚登记,双方就不再是法定的夫妻。男女双方共同生活了很多年,但是没有办理结婚登记,那么从法律上来讲,他们依然不是夫妻。本条指称的家庭关系指共同生活的近亲属之间的关系,有配偶关系、亲子关系、近亲属关系等,亲子关系包括生父母子女关系、继父母子女关系和养父母子女关系三种。在我国民法中,"私生子"即非婚生子女和婚生子女没有任何区别,二者同等对待。继父母子女关系的形成与否要看有没有形成事实上的抚养关系,养父母子女关系的认定要看是否办理收养登记或解除收养登记。除了配偶、父母、子女外,其他近亲属还可以包括兄弟姐妹、祖父母、外祖父母、孙子女、外孙子女等。

第一百一十三条 民事主体的财产权利受法律平等保护。

释 义

本条是关于财产权利平等保护的规定。

理解本条需要把握以下两方面的内容:

第一,本条的核心是"平等保护"。民事主体的财产权利受法律平等保护也是市场经济的内在要求。《民法典》第207条规定:"国家、集体、私人的物权和其他权利人的物权受法律平等保护,任何组织或者个人不得侵犯。"平等是交换的前提和基础,也是交换得以正常实现的保障。公平竞争、平等保护、优胜劣汰是市场经济的基本法则。在社会主义市场经济条件下,各种所有制经济形成的市场主体都处于平等地位,享有相同权利,遵守相同规则,承担相同责任。不管是国有财产、集体财产,还是个人财产,均受法律平等保护。

第二,本条的财产权利范围包括物权、债权、知识产权等在内的所有具有财产性质的权利。大到房屋、车辆,小到铅笔、橡皮,以及他人的欠款、借给他人的物品均是财产权利的范围。另外,如果申请了注册商标,进行发明创造取得了专利,或者写了一本书、一首歌,这些所带来的财产性质的权利也是财产权利的范围。

第一百一十四条 民事主体依法享有物权。

物权是权利人依法对特定的物享有直接支配和排他的权利，包括所有权、用益物权和担保物权。

释 义

本条是关于物权定义和类型的规定。

物权是民事主体依法享有的民事权利类型之一，本条旨在明确物权的特征和类型。

一、物权的特征

物权是对物的权利，其客体原则上是有体物，即具有一定形态并能为人体所感知的物，例如汽车、电视机等。空气、太阳、星星等都不是物权的客体，因为它们虽然可以被我们观察，却不能被控制，在法律上不具备意义。电、热、光、声等可以被我们感知、控制和利用，可以成为物权的客体。按照法律的规定，部分权利也可以成为物权的客体，例如，建设用地使用权可以成为抵押权的客体，股权、票据权利可以成为质权的客体。

物权是直接支配物的权利，权利人在法律规定的范围内，可以完全按照自己的意愿占有、使用、收益和处分该物，而无须借助于他人。物权被称为"绝对权""对世权"，物权的权利人以外的任何人都是物权的义务人。例如，甲买了一部手机，取得了手机的所有权，除了甲之外的任何人都是义务人。物权与债权不同。债权是要求债务人作为或者不作为的权利，债权人也只能要求债务人作为或者不作为，不能要求与其债权债务关系无关的人作为或者不作为，所以债权被称为"相对权""对人权"。

物权具有排他性，一物之上不能设有相互冲突的两个物权，例如甲有一台电脑要出售，分别和乙、丙、丁订立了买卖合同，在这种一物数卖的场合，即使每个买卖合同均为有效合同，最终这台电脑的所有权也只能归乙、丙、丁其中一人，而不是数人。

二、物权的类型

物权包括所有权、用益物权和担保物权。

（一）所有权

所有权是指权利人依法对自己的不动产和动产享有全面支配的权利。所有权具有四项权能，即占有、使用、收益和处分。"占有"是对于财产的实际管领或控制，拥有一个物的一般前提就是占有，这是财产所有者直接行使所有权的表现。"使用"是权利主体对财产的运用，发挥财产的使用价值。"收益"是通过财产的占有、使用等方式取得经济效益。"处分"是指财产所有人对其财产在事实上和法律上的最终处置。

（二）用益物权

用益物权是权利人对他人所有的不动产或者动产，依法享有占有、使用和收益的权利。本法第二编第三分编中规定了土地承包经营权、建设用地使用权、宅基地使用权、地役权、居住权这几种用益物权，多以不动产尤其是土地为客体。

1.土地承包经营权。土地承包经营权是承包人（个人或单位）因从事种植业、林业、畜牧业、渔业生产或其他生产经营项目而承包使用、收益集体所有或国家所有的土地或森林、山岭、草原、荒地、滩涂、水面的权利。土地承包经营权有以下几个特征：第一，土地承包经营权的标的是集体所有或国家所有的土地或森林、山岭、草原、荒地、滩涂、水面，而不是其他财产。第二，土地承包经营权是承包使用、收益集体所有或国家所有的土地或森林、山岭、草原、荒地、滩涂、水面的权利。承包人对于承包土地等生产资料有权独立进行占有、使用、收益，进行生产经营活动，并排除包括集体组织在内的任何组织或个人的非法干涉。需要注意的是，承包人并不取得承包土地或其他生产资料的全部收益的所有权，而是要依约定数额（见承包合同）将一部分收益交付于发包人，其余的收益归承包人所有。第三，土地承包经营权是为种植业、林业、畜牧业、渔业生产或其他生产经营项目而承包使用、收益集体所有或国家所有的土地等生产资料的权利。这里的种植，不仅是指种植粮食、棉花、油料等作物，也包括树木、茶叶、蔬菜等。第四，土地承包经营权是有一定期限的权利。例如《土地管理法》第13条规定："……家庭承包的耕地的承包期为三十年，草地的承包期为三十年至五十年，林地的承包期为三十年至七十年；耕地承包期届满后再延长三十年,草地、林地承包期届满后依法相应延长……"

2. 建设用地使用权。建设用地使用权是指建设用地使用权人依法对国家所有的土地享有占有、使用和收益的权利,有权利用该土地建造建筑物、构筑物及其附属设施。建设用地使用权具有以下特征:第一,建设用地使用权是存在于国家所有的土地之上的物权,不包括集体所有的农村土地。第二,建设用地使用权是以保存建筑物或其他构筑物为目的的权利。这里的建筑物或其他构筑物是指在土地上下建筑的房屋及其他设施,如桥梁、沟渠、铜像、纪念碑、地窖。第三,建设用地使用权是使用国家所有的土地的权利。建设用地使用权虽以保存建筑物或其他构筑物为目的,但其主要内容在于使用国家所有的土地。因此,上述建筑物或其他构筑物的有无与建设用地使用权的存续无关。

3. 宅基地使用权。宅基地使用权是指民事主体个人在国家或集体所有的宅基地上所享有的建造房屋以使用居住的一种物权。《民法典》第 362 条规定:"宅基地使用权人依法对集体所有的土地享有占有和使用的权利,有权依法利用该土地建造住宅及其附属设施。"宅基地使用权具有以下特征:第一,宅基地使用权的主体只能是农村集体经济组织的成员。第二,宅基地使用权的用途仅限于村民建造个人住宅。个人住宅包括住房以及与村民居住生活有关的附属设施,如厨房、院墙等。第三,宅基地使用权实行严格的"一户一宅"制。《土地管理法》第 62 条规定:"农村村民一户只能拥有一处宅基地,其宅基地的面积不得超过省、自治区、直辖市规定的标准。……"第四,宅基地具有福利性,其初始取得是无偿的。

4. 地役权。地役权是指按照合同约定,利用他人的不动产,以提高自己的不动产的效益的权利。他人的不动产为供役地,自己的不动产为需役地。《民法典》第 372 条规定:"地役权人有权按照合同约定,利用他人的不动产,以提高自己的不动产的效益。前款所称他人的不动产为供役地,自己的不动产为需役地。"地役权具有以下特征:第一,设立地役权,当事人应当采取书面形式订立地役权合同。第二,地役权自地役权合同生效时设立。当事人要求登记的,可以向登记机构申请地役权登记;未经登记,不得对抗善意第三人。第三,地役权的期限由当事人约定,但不得超过土地承包经营权、建设用地使用权等用益物权的剩余期限。第四,地役权不得单独转让。土地承包经营权、建设用地使用权等转让的,地役权一并转让,但合同另有约定的除外。

5. 居住权。《民法典》第 366 条规定:"居住权人有权按照合同约定,对他人的住宅享有占有、使用的用益物权,以满足生活居住的需要。"居住权具有以下特征:第一,设立居住权,当事人应当采用书面形式订立居住权合同。第二,居住权无偿设立,但是当事人另有约定的除外。设立居住权的,应当向登记机构申请居住权登记。居住权自登记时设立。第三,居住权不得转让、继承。设立居住权的住宅不得出租,但是当事人另有约定的除外。第四,居住权期间届满或者居住权人死亡的,居住权消灭。居住权消灭的,应当及时办理注销登记。

用益物权被称作"他物权",是在他人所有的财产上设立的权利,即对他人的财产享有占有、使用和收益的权利。用益物权属于"定限物权",以区别于作为"完全物权"的所有权。用益物权人必须根据法律的规定以及合同的约定正确行使权利,不得损害所有权人的权益。所有权具有恒久性,只要所有物存在,所有权人对所有物便永久地享有权利。而用益物权不具有永久期限,期限届满时,用益物权人应将占有、使用的财产返还给所有权人,或者申请续期。

用益物权虽由所有权派生,以所有权为权源,但用益物权一经设立,便具有独立于所有权而存在的特性。主要体现在两个方面:一是用益物权使所有权对物的支配力受到约束,对物占有、使用和收益的权能由用益物权人行使,所有权人不得干涉。所有权人不得随意收回其不动产或者动产,不得妨碍用益物权人依法行使权利。二是所有权人的不动产或者动产被征收、征用致使所有权消灭或者影响所有权行使的,应当依法给予所有权人补偿。与此同时,导致用益物权消灭或者影响用益物权行使的,用益物权人也有权依法获得相应的补偿。

(三) 担保物权

担保物权是为了确保债务履行而设立的物权,当债务人不履行债务时,债权人就担保财产依法享有优先受偿的权利。担保物权对保证债权实现、维护交易秩序、促进资金融通具有重要作用。担保物权包括抵押权、质权和留置权。

1.抵押权。抵押权指债务人自己继续占有不动产或者动产,通过登记方式将财产抵押给债权人,当债务人不履行债务时,债权人就抵押财产依法享有优先受偿的权利。

2.质权。质权包括动产质权和权利质权,指债务人将其动产或权利凭证交由债权人占有,当债务人不履行债务时,债权人就该动产或权利依法享有优先受偿的权利,如将字画、仓单出质设立的质权。

3.留置权。留置权是当债务人不履行债务时,债权人依法留置已经合法占有的债务人的动产,并就该动产享有优先受偿的权利。比如存货人不支付仓储费,仓储人依法有权留置仓储物,在法定期限内存货人仍不支付仓储费,仓储人有权变卖仓储物以获取仓储费。

第一百一十五条 物包括不动产和动产。法律规定权利作为物权客体的,依照其规定。

释 义

本条是关于物权客体的规定。

"不动产"是不可移动的物,如土地以及其上的房屋、林木等定着物。"动产"是不动产以外的可移动的物,如机动车、电视机等。不动产和动产是物权法对物的分类,之所以进行这样的分类,主要是便于根据不动产和动产各自的特点分别予以规范。

随着科学技术的发展,一些原来无法控制且无法利用的物也可以控制和利用了,也就纳入了物权制度的调整范围,物权制度规范的物的范围也在不断扩大。法律规定权利也能成为物权客体,这尤其体现在担保物权领域。比如可以转让的注册商标专用权、专利权、著作权等知识产权中的财产权,可以出质作为担保物权的标的,形成权利质权。

第一百一十六条 物权的种类和内容,由法律规定。

释 义

本条是关于物权法定原则的规定。

本条规定了物权法定原则,物权只能依据法律设定,禁止当事人自由创设物权,当事人也不得变更物权的种类、内容、效力和公示方法。

物权法定中的"法"指的是"法律",即由全国人民代表大会及其常委会制定的法律。不限于《民法典·物权编》,还包括其他特别法,如《土地管理法》《城市房地产管理法》《矿产资源法》《草原法》《森林法》等。国务院行政法规等只能对物权做出解释性规定而不能创设新的种类和内容。

物权的种类由法律规定,物权分为所有权、用益物权和担保物权,用益物权又可以分为土地承包经营权、建设用地使用权、宅基地使用权和地役权等,担保物权又可以分为抵押权、质权和留置权。哪些权利属于物权,哪些权利不属于物权,都要由法律来规定。例如,法律规定有动产质权和权利质权,当事人不能违背法律的规定对不动产设立质权。物权的内容也就是物权的权利义务由法律规定。比如,农村土地承包经营权的承包期限、设立时间、流转的权限等都是由法律明确规定的,当事人应当严格遵守,不能自行约定。除非法律规定了"有约定的按照约定"或者"当事人另有约定的除外"等例外情形。

违反物权法定原则的后果仅为不产生物权的效力,合同的其他内容依旧有效。例如甲承包了一块林地,承包期为70年,甲自己使用了20年后,将土地承包经营权转让给乙,合同约定承包期限为30年,还约定将承包地用于非农建设。我国法律规定,土地承包经营权人依照农村土地承包法的规定,有权将土地承包经营权采取转包、互换、转让等方式流转。流转的期限不得超过承包期的剩余期限。未经依法批准,不得将承包地用于非农建设。因此对于甲和乙签订的合同而言,约定将承包地用于非农建设这一项是没有法律效力的,但是合同的其他条款是有效的,乙仍可以获得30年的土地承包经营权。

第一百一十七条 为了公共利益的需要,依照法律规定的权限和程序征收、征用不动产或者动产的,应当给予公平、合理的补偿。

释 义

本条是关于征收、征用的规定。

征收是国家以行政权取得集体、单位和个人的财产所有权的行为。征用是国家为了抢险、救灾等公共利益需要,在紧急情况下强制性地使用单位、个人的不动产或者动产。征收和征用的共同之处在于,二者都是为了公共利益需要,都要经过法定程序,都要给予补偿。不同之处在于,征收主要是所有权的改变,征用只是使用权的改变。征收是国家从被征收人手中直接取得所有权,其结果是所有权发生了移转。征用则主要是在紧急情况下对他人财产的强制使用,一旦紧急情况结束,被征用的财产应返还原权利人。征收和征用应当遵循三个原则。

一、公共利益的原则

实施征收、征用,必须是出于公共利益的需要。公共利益通常是指全体社会成员的共同利益和社会的整体利益,是不特定多数人的利益。公共卫生、突发事件、国防和外交、公共道路交通等基础设施的建设、科教文体事业的需要、环境和资源保护、防灾减灾、文物保护和旧城区改建等都可以属于公共利益的范围。不能为了商业利益的需要而强行征收、征用他人的不动产和动产,因为商业利益是个人和企业获取利润的利益,而不是公共利益。部门、单位和小集体的利益,其受益人是特定的少数人,也与公共利益有着本质的区别。

二、遵守法定程序的原则

征收、征用在一定程度上限制了他人的财产权。为了防止权力滥用,平衡他人财产保护和公共利益需要的关系,依法保护权利人的财产权利,征收、征用必须严格依照法律规定的程序进行。相比而言,征收是所有权的改变,并且事先有较充分的准备,因此程序上要求比较严格。征用一般都是在紧急情况下采取的措施,通常是临时性的,程序上相对比较简便。例如依照《国有土地上房屋征收与补偿条例》的规定,国有土地上房屋的征收与补偿应当遵循决策民主、程序正当、结果公开的原则。按照以下程序进行:房屋征收部门拟定征收补偿方案,报市、县级人民政府。市、县级人民政府应当组织有关部门对征收补偿方案进行论证并予以公布,征求公众意见。征求意见期限不得少于三十日……

三、依法给予补偿的原则

尽管征收和征用是为了公共利益需要,但都不能采取无偿剥夺的方式,必须依法给予补偿。补偿的方式应视财产的类别而加以区别对待。征收的对象一般都是不动产,并且是所有权的改变,一般都要给予金钱补偿、相应的财产补偿或者其他形式的补偿。在征用过程中,如果是非消耗品,使用结束后,原物还存在的,应当返还原物,对于物的价值减少的部分要给予补偿。如果是消耗品,通常要给予金钱补偿。本条规定要给予公平、合理的补偿,至于按什么标准补偿,需要在有关法律中根据不同情况作出具体规定。此外,补偿应当及时,补偿延误将给被征收人、被征用人造成损失。补偿是在事前给予,还是在征收、征用过程中给予,或是在事后给予,需要根据具体情况确定。即便在紧急情况下的征用,在事后给予补偿,也并不是意味着可以任意拖延,而应在使用后尽快给予补偿。

第一百一十八条　民事主体依法享有债权。

债权是因合同、侵权行为、无因管理、不当得利以及法律的其他规定,权利人请求特定义务人为或者不为一定行为的权利。

释　义

本条是关于债权的规定。

民法意义上的债不同于生活用语中的债,是基于合同、侵权行为等而在特定当事人之间发生的以请求为或者不为一定行为为内容的权利、义务关系。其中,享有权利的人称为债权人,承担义务的人称为债务人。根据本条规定,债的发生原因包括以下五种情况。

1. 合同。合同是平等主体的自然人、法人、非法人组织之间设立、变更、终止民事权利义务关系的协议。例如,甲乙约定甲向乙购买 10 斤苹果,总价款为 50 元,甲向乙支付 50 元后乙未向甲交付苹果,现在乙欠甲的债务就是合同之债。合同之债基于当事人的合意而生,属于意定之债。

2. 侵权行为。侵权行为指侵害他人民事权益而依法需要承担民事责任的行为。侵权行为之债不是侵权人所愿发生的法律后果,法律确认侵权行为之债的目的在于使侵权行为人承担因其不法行为所造成的不利后果,给被侵权人以救济,从而保护民事主体的合法民事权益,例如道路交通事故中驾驶人与受害人之间的债。侵权之债不同于合同之债,其不以当事人意志为转移,属于法定之债。

3. 无因管理。无因管理指没有法定或者约定的义务,为避免他人利益受损失进行管理的行为。无因管理行为虽为干预他人事务,但却是以为避免他人利益受损失为目的,是有利于社会的互助行为。法律为鼓励这一行为赋予了管理人请求受益人偿还因管理行为支出的必要费用的权利。因无因管理产生的债称为无因管理之债。无因管理之债并不是基于当事人的意愿,而是根据法律的规定而设立,为法定之债。例如,甲出远门,将粮食摊在自家院子里晾晒。突下大雨,甲的邻居乙一时联系不上甲,为了避免甲的粮食淋湿发霉,乙撬开甲的大门帮甲把粮食全部收集起来放在自己家中,等甲回家之后来取。乙在收集粮食过程中被擦伤,花去医药费 100 元。乙有权请求甲支付 100 元医药费,此时甲乙之间的债权债务关系就是无因管理之债。

4. 不当得利。不当得利指没有法律根据,取得不当利益,造成他人损失的情形。基于不当得利而产生的债称为不当得利之债。不当得利之债既不同于合同之债,也不同于无因管理之债。不当得利不是当事人之间的合意,并非是当事人寻求的法律目的,也不以当事人的意志为转移,而是法律为纠正不当得利,直接赋予当事人的权利义务,也是法定之债。例如拾得他人遗失财物,而未及时返还,进而利用遗失财物获得利益的,拾得人应将遗失财物及利益返还给失主。拾得人和失主之间形成的债就是不当得利之债。

5. 法律的其他规定。债的发生原因并不限于合同、侵权行为、无因管理、不当得利,如果存在法律的其他规定的,也会引起债的发生。例如,《民法典》第 1067 条第 1 款规定:“父母不履行抚养义务的,未成年子女或者不能独立生活的成年子女,有要求父母给付抚养费的权利。”即当父母不履行抚养义务时,未成年的或不能独立生活的子女和父母之间便依据如上规定产生了债。

不同于物权的对世性,债权具有相对性。债的权利义务原则上只在债的当事人之间具有效力,第三人不得主张因债产生的权利,债权人亦不得对第三人主张债权。如 A 向 B 借款 100 元,此时 A、B 之间就产生了债的法律关系,借款到期后,A 享有索要 100 元的债权,B 负有偿还 100 元的债务,并且基于债权的相对性,A 的权利仅能向借款人 B 主张,不能要求与之不相关的第三人 C 来履行还款义务。

第一百一十九条 依法成立的合同,对当事人具有法律约束力。

释　义

本条是关于合同效力的规定。

本条源自原《合同法》第8条第1款:"依法成立的合同,对当事人具有法律约束力。当事人应当按照约定履行自己的义务,不得擅自变更或者解除合同。"

《民法典》第464条规定:"合同是民事主体之间设立、变更、终止民事法律关系的协议。婚姻、收养、监护等有关身份关系的协议,适用有关该身份关系的法律规定;没有规定的,可以根据其性质参照适用本编规定。"该条指称之民事法律关系主要是指财产关系,有关婚姻、收养、监护等身份关系的协议不适用《民法典·合同编》的规定,而是适用其他法律的规定。根据自愿原则,订不订立合同、与谁订立合同、合同的内容如何等,均由当事人自愿约定。但是,合同依法成立以后,对当事人就具有了法律约束力。所谓法律约束力,是指当事人应当按照合同的约定履行自己的义务,非依法律规定或者取得对方同意,不得擅自变更或者解除合同。如果不履行合同义务或者履行合同义务不符合约定,应当承担违约责任。

合同产生法律效力的前提是合同要依法成立。按照意思自治原则,当事人可自行约定债的种类、内容等。《民法典·合同编》对债的产生、形式、内容等方面的规定多属于任意性规范,允许当事人变更、选择或排除适用。合同具有多种多样的订立形式:口头形式,如我们去菜市场买菜时的买卖合同;书面形式,如签订合同书;推定形式,如在自动售货机买东西,投入货币即视为买卖合同成立;批准形式和登记形式等。不同的合同形式在成立要件上有所区分,但其基本成立要件一般认为包括以下几点:1.存在合同主体,即自然人、法人或非法人组织。2.当事人必须就合同的主要条款达成合意。合同的主要条款又叫必要条款,是指合同成立必须具备的条款,如合同的标的、数量、价款、履行期限等。合同当事人需对这些条款意思表示达成一致,合同才能成立。3.合同的成立应采取要约、承诺方式。要约、承诺是合同成立的基本规则,也是合同成立必须经过的两个阶段。如果合同没有经过承诺,而只是停留在要约阶段,则合同未成立。

第一百二十条　民事权益受到侵害的,被侵权人有权请求侵权人承担侵权责任。

释　义

本条是关于侵权行为之债的规定。

本条的法律要点有四:

1.民事权益是民事主体享有的权利和利益的合称,是民法所保护的对象。根据《民法典》第一编第五章的规定,民事权益包括人格权、个人信息、身份权、物权、债权、知识产权、继承权、股权和其他投资性权利等人身、财产权益。

2.被侵权人在其民事权益被侵权人侵害时,有权请求侵权人承担侵权责任。这种权利是一种请求权,所谓请求权是指请求他人为或不为一定行为的权利。被侵权人可以直接向侵权人行使请求权,也可以向法院提起诉讼,请求法院保护自己的合法权益。

有完全民事行为能力的被侵权人,可以自己行使请求权,请求侵权人承担侵权责任。无民事行为能力或限制民事行为能力的被侵权人,自己不能行使请求权的,应当由其法定代理人代其行使请求权。在被侵权人死亡时,其近亲属有权请求侵权人承担侵权责任。

被侵权人可能是单个主体也可能是多个主体。在一个侵权行为有多个被侵权人的情况下,所有的被侵权人都享有请求侵权人承担侵权责任的权利,都可以提起侵权之诉。被侵权人的权利相互独立,一些被侵权人不请求不影响其他被侵权人提出请求权,被侵权人也可以提起共同诉讼。

3.要成立侵权责任,需满足法定条件。一般而言,应构成四个要件。第一,要有加害行为的发生。如甲对乙恨之入骨,每天都思考如何将其杀死,但是却并未付诸行动,则甲无侵权责任。第二,要有损害后果,即他人财产或人身权益遭受了不利影响,包括财产损害、人身损害、精神损害等。第三,加害行为与损害后果之间要有因果关系,被侵权人遭受的损失需是加害行为所导致的。第四,行为人要具有主观过错。即行为人在实施行为时具有可归责的主观心理状态,包括故意和过失两大类。

4.侵权人承担侵权责任有多种方式。根据《民法典》第179条的规定,承担民事责任的方式主要有:停止侵害;排除妨碍;消除危险;返还财产;恢复原

状;修理、重作、更换;继续履行;赔偿损失;支付违约金;消除影响、恢复名誉;
赔礼道歉。法律规定惩罚性赔偿的,依照其规定。承担民事责任的方式,可以
单独适用,也可以合并适用。

第一百二十一条 没有法定的或者约定的义务,为避免他人
利益受损失而进行管理的人,有权请求受益人偿还由此支出的必
要费用。

释 义

本条是关于无因管理的规定。

无因管理的构成要件包括以下三点:首先,管理人无法律上的义务或约定
的义务。无法律上的义务,例如消防员冲进火场灭火保护民事主体人身财产
安全,因其具有法定或职务上的义务,其行为不构成无因管理。无约定义务,
例如甲和乙约定由乙临时照看其婴儿,事后甲为其支付报酬,此时乙对婴儿的
照看属于履行约定义务而非无因管理。其次,主观上具有管理他人事务的意
思。管理人的管理行为具有避免他人利益受损的利他性的意思。管理人并未
被本人委托实施管理事务,管理行为表面上构成对他人事务的干预,利他性的
善意成了阻却违法的基础。最后,管理人实施了管理他人事务的行为,包括对
他人财产或事务的料理、保护、利用、改良、处分、帮助或服务等。

管理人享有的权利主要是请求本人偿还因无因管理产生的必要费用、利
息、为管理本人事务负担的合理债务、管理人在管理中遭受的损失。管理人在
管理中也应履行相应的义务。管理人应以本人明示或可推知的意思以有利于
本人的方法进行事务管理。如果违背了本人的意思并对本人造成损害的,应
承担损害赔偿责任。同时,管理人应尽到善良管理人的注意义务,对本人的事
务进行善意并且谨慎的管理,否则对造成的损害应承担赔偿责任。管理人应
履行适当的通知义务,事务管理开始时,如能通知本人,应通知本人,如无急迫
情事,应待本人指示。管理关系终止时管理人负有将管理事务之进行状况报
告于本人的义务。管理人因管理事务所收取的金钱、物品及利息应交付本人,
管理人以自己名义为本人取得的权利,应移转于本人。管理人为自己利益,使
用应交付于本人的金钱或使用应为本人利益而使用的金钱,应自使用之日起,

支付利息,如有损害,应负损害赔偿责任。

第一百二十二条 因他人没有法律根据,取得不当利益,受损失的人有权请求其返还不当利益。

释 义

本条是关于不当得利的规定。

不当得利之债的构成包括:第一,一方获得利益。如果一方侵害了他人的权益但是自己并没有获利,则不构成不当得利。反之,如果侵权行为人侵害他人权益的同时自己获得了利益,此种情况属于不当得利请求权与侵权请求权的竞合。获利内容仅指财产利益,如金钱利益、著作权利益等。获利的结果是财产总额的增加,既包括财产的积极增加,如财产权利的取得、占有的取得、财产权的扩张及效力的增强等,也包括财产的消极增加,如债务的消灭或减轻等。第二,他方受到损失,即导致他方财产总额减少。财产受损害,包括既存财产的减少与可增加财产未增加。如果"利己而不损人",同样不构成不当得利。第三,得利与受损之间存在因果关系。遭受损害的人的损失由获利方取得利益造成,即获利是因,受损是果。第四,利益的取得没有合法依据。不当得利之所以形成债的法律关系,是因为其得利的不当性。如果一方获利导致他方受损,但是该利益的取得有法律依据,如当事人约定、法律直接规定等,则当事人之间的法律关系受法律保护,不构成不当得利。没有合法依据主要有两种情况,第一种是自始没有法律依据,第二种是取得利益时有法律依据而嗣后丧失了该合法依据。例如,甲乙二人签订了某合同,甲依据该合同获利100元,但之后合同被依法解除。甲获利时具有约定的法律依据,但合同解除后因解除具有溯及既往的效力,因此甲获利的法律依据丧失,需返还其所获利益。

不当得利之债的法律效果为返还不当得利,返还的不当得利应当包括原物和孳息,利用不当得利所取得的其他利益扣除劳务管理费用后,应当予以收缴。当原物无法返还时,应以折价方式返还。根据受益人的主观状态的不同,具体可以分为三种类型:(1)当受益人为善意时,返还的利益范围以现存利益为限;如果利益不存在了,则不负有返还义务。此处的现存利益不限于利益的原始形态,如果形态改变但是其财产价值仍然存在或可以代偿的,仍属于现存利益。(2)当受益人为恶意时,获利人自始具有可追责的主观心理状态,因此其返还利益应是受益时的全部数额,无论该利益是否减少或消失。(3)当获利人获利时为善意而嗣后为恶意时,其返还范围以恶意开始之时存在的利益为准。

第一百二十三条 民事主体依法享有知识产权。

知识产权是权利人依法就下列客体享有的专有的权利:

(一)作品;

(二)发明、实用新型、外观设计;

(三)商标;

(四)地理标志;

(五)商业秘密;

(六)集成电路布图设计;

(七)植物新品种;

(八)法律规定的其他客体。

释 义

本条是关于知识产权的规定。

本条确认知识产权为重要的民事权利,并列举了知识产权的客体。知识产权是指人们就其智力劳动成果所依法享有的专有权利,其本质上是一种无形财产权,其客体是智力成果或是知识产品。它与房屋、汽车等有形财产一样,都受到国家法律的保护,都具有价值。

1.作品。作品是通过作者的创作活动产生的具有文学、艺术或科学性质具有独创性并可以以一定有形形式予以复制的智力成果。例如,小说、诗词、散文、论文等文字作品;讲课、演说等口语作品;配词或未配词的音乐作品;戏剧或音乐戏剧作品;绘画、书法、版画、雕塑、雕刻等美术作品;实用美术作品;建筑艺术作品;摄影艺术作品;电影作品;游戏作品;与地理、地形、建筑、科学技术有关的示意图、地图、设计图、草图和立体作品。

2.发明、实用新型、外观设计。发明是指对产品、方法或其改进所提出的新的技术方案。实用新型是指对产品的形状、构造或者其结合所提出的适于实用的新的技术方案。实用新型的创造性和技术水平要求较发明要低,但实用价值大,在这个意义上,实用新型有时会被称为小发明或小专利。外观设计是指对产品的形状、图案或其结合以及色彩与形状、图案的结合所做出的富有美感并适于工业应用的新设计。

3. 商标。商标是用来区别一个经营者的品牌或服务和其他经营者的商品或服务的标记。经商标局核准注册的商标为注册商标,包括商品商标、服务商标、集体商标和证明商标。集体商标,是指以团体、协会或者其他组织名义注册,供该组织成员在商事活动中使用,以表明使用者在该组织中的成员资格的标志。证明商标指由对某种商品或者服务具有监督能力的组织所控制,而由该组织以外的单位或者个人使用于其商品或者服务,用以证明该商品或者服务的原产地、原料、制造方法、质量或者其他特定品质的标志。权利人依法就商标享有的专有权利是商标专用权。商标专用权是商标专用权人在核准商品上使用注册商标的专有权利,商标注册人享有商标专用权。

4. 地理标志。地理标志主要用于鉴别某一产品的产地,即该产品的产地标志。例如烟台苹果、贵州茅台酒等。地理标志意味着商品的特定质量、信誉或者其他特征主要由该地区的自然因素或者人文因素所决定的标志。权利人依法就地理标志享有专有权。目前,我国对地理标志享有的专有权利分散规定在《商标法》《农业法》和《商标法实施条例》等法律法规中。《商标法实施条例》(2014 年修订)第 4 条第 1 款规定:"商标法第 16 条规定的地理标志,可以依照商标法和本条例的规定,作为证明商标或者集体商标申请注册。"《农业法》第 23 条第 3 款规定:"符合国家规定标准的优质农产品可以依照法律或者行政法规的规定申请使用有关的标志。符合规定产地及生产规范要求的农产品可以依照有关法律或者行政法规的规定申请使用农产品地理标志。"

5. 商业秘密。商业秘密是指不为公众所知悉、具有商业价值并经权利人采取相应保密措施的技术信息、经营信息等商业信息。长期以来,我国通过救济的方式对商业秘密权予以反面确认,但缺乏相应的正面规制。例如,《反不正当竞争法》第 10 条规定:"经营者不得采用下列手段侵犯商业秘密:(一)以盗窃、利诱、胁迫或者其他不正当手段获取权利人的商业秘密;(二)披露、使用或者允许他人使用以前项手段获取的权利人的商业秘密;(三)违反约定或者违反权利人有关保守商业秘密的要求,披露、使用或者允许他人使用其所掌握的商业秘密。第三人明知或者应知前款所列违法行为,获取、使用或者披露他人的商业秘密,视为侵犯商业秘密。"

6.集成电路布图设计。集成电路布图设计是指集成电路中至少有一个是有源元件的两个以上元件和部分或者全部互联线路的三维配置,或者为制造集成电路而准备的上述三维配置。通俗地说,它就是确定用以制造集成电路的电子元件在一个传导材料中的几何图形排列和连接的布局设计。目前,我国集成电路布图设计专有权散见于《科学技术进步法》等,民事基本法层面还缺乏基本规定,对集成电路布图设计专有权利进行法律保护的主要依据是国务院发布的《集成电路布图设计保护条例》。按照该条例的规定,布图设计权利人享有下列专有权:(1)对受保护的布图设计的全部或者其中任何具有独创性的部分进行复制;(2)将受保护的布图设计、含有该布图设计的集成电路或者含有该集成电路的物品投入商业利用。

7.植物新品种。植物新品种是指经过人工培育的或者发现的野生植物加以开发,具备新颖性、特异性、一致性和稳定性并有适当命名的植物品种。对植物新品种的知识产权保护主要规定在《种子法》《农业法》《植物新品种保护条例》等相关法律法规中。例如,《种子法》第25条规定:"国家实行植物新品种保护制度。对国家植物品种保护名录内经过人工选育或者发现的野生植物加以改良,具备新颖性、特异性、一致性、稳定性和适当命名的植物品种,由国务院农业、林业主管部门授予植物新品种权,保护植物新品种权所有人的合法权益。……"

8.法律规定的其他客体。此为兜底性条款,目的是为了避免有所遗漏。当知识产权有关法律对相关客体发生变动增补时,民法典也不用作相应的填补、修改。该立法技术保持了法律应有的稳定性,保持了逻辑自洽和体系和谐。

第一百二十四条　自然人依法享有继承权。

自然人合法的私有财产,可以依法继承。

释　义

本条是关于继承权的规定。

理解本条需要把握以下四个要点:

1.继承权是指继承人依法取得被继承人遗产的权利。继承权的目的是为了保证被继承人的合法私人财产可以按照其意愿自由处分,或者在其没有合法的意思表示时财产在法律规定的继承人中传承流转,保障继承人的利益而规定的民事权利。

2.继承权的民事权利主体必须是自然人,法人和非法人组织没有继承权。自然人是指基于自然规律出生的人。根据《民法典》第16条的规定:"涉及遗产继承、接受赠与等胎儿利益保护的,胎儿视为具有民事权利能力。但是,胎儿娩出时为死体的,其民事权利能力自始不存在。"可见,胎儿如果娩出时为活体的,应视为具有继承权。

3.自然人必须依法享有继承权。继承的开始、继承人的范围、遗嘱的方式、遗产处理、继承的程序性要求等都由继承法做了详细规定,继承必须依法进行。

4.被继承的财产必须是合法的私有财产。该要点包含两层含义,其一,财产必须合法,非法所得财产、赃物等不可以继承。例如,张某抢劫珠宝行得到的一批珠宝,张某死亡后,此珠宝不可以作为张某的遗产分给其继承人。其二,财产必须是被继承人的私有财产,公有财产、国家财产不可以被个人继承。例如,王某是故宫管理员,王某死后其继承人当然不能继承故宫。

第一百二十五条 民事主体依法享有股权和其他投资性权利。

释 义

本条是关于投资性权利的规定。

本条规定旨在确认股权和其他投资性权利也是具体的民事权利类型,可由民事主体依法享有,受民法保护。理解本条需要把握以下三个要点:

第一,此处的"民事主体"指在股票交易和其他投资性活动中占有股票、股份份额和其他投资性产品的当事人,可以是自然人,也可以是法人或者非法人组织。例如,张某花费8万元购进甲公司股票3万股,即张某对甲公司享有3万股的股权。乙公司收购丙公司30%的股份,乙公司即对丙公司享有30%的股权。

第二,股权指股东对公司享有的人身和财产权益的一种综合性权利。即股权是股东基于其股东资格而享有的,从公司获得经济利益,并参与公司经营管理的权利。

第三,只要是"投资性权利"均受民法的承认与保护。投资性权利不限于股权。股权是资本证券,债券、国库券等是债权证券。债权证券是指直接向社会借债筹措资金时,向投资者发行,同时承诺按一定利率支付利息并按约定条件偿还本金的债权债务凭证。

第一百二十六条　民事主体享有法律规定的其他民事权利和利益。

释　义

本条是关于其他民事权益的规定。

本条强调利益和权利一样受法律保护,理解本条最大的问题在于"法律规定的"修饰范围究竟多大,其有没有修饰到"利益"? 如果修饰到了,则可以把本条理解为"民事主体享有法律规定的其他民事权利和法律规定的其他民事利益",这样就要求民法承认的权利与利益都必须是法律规定的,权利与利益受到的限定是一样的,从而将利益保护提高到了权利保护的水平。事实上,权利与利益是两个不同的概念。权利是受法律保护的利益,是上升为法律确认高度的利益。而利益是否受法律保护,要在具体的案件中具体分析。例如,居民的采光,法律规定每日必须满足的日照时间是居民的采光权利,而超过规定时间的采光时间则属于利益。在规划部门为建设单位颁发建设规划许可证时,应当保证受该项目影响的第三人的法定采光权利,但是,在保证采光权利的基础上,还应考虑到第三人多少时间的采光利益(多于法定时间的采光时间),当然,这就需要在建设单位、第三人和公共利益之间进行衡量。

正确的理解应该为"法律规定的其他民事权利"和"利益"。"法律规定的"只修饰"权利",从而最大限度地发挥利益的补充兜底作用。

第一百二十七条　法律对数据、网络虚拟财产的保护有规定的,依照其规定。

释　义

本条是关于数据、网络虚拟财产的引致规定。

本条意在明确数据、网络虚拟财产的财产属性,将其列入民法调整范围。

虚拟财产是一种数字化、非物化的财产形式,其依附于网络,具有一定的价值,并为法律所保护。包括网络游戏空间存在的财物、游戏账号、游戏货币、游戏装备等,这些虚拟财产在一定条件下可以转换成现实中的财产。其特征如下:

1. 无形性。网络虚拟财产是一种无形财产,不同于实物,其看不见摸不着,存在于虚拟网络之中,但可以通过各种虚拟物表现出来。

2. 依附性。网络虚拟财产作为一种无形的虚拟的财产,其必须依附于网络计算机等载体而存在,存在于网络空间,所有者必须借助计算机网络才可以登录账号对网络虚拟财产进行管理使用。

3. 价值性。网络虚拟财产因具有财产价值,所以才受到法律的保护。以网络游戏为例,其价值主要体现在:第一,它的产生具有价值,网络游戏中的各种装备、角色、皮肤都需要玩家支付对价从网络运营商处购买。第二,网络虚拟财产具有使用价值和交易价值。对注册玩家自身而言,其可以满足自身游戏需求使用。对其他玩家而言,游戏玩家可以通过交易使受让玩家使用网络虚拟财产满足其自身需要。

4. 合法性。合法性是网络虚拟财产的必然法律性质,任何非法的网络虚拟财产均不受法律保护。

本条是一条引致条款,其将具体规则导向了其他法律规定。本条将数据与网络虚拟财产并列规定,这说明数据和网络虚拟财产具有法律属性的一致性,实际是一种数据财产。《民法典》第 111 条明确规定了个人信息权,而个人信息权是一种人格权。广义上说,某些个人信息也要通过数据来体现,但是本条指称的数据财产不同于个人信息权,其作为一种财产形式,要求其必须具有一定的经济价值,无效、垃圾数据并不能成为数据财产权的客体。数据可以分为基础数据和增值数据,与个人信息相对应的部分数据为基础数据,其不属于本条指称之数据财产。数据财产指的是增值数据,其范围主要包括用户使用了数据处理者的应用程序或信息服务所产生的那些不足以识别特定人身份的数据以及数据挖掘分析产生的数据报告等。

尽管本条规定了对数据、网络虚拟财产的法律保护,但因为这是一般规定,光靠这一条不足以充分确认和保护数据、网络虚拟财产,具体的保护任务还有待于其他特别法律或特别规定完成。

第一百二十八条　法律对未成年人、老年人、残疾人、妇女、消费者等的民事权利保护有特别规定的,依照其规定。

释　义

本条是关于特殊群体权利保护的引致规定。

本条规定主要针对特殊群体的民事权利保护。平等是民法乃至各个部门法的基本原则之一。民法首先要保障民事主体的法律地位平等,但是这种形式上的平等却难以保障真正意义上的实质平等。由于年龄、性别、健康状况以及职业等因素,使得人与人在许多方面都存在差异,自《民法通则》以来,我国民事立法都坚持对未成年人、老年人、残疾人、妇女以及消费者等特殊群体进行特别保护,以切实保障他们的权益,实现形式平等和实质平等的统一。

当然,本条并未直接规定对未成年人、老年人、残疾人、妇女、消费者等特殊群体的民事权利保护的具体内容,实施特别保护主要是通过一些特别立法来实现,这些立法包括《未成年人保护法》《老年人权益保障法》《妇女权益保障法》《残疾人保障法》《消费者权益保护法》等。这些法律属于民事特别法,对于上述主体的民事权利有特别规定的,依照其规定。

第一百二十九条　民事权利可以依据民事法律行为、事实行为、法律规定的事件或者法律规定的其他方式取得。

释　义

本条是关于民事权利取得方式的规定。

本条规定的是民事权利取得的方式,主要包括民事法律行为、事实行为、法律规定的事件以及法律规定的其他方式。以上所有方式统称为"民事法律事实",简称"法律事实"。法律事实分为行为和事件,其中行为包括民事法律行为和事实行为。

民事法律行为指民事主体通过意思表示设立、变更和终止民事法律关系的行为。民事法律行为是最常见的取得民事权利的方式,比如买卖、租赁等。民事法律行为以意思表示为核心,是自愿原则的重要体现。

事实行为指不具备引起民事法律关系发生、变更或者消灭的意思表示,但按照法律的规定客观上能够引起特定法律后果的行为。事实行为既然是行为,肯定与主体的主观意志相关,但行为人并不具备意思表示。事实行为的效果取决于法律的规定而非当事人的意志。例如合法建造房屋可以导致所有权的发生,拆除房屋可以导致所有权的消灭。

法律规定的事件指的是按照法律规定(与人的意志无关)能够使民事法律关系发生变动的客观事实。比如出生、死亡、自然灾害、战争等。

法律规定的其他方式是民事权利产生方式的一种兜底性规定,在司法实践中,除了本条所列举的行为和事件等方式会产生民事权利以外,其他方式也有可能产生民事权利,但是在这里不一一列举,而是以一个总括性的兜底性条款来防止具体列举的不周密。

第一百三十条 民事主体按照自己的意愿依法行使民事权利,不受干涉。

释 义

本条是关于权利行使自由原则的规定。

理解本条需要把握以下三方面内容:

第一,本条是民法自愿原则的具体体现。民事主体按照自己的意愿行使民事权利,具体表现为民事主体有权自主决定是否行使民事权利以及如何行使民事权利。依法自愿行使权利也符合民事权利的本质。民事权利是权利人基于某种利益为或者不为一定行为的自由,民事权利的行使必然要求民事主体按照自己的意愿进行,以此实现自己的自由。

第二,民事主体应当依法行使民事权利,这是守法原则的体现。民事主体享有广泛的民事权利和自由,但其行使民事权利却非绝对自由,特别是行使权利过程中可能会侵犯到他人或者社会以及国家的利益。因此,民事主体在行使民事权利时要严格守法,不得违反法律的强制性规定,不得违背公序良俗。

第三,民事主体行使民事权利,不受干涉。民事权利表现为一种自由,这种自由是权利人自己所享有的,实现民事权利的自由受到法律强制力的保护。例如,民事主体的财产权受法律保护,国家机关不能通过具体的行政行为非法剥夺民事主体的私有财产,侵犯或限制民事主体的民事权利。即便是依照法律规定,按照合法的程序征收或者征用,也应当给予公平、合理的补偿。民事主体行使权利不得受到其他任何组织和个人的干涉,否则干涉方有可能构成侵权,需要承担一定的民事责任。

第一百三十一条 民事主体行使权利时,应当履行法律规定的和当事人约定的义务。

释 义

本条是关于民事主体权利义务相统一的规定。

权利义务相统一原则要求民事主体在行使权利时,应当履行相应的义务。民事义务与民事权利相对应,通常表现为不自由,指义务人为了满足权利人的利益而为一定行为或者不为一定行为的约束。民事义务既可以是积极的义务,也可以是消极的义务,如不得侵犯他人所有权的义务就是一种消极义务。权利与义务是并存的,履行义务的同时,也使得自己或者他人能够行使一定的权利。例如,买卖合同中的双方当事人,一方具有交付货物的义务,同时也享有收取货款的权利;而另一方具有交付货款的义务,同时也享有收取货物的权利。

民事义务包括法律规定的义务和当事人约定的义务,法律规定的义务依据法律规定而设立,例如父母对未成年子女负有抚养、教育和保护的义务。当事人约定的义务贯彻了自愿原则,可以最大限度地保障民事交易活动的自由。合同是双方约定权利义务的基本工具,所谓约定义务主要指合同中的义务。

民事主体行使权利时,若未履行或者不适当履行法律规定的义务和当事人约定的义务,则需要依法或者依照约定承担相应的法律责任。

第一百三十二条 民事主体不得滥用民事权利损害国家利益、社会公共利益或者他人合法权益。

释 义

本条是关于禁止权利滥用的规定。

禁止民事主体滥用民事权利损害国家利益、社会公共利益以及他人的合法权益。原《民法通则》将禁止权利滥用原则确立为民法的一项基本原则,《民法典》并未将其放在基本原则之中,而是放在第一编中的民事权利一章。禁止权利滥用原则属于诚实信用原则的下位概念,是一种裁判规则,法院可直接援引。

滥用民事权利包括以下四个构成要件:民事主体具有相应的民事权利;民事主体实施了行使民事权利的行为;民事主体具有损害国家、社会或者他人利益的过错,通常表现为故意;客观上损害了国家、社会或者他人的利益。例如某小区业主购买了一只巨型浴缸,安装在自己所居住的第29层,物业公司向有关专家咨询后发现,该房屋楼板无法承受浴缸使用时的重量。本案中小区业主安装巨型浴缸的行为属于滥用民事权利。

第六章 民事法律行为

本章导言 ▶

本章承继《民法总则》第六章和《民法通则》第四章规定,就民法规范的行为重点——民事法律行为,作出细致规定。民事法律行为是由民法设计,用以实现私法自治的技术工具,民事主体借助法律行为表达其自由意思以决定自我权利(义务)。本章由四节共二十八个条文组成。就民事法律行为的含义、成立要件、法律效力等作出一般性规定。针对民事法律行为的核心构成要件——意思表示,规定了生效时间、表示方式以及解释方法等。同时对民事法律行为的生效要件以及不同类型的有效力瑕疵的民事法律行为作出具体规范。最后还规定了附条件、附期限的民事法律行为的类型及效力。本章主要继承了《民法总则》的立法思路,在其基础上将附条件和附期限的民事法律行为以专节规制的方式展现出来,具备更强的逻辑性和条理性。相较《民法总则》之前立法,其不再将合法性作为民事法律行为的条件;规定了决议行为的效力规则,以适应规范团体行为的需要;专节规定了意思表示规则,建立起意思表示与民事法律行为的双层规则体系。

第一节 一般规定

第一百三十三条 民事法律行为是民事主体通过意思表示设立、变更、终止民事法律关系的行为。

释 义

本条是关于民事法律行为概念的规定。

一、民事法律行为是民事主体实施的行为

民事法律行为是民事法律事实的一种,是与民事主体意志相关的行为,民事主体包括自然人、法人和其他组织。行政主体实施的行为,例如,公安抓捕逃犯、政府召开办公会议等,即不属于民事法律行为,这些行为是诉讼法或者行政法等其他部门法的规范对象。

二、民事法律行为的目的是设立、变更、终止民事法律关系

行为人通过意思表示以实现民事法律行为的设立、变更或终止。例如,在买卖合同中,行为人为了能够自由地支配某物,须通过向该物的所有权人表达购买之意,以建立两人之间的买卖关系;当发生履行不能时,行为人可以通过行使解除权以终止买卖关系;因为新冠肺炎疫情影响,当事人之间对既存合同还可以重开谈判,变更原有协议。

三、民事法律行为以意思表示为要素

民事主体实施法律行为,不仅要有发生法律效果的目的,还必须将发生该目的的意思表达出来。将发生法律效果的意思表示到外部的连贯进程即为意思表示,没有意思表示也就没有法律行为。法律最大限度地保障当事人的意思表示自由。

四、民事法律行为内涵之调整

《中华人民共和国民法通则》第54条规定:民事法律行为是公民或者法人设立、变更、终止民事权利和民事义务的合法行为。通过对比可以发现:本法中的民事法律行为不再强调其必须是合法行为。这一改变使民事法律行为这一概念基本相当于国外的法律行为,足以涵盖因违法而无效的民事法律行为。

另外,本条文在传统概念"法律行为"前,增添"民事"二字,是考虑到我国自民法通则以来,已习惯接受使用"民事法律行为"这一表达,"民事法律行为"与大陆法系民法通用的"法律行为"概念并无二致。

第一百三十四条 民事法律行为可以基于双方或者多方的

意思表示一致成立,也可以基于单方的意思表示成立。

　　法人、非法人组织依照法律或者章程规定的议事方式和表决程序作出决议的,该决议行为成立。

释　义

　　本条是关于民事法律行为类型及成立要件的规定。

　　法律行为以意思表示作为不可或缺的构成要素。也就是说,如果意思表示不存在,也不可能存在法律行为。意思表示是法律行为的成立要件。由于一个法律行为有时仅存在一个意思表示,有时却存在多个意思表示。因此,本条以法律行为中存在的意思表示的个数为基准,将法律行为区分为单方的、双方的、多方的行为。在此基础上明确各类民事法律行为的成立要件。

一、单方法律行为

　　单方法律行为是指,由一方的一个意思表示即可构成的单独行为。例如,甲公司赊欠乙公司 50 万元账款,濒临破产,乙公司为支援甲公司重组再建,表示"免除甲公司这 50 万元债务"。本事例中的免除就是单方法律行为。单方法律行为还可以根据是否存在意思表示的受领方,区分为存在相对人的单方行为和不存在相对人的单独行为,前者如免除、追认、解除,后者如遗嘱行为等。

二、双方法律行为

　　因双方当事人的意思表示一致而形成的法律行为,称为双方法律行为。这里称一方当事人的意思表示为要约,另一方当事人的意思表示为承诺。承诺与要约一致则形成契约,我国法通常称之为合同。合同与单方法律行为相区别,存在双方的意思表示;与多方法律行为相区别,意思表示双方所追求的目的是对立的。例如,一方出卖某物以获取价金,另一方以价金获取该物。且只有对立的两个意思表示相一致才能成立双方民事法律行为。

三、多方法律行为

　　多方民事法律行为是指,根据两个以上的民事主体的意思表示一致而成

立的行为。多方民事法律行为与双方民事法律行为的相同之处是都需要所有
当事人意思表示才能成立。不同之处是双方民事法律行为的当事人只有两
个,而多方民事法律行为的当事人有两个以上。例如,甲乙丙丁四位电脑技术
专家要设立一家软件开发公司,于是为这一共同目标,作出了设立软件开发公
司 A 这一相同内容的意思表示。多方法律行为中的各方当事人的意思表示
一致时,法律行为成立。

四、决议行为

决议行为是指法人或非法人组织基于团体意志而实施的法律行为,其满
足民事法律行为的所有要件,是一种民事法律行为。决议行为有如下特征:一
是决议行为一般并不需要所有当事人意思表示一致才能成立,而采用多数决
原则,即多数人意思表示一致即可成立。二是决议行为一般需要依一定的程
序才能设立,根据本条的规定,决议行为的设立应当按照法律或者章程规定的
议事方式和表决程序。三是决议行为原则上仅适用于法人或者非法人组织内
部的决议事项。

第一百三十五条 民事法律行为可以采用书面形式、口头形
式或者其他形式;法律、行政法规规定或者当事人约定采用特定
形式的,应当采用特定形式。

释 义

本条是关于民事法律行为形式的规定。

一、不要式民事法律行为

现代民事法律行为以不要式民事法律行为为基本原则。不要式民事法律
行为指法律不对其形式作特殊限定、当事人也不对其形式作特别约定的民事
法律行为,其形式可以表现为书面形式、口头形式或其他形式等。当事人可以
自由地选择法律行为的成立形式,这是私法自治基本原则的具体体现。口头
形式指民事法律行为的成立仅须当事人之间达成口头合意,而不需要其他形
式。书面形式指合同书、信件以及数据电文等。这些数据电文包括电报、电

传、传真、电子数据交换和电子邮件等可以有形地表现所载内容的形式。

二、要式民事法律行为

要式民事法律行为可分为法定的要式法律行为和意定的要式法律行为。法定的要式法律行为指,法律或行政法规规定的采特定形式的民事法律行为,如本法第 685 条即对保证合同(双方法律行为)作出了书面形式的要求。意定的要式法律行为指,行为人约定采用特定形式的民事法律行为。对于未采用特定形式的民事法律行为的后果问题,应当区分情况规制。如果法律、行政法规明确规定或者当事人明确约定不采用特定形式的后果的,则从其规定。反之,从鼓励交易的角度出发,原则上不宜轻易否定民事法律行为的效力。

第一百三十六条　民事法律行为自成立时生效,但是法律另有规定或者当事人另有约定的除外。

行为人非依法律规定或者未经对方同意,不得擅自变更或者解除民事法律行为。

释　义

本条是关于民事法律行为成立即生效的规定。

一、民事法律行为成立即生效

一般情形下,民事法律行为自成立时生效,行为的成立要件包括实施民事法律行为的行为人、行为人的意思表示以及行为人实施民事法律行为所欲达到的法律效果。一些特殊的民事法律行为除一般的成立要件外,还须满足某些特殊要件后才能成立。例如,法律规定的要物法律行为,只有完成标的物的实际交付时合同才能成立;要式法律行为还须具备特定的形式。

二、民事法律行为成立却不生效的情形

民事法律行为生效须满足"民事法律行为成立+符合生效要件",一般生效要件包括:行为人具备相应的民事行为能力,意思表示真实,标的可能、合法、确定。所以当民事法律行为不符合任一生效要件时,民事法律行为即使成

立也不生效。一些特殊的民事法律行为即使具备一般生效要件,在成立时也不立即生效,只有满足特殊生效要件后才生效。例如,本章第三节规定的附生效条件和附生效期限的民事法律行为在成立时并不立即生效,只有在条件成就时或者期限届至时才生效。

三、民事法律行为不得擅自变更或者解除

对于已经生效的民事法律行为而言,其对当事人具有法律拘束力。这种法律拘束力主要体现在以下两个方面:一是当事人必须尊重民事法律行为,依民事法律行为享有民事权利、履行民事义务。二是任意一方当事人不得擅自变更或者解除民事法律行为,履行消极的不作为义务,否则应承担相应的民事责任。对于满足一般生效要件,但还不具备特殊生效要件的民事法律行为而言,在特殊生效要件尚不具备前,除非当事人另有约定或者法律另有规定,任意一方当事人也不得擅自变更或者解除民事法律行为。此时法律行为的拘束力主要体现在当事人的消极不作为义务方面。但这并不妨碍当事人为使得民事法律行为生效而履行相应的附随义务,如不动产抵押物登记前未生效,但对当事人仍有一定的法律拘束力,当事人应当依据诚实信用原则履行协助办理登记的义务,以使不动产抵押行为完全生效。

第二节　意　思　表　示

第一百三十七条　以对话方式作出的意思表示,相对人知道其内容时生效。

以非对话方式作出的意思表示,到达相对人时生效。以非对话方式作出的采用数据电文形式的意思表示,相对人指定特定系统接收数据电文的,该数据电文进入该特定系统时生效;未指定特定系统的,相对人知道或者应当知道该数据电文进入其系统时生效。当事人对采用数据电文形式的意思表示的生效时间另有约定的,按照其约定。

释　义

本条规定了有相对人意思表示的生效时间。

　　有相对人的意思表示指有表示对象的意思表示。对于有相对人的意思表示,应区分对话抑或非对话方式,确定不同的生效时间基准。

一、以对话方式作出的意思表示

　　对于采用对话方式的意思表示,当事人可以直接进行交流表达,意思表示一经发出即到达,不存在发出的意思表示未到达的风险,也不存在撤回的余地,故可以将意思表示发出时(到达时)作为其生效时间。但考虑到受领人可能因未听清而未能知晓表意人发出的意思表示,故本条以意思表示的相对人知晓该意思表示的时点作为以对话方式进行的意思表示的生效时间。采用对话方式进行的意思表示,除了当面交谈这种通常情形外,还包括通过电话、视频、网络等即时通信工具实时交谈的情形。

二、以非对话方式作出的意思表示

　　对于通过电报、电传、传真、电子数据交换和电子邮件等,以非对话方式发出的意思表示,因不具有实时交谈的性质,应以到达相对人时为生效时点。达到相对人的具体情形可以分为以下三种:一是相对人指定特定系统接受数据电文的,该数据电文进入该特定系统时,以数据电文形式存在的意思表示生效。二是未指定特定系统的,相对人知道或者应该知道载有意思表示的该数据电文进入其电子系统时生效。三是当事人之间约定意思表示的生效时间的,应尊重当事人的意思,以当事人的约定为准。

　　第一百三十八条　无相对人的意思表示,表示完成时生效。法律另有规定的,依照其规定。

释　义

　　本条规定了无相对人的意思表示的生效时间。

一、无相对人的意思表示的内涵

　　无相对人的意思表示是指无需受领的意思表示。例如,遗嘱、动产所有权的抛弃等。无相对人的意思表示与单方意思表示相区分。虽然无相对人的意思表示存在于单方的法律行为中,但并非所有的单方意思表示皆无相对人。诸如解除、撤销、追认等单方法律行为,作为其构成要素的意思表示,都须向特定人发出。因此,这类意思表示不属于无相对人的意思表示,应根据有相对人的意思表示的生效时间规则作出效力判定。

二、无相对人的意思表示的生效时间

对于无相对人的意思表示,因不涉及相对人的意思表示受领问题,故原则上自意思表示完成时生效。但如果法律另有规定,则应依据法律规定确定意思表示的生效时间。例如遗嘱,虽然属于无相对人的意思表示,但是由于法律对其另有规定(本法第1142条第1款,"遗嘱人可以撤回、变更自己所立的遗嘱";本法第1142条第3款,"立有数份遗嘱,内容相抵触的,以最后的遗嘱为准")。所以只能根据法律规定,以被继承人死亡而非遗嘱内容表达完成时确定遗嘱的生效时间。

第一百三十九条 以公告方式作出的意思表示,公告发布时生效。

释 义

本条规定了以公告方式作出的意思表示的生效时间。

一、以公告方式作出的意思表示的类型

一般情形下,发出意思表示的表意人可能因不知道相对人的具体地址、联系方式,或相对人下落不明等原因而无法将意思表示及时送达,此时,表意人可以以公告的形式作出意思表示。但值得注意的是,表意人并非在任何情形下皆可以采取公告送达的方式,只有在表意人非因自己的过错而无法将意思表示送达相对人时才可以采用公告方式,否则于相对人不公。结合本法第137条和第138条进行体系解释,无特定相对人的意思表示和有相对人的意思表示都可以以公告的形式表示出来。

二、以公告方式作出的意思表示的生效时间

从文义解释的角度看,公告一经作出,意思表示即生效。对于无相对人的

意思表示,因不涉及他人利益,认可公告作出时意思表示便生效并无解释上的难题。例如,悬赏广告中的意思表示自广告发布时即生效。但对于有相对人的意思表示而言,除自公告作出时意思表示生效的情形外,还应允许自公告作出一段时间后意思表示才生效的情形存在,否则可能损害相对人的利益。我国现行法上即存在公告作出一段时间后才发生法律效力的规定,例如,《民事诉讼法》第 92 条规定,受送达人下落不明,或者用本节规定的其他方式无法送达的,公告送达,自发出公告之日起,经过 60 日,即视为送达。

第一百四十条 行为人可以明示或者默示作出意思表示。

沉默只有在有法律规定、当事人约定或者符合当事人之间的交易习惯时,才可以视为意思表示。

释 义

本条规定了意思表示的作出方式。

一、行为人可以明示或者默示作出意思表示

本条第 1 款规定,"行为人可以明示或者默示作出意思表示",表明本法对意思表示的成立,以存在表示行为为构成要件,不论该表示行为是以明示的方式表达的,还是以默示的方式作出的。如果不存在表示行为,意思表示根本无从得以成立。例如,某商家发放团购某商品的预定回执单给 X,如果 X 没有填写回执,即 X 没有表示行为,则购买该商品的意思表示不存在。因此,表示行为是构成意思表示不可或缺的要件。

意思表示存在明示和默示两种方式。明示的表达方式是指,通过语言或者文字直接说出或者写出表意人内心的意思,是表意人直白的表示行为。除此之外,表示行为还可以通过默示的方式完成,即非以语言或文字方式作出的意思表示。之所以会存在默示的表达方式,是大众对某些特定场合下特定举动的意义,存在默契和共识,因此不言自明。如登上公共汽车的行为可以被推定为行为人存在乘车的意思表示;在收费停车场内停车的行为可以被推定为行为人具备交费停车的意思表示。像这类表意人以非直白的表达方式,遵循社会普遍观念,仅在特定的场合下完成的特定举动,构成默示的意思表示。其

与明示的意思表示并列,成为一般情形下意思表示的作出方式。

二、个别情况下沉默可以成为意思表示存在的方式

沉默指以消极不作为的方式表达行为人意思,原则上不能成为意思表示的作出方式。但是,当存在法律规定、当事人约定或者符合当事人之间的交易习惯时,沉默也可以成为意思表示的方式。因为此时当事人的沉默也能够被推定出其所要表达的意思。如本法第145条中规定,限制民事行为能力人实施的法律行为,相对人催告法定代理人追认的,法定代理人未作表示的,视作拒绝追认。本法第171条规定,无权代理人的相对人催告本人追认的,被代理人未作表示的,视为拒绝追认。本法第1124条规定,受遗赠人应当在知道受遗赠后六十日内,作出接受或者放弃受赠的表示,到期没有表示的,视作放弃受遗赠。又如,按照当事人之间的约定或交易习惯,租赁期间届满,承租人继续使用租赁物,出租人没有提出异议的,原租赁合同继续有效。

第一百四十一条 行为人可以撤回意思表示。撤回意思表示的通知应当在意思表示到达相对人前或者与意思表示同时到达相对人。

释 义

本条是关于意思表示撤回的规定。

意思表示分为有相对人的意思表示和无相对人的意思表示。所谓有相对人的意思表示是指,需要受领的意思表示。而无相对人的意思表示则不需受领。本条仅适用于有相对人的意思表示。不需受领的意思表示,不存在撤回的前提。

一、撤回的意义

民法是建立在意思自治基本原则基础之上的。民事主体不仅有作出意思表示的自由,也有将作出的意思表示撤回的自由。通过撤回,在已发出的意思表示生效以前,阻却其效力生成。撤回常以通知的形式存在。

二、有效的撤回

撤回本质上也是意思表示，因此，撤回也存在着是否有效的问题。对于有相对人的意思表示，如本法第137条所示，原则上采用到达主义确定效力发生的时点。即，只有在撤回到达相对人时才发生效力。而只有有效的撤回才能发生撤回的法律效果：不让已发出的意思表示发生效力。因此本条规定，只有先于已发出的意思表示到达相对人的撤回，或者同时与已发出的意思表示到达相对人的撤回，才是有效的撤回。否则，无法通过撤回的方式否定已发出的意思表示的效力。

第一百四十二条 有相对人的意思表示的解释，应当按照所使用的词句，结合相关条款、行为的性质和目的、习惯以及诚信原则，确定意思表示的含义。

无相对人的意思表示的解释，不能完全拘泥于所使用的词句，而应当结合相关条款、行为的性质和目的、习惯以及诚信原则，确定行为人的真实意思。

释 义

本条是关于如何解释意思表示内容的规定。

一、意思表示的解释方法

当事人作出的意思表示，对应着该意思内容中指向的法律效果。换言之，意思表示的内容决定具体权利义务的产生。如果表意人的表达不明确或者存有疑问，那么就有必要对意思表示进行解释。

对意思表示进行解释时，主要可以采用以下几种解释方法：第一，根据其所使用的词句进行文义解释。第二，仅依据单独的条款可能不能全面理解表意人的真实意思，可以结合其他相关条款进行体系化解释。第三，考虑到表意人的表示行为，总是与其行为目的相关，那么，在判断该意思表示的内容时，可以作出与其目的相适应的目的解释。第四，在作出意思表示的环境、场合中存在习惯的，需要通过考虑习惯以把握意思表示的内容，即依习惯的解释。最后,作为兜底性解释方式,在上述方法皆不能作出合理解释的,可以根据诚实信用原则等一般社会理念进行解释。

本条将意思表示的解释规则区分于有相对人的意思表示与无相对人的意思表示。

二、有相对人的意思表示的解释

对于有相对人的意思表示,既需要尊重表意人的内心真意,也需要考虑交易相对人的信赖利益。具体而言,首先应进行文义解释,即按照表意人所使用的词句探究其内心意思,对于所使用的词句的解释应以行业内的通用含义为准。若文义解释的方式还不足以认定表意人的意思,则应结合相关条款、行为的性质和目的、习惯等,进行体系解释或目的解释以确定意思表示的含义。若仍不能确定表意人的意思,则只能通过诚实信用原则对其意思表示进行解释以填补漏洞。

三、无相对人的意思表示的解释

对于不存在相对人的意思表示,进行解释的目的并非为了确定意思表示的客观含义,而是为了探究表意人的内心真意。故对于无相对人的意思表示的解释不能拘泥于表意人所使用的语句的文义,而应结合相关条款、行为的性质和目的、习惯以及诚信原则,确定行为人的真实意思。

第三节　民事法律行为的效力

第一百四十三条　具备下列条件的民事法律行为有效:

(一)行为人具有相应的民事行为能力;

(二)意思表示真实;

(三)不违反法律、行政法规的强制性规定,不违背公序良俗。

释　义

本条是关于民事法律行为有效要件的规定。

民事法律行为生效须满足法律规定的一般有效要件。

一、行为人具有相应的民事行为能力

完全民事行为能力的自然人可以实施除有年龄限制的身份行为之外的任何民事法律行为;限制民事行为能力的自然人实施的与其年龄、智力和精神健康状况相适应的民事法律行为有效;无民事行为能力人不能实施民事法律行为。法人和非法人组织实施的民事法律行为须在法律规定的能力范围内,否则也不能成立为有效的民事法律行为。

二、意思表示真实

意思表示是民事法律行为的构成要素,意思表示不真实也会影响民事法律行为的效力。意思表示不真实包括意思表示不一致和意思表示不自由。

首先,意思表示不一致包括无意的不一致和有意的不一致。无意的不一致包括重大误解等意思表示,例如,X 要将自己的 405 号商铺转让给 Y,却在书面上写了转让 408 号商铺。这样,在 X 和 Y 之间虽然存在由意思表示构成的法律行为,但是,由于该意思表示的外在表示与内在的意思不一致,由该意思表示构成的法律行为的效力也被否定。上例中的法律行为可经撤销而归于无效。有意的不一致包括真意保留、通谋虚伪等意思表示。所谓真意保留即表意人故意隐藏自己的真实意思表示,而作出与自己内心真意不一致的意思表示。一般情形下,应认为真意保留的意思表示有效,以保护相对方的信赖利益;但如果相对方明知表意人真意保留的意思仍与其达成合意,该真意保留的意思表示则无效。通谋虚伪指表意人与相对人之间通谋作出并不符合其内心真实意思的表示行为,通谋虚伪的意思表示无效。

其次,意思表示不自由包括受欺诈的意思表示、受胁迫的意思表示以及显失公平环境下的意思表示等。受欺诈的意思表示指表意人受到他人的欺诈行为而作出的违背自己真实意愿的意思表示。受胁迫的意思表示指表意人因受到他人的胁迫而作出的违背自己真实意愿的意思表示。显失公平环境下的意思表示指,表意人在紧迫或缺乏经验的情形下作出的对自己有重大不利的意思表示。根据我国法律,因意思表示不自由而作出的民事法律行为是可以撤销的。

三、不违反法律、行政法规的强制性规定,不违背公序良俗

构成法律行为的意思表示即使一致、自由,但是内容如果是违背法律的强

制性规定,或是有悖于公共秩序、善良风俗的,法律行为也将无效。需注意的是,应区分效力性强制规定和管理性强制规定。违反效力性强制规定的,应当认定合同无效;违反管理性强制规定的,应当根据具体情形认定其效力。

第一百四十四条 无民事行为能力人实施的民事法律行为无效。

释 义

本条是关于无民事行为能力人实施的法律行为效力的规定。

一、无民事行为能力人

本法规定了两类无民事行为能力人:一类为不满八周岁的未成年人,另一类为不能辨认自己行为的成年人。民事行为能力区别于民事权利能力。权利能力指自然人享有权利和承担义务的能力,其始于出生,终于死亡。而行为能力是具有权利能力的自然人,能够以自己的行为行使权利、履行义务的能力。相应地,无民事行为能力人即不能理性地判断自己的行为,行使权利、履行义务。例如,养老院里的高龄者 X 患有重度老年痴呆症,写下遗嘱:将自己的所有财产转让给 Y。又如,4 岁的幼儿 A,将奶奶买给她的电子琴送给了自己喜欢的小朋友 B。由于无法期待这样的自然人理性地行使自己的权利或承担相应的责任,本条将其界定为无民事行为能力人,认定其实施的民事法律行为无效。

二、无民事行为能力人实施的法律行为的效力

出于保护无民事行为能力人的目的,本条规定无民事行为能力人实施的民事法律行为无效。因为无民事行为能力人不能够理性客观地判断自己实施的民事法律行为的性质,若其所为民事法律行为对其不利,确认该行为无效将不对其产生不利益。

第一百四十五条 限制民事行为能力人实施的纯获利益的民事法律行为或者与其年龄、智力、精神健康状况相适应的民事

法律行为有效;实施的其他民事法律行为经法定代理人同意或者追认后有效。

相对人可以催告法定代理人自收到通知之日起三十日内予以追认。法定代理人未作表示的,视为拒绝追认。民事法律行为被追认前,善意相对人有撤销的权利。撤销应当以通知的方式作出。

释　义

本条是关于限制民事行为能力人实施的法律行为效力的规定。

一、限制民事行为能力人

根据本法第 19 条和第 22 条,八周岁以上的未成年人和不能完全辨认自己行为的成年人为限制民事行为能力人。限制民事行为能力人对自己单独实施的民事法律行为具有一定的辨认能力。

二、限制民事行为能力人实施的民事法律行为的效力

首先,限制民事行为能力人实施的纯获利益的民事法律行为或者与其年龄、智力、精神健康状况相适应的民事法律行为有效。例如,八周岁以上的未成年学生购买学习用品,成年智障、精神病人购买日常生活用品,等等,与其智力、精神健康状况相适应的行为即为有效的民事法律行为。又如,限制民事行为能力人单独接受赠与等不需要限制民事行为能力人负担义务、纯获利益的法律行为同样有效。

其次,限制民事行为能力人实施除上述民事法律行为外的法律行为,则属于效力待定的民事法律行为,须经法定代理人的同意或追认才有效。例如,八周岁以上未成年的高中生 X 用自己积攒的压岁钱购买了一部新款手机,之后 X 将此事说与其父母,并征得了父母的同意。该购买行为(双方法律行为)虽然是由限制民事行为能力人所为,但经其法定代理人追认后而有效。

最后,民法对限制民事行为能力人实施的法律行为,设计了法定代理人的同意、追认等弥补办法的同时,兼顾与限制民事行为能力人为法律行为的相对人的利益,赋予相对人以催告和撤销的权利。对于限制民事行为能力人未经

其法定代理人的同意而为的法律行为,相对人可以催告限制民事行为能力人
的法定代理人及时追认,法定代理人自收到催告通知 30 日内没有作出追认
的,视为拒绝追认,法律行为因此而无效。同时,善意的相对人也可以通过发
出撤销通知使该法律行为归于无效。所谓善意,即相对人不知道对方为限制
民事行为能力人。善意的相对人通过行使撤销权,使自己摆脱被动等待的局
面,也促使悬而未决的民事法律行为效力得以确定。

第一百四十六条　行为人与相对人以虚假的意思表示实施
的民事法律行为无效。

以虚假的意思表示隐藏的民事法律行为的效力,依照有关法
律规定处理。

释　义

本条是关于虚假行为以及隐藏行为效力的规定。

一、虚假行为的效力

所谓虚假行为,即行为人与相对人以虚假的意思表示实施的民事法律行
为。例如,X 希望得到 Y 的贷款 100 万元,Y 虽然愿意借给 X,但是要求 X 将
其房屋甲以买卖的形式让与给自己,以此担保 Y 的贷款能够得到如期偿还。
这样,X 和 Y 之间形成了一个关于房屋甲的买卖合同(法律行为)。从表示行
为上看,X 和 Y 存在买卖房屋甲的意思,但是这一推断(解释)与行为人的内
心意思,即,转移房屋甲为贷款人 Y 设定担保的这一意思不一致。X 和 Y 为
了完成金钱借贷,就彼此明知的不真实的意思表示(买卖)达成合意。双方的
买卖合意即为虚假行为。

表意人与相对人相互通谋完成虚假的意思表示,因为通谋者在意思表示
中表达的意欲实现的法律效果并非真实,故以该虚假的意思表示实施的民事
法律行为无效,例如,上例中的 Y,如果以房屋甲的买卖合同为由,向法院提起
诉讼,请求 X 交付房屋甲。双方买卖的意思表示无效,法院不支持以买卖合
同为诉由提起诉讼。

需要注意的是,虚假法律行为不同于不实告知,不实告知不存在双方通谋

的意思。例如,某米商 X,将 A 产地的大米混入 B 产地的大米中,对买方 Y 表示廉价出售 B 产地的大米,X 与 Y 之间的买卖成交,但该买卖行为并不构成虚假行为。

二、隐藏行为的效力

对于虚假的意思表示下存在隐藏的民事法律行为的效力应依照有关法律规定处理。例如,在上面的示例中,X 和 Y 存在买卖房屋的虚假行为,双方所隐藏的是以房屋设定担保的真实意思。根据《最高人民法院关于审理民间借贷案件适用法律若干问题的规定》第 24 条:"当事人以签订买卖合同作为民间借贷合同的担保,借款到期后借款人不能还款,出借人请求履行买卖合同的,人民法院应当按照民间借贷法律关系审理,并向当事人释明变更诉讼请求。当事人拒绝变更的,人民法院裁定驳回起诉。按照民间借贷法律关系审理作出的判决生效后,借款人不履行生效判决确定的金钱债务,出借人可以申请拍卖买卖合同标的物,以偿还债务。就拍卖所得的价款与应偿还借款本息之间的差额,借款人或者出借人有权主张返还或补偿。"可见,在借贷合同关系上设立的担保行为是有效的。

第一百四十七条 基于重大误解实施的民事法律行为,行为人有权请求人民法院或者仲裁机构予以撤销。

释 义

本条是关于存在重大误解的民事法律行为效力的规定。

一、何谓重大误解

根据《最高人民法院关于贯彻执行〈民法通则〉若干问题的意见》第 71 条的规定,行为人因对行为的性质、对方当事人、标的物的品种、质量、规格和数量等认识错误,使行为的后果与自己的意思相悖,并造成较大损失的,可以认定为重大误解。由此可知,重大误解需具备两个构成要件:一是存在错误;二是发生错误的人因此遭受了较大损失。

二、引发重大误解的错误

错误一般被区分为表示错误和动机错误。表示错误是指因错误没有作出与其意思相同的表示,譬如误写、误读等即为典型的表示错误,表示错误可能构成重大误解。动机错误指作出意思表示的内心起因发生错误,而与意思表示的内容无关。比如,表意人向相对人表示,要购买一打笔记本,表意人将一打理解为六个,与一打为十二个的正确含义相区分,表意人此时发生的错误即为狭义的动机错误,而动机错误并不构成重大误解。

三、存在重大误解的民事法律行为的效力

存在重大误解的民事法律行为,可以由发生错误的当事人,向法院或仲裁机构申请撤销。行为被撤销权,存在重大误解的法律行为将自始归于无效。

将发生重大误解的法律行为的效力规定为可以撤销,而不是直接规定无效,是因为撤销权的行使对象为错误的表意人。法律设计撤销制度的目的在于平衡当事人之间的利益。而无效,原则上是任何人都可以主张的,不论是法律行为的当事人还是此外的第三人。法律设计无效的目的,不仅在于平衡当事人之间的利益,还要平衡受到不利影响的第三人的利益。发生重大误解的法律行为,仅在当事人之间造成了利益破坏。法律尊重当事人的意思自治,由当事人自己决定是否撤销。有撤销权的当事人可以行使撤销权,也可以不行使撤销权。

第一百四十八条 一方以欺诈手段,使对方在违背真实意思的情况下实施的民事法律行为,受欺诈方有权请求人民法院或者仲裁机构予以撤销。

释 义

本条是关于被相对方欺诈的民事法律行为效力的规定。

一、受欺诈的民事法律行为

受欺诈的民事法律行为需要具备以下构成要件:一是相对人采取了欺诈

手段,二是表意人因相对人的故意欺骗而陷入错误认识,三是表意人基于该错误认识作出了欺诈人违背其真实意思的意思表示。三个要件缺一不可,否则即不构成欺诈行为。

二、受欺诈的民事法律行为的效力

因受欺诈而实施民事行为的一方当事人,可以撤销其因欺诈而实施的民事法律行为。受欺诈方享有的撤销权为形成诉权,必须向人民法院或者仲裁机构提出请求方可实现。

第一百四十九条 第三人实施欺诈行为,使一方在违背真实意思的情况下实施的民事法律行为,对方知道或者应当知道该欺诈行为的,受欺诈方有权请求人民法院或者仲裁机构予以撤销。

释 义

本条是关于被第三人欺诈的民事法律行为效力的规定。

一、何谓第三人欺诈

例如,A 被 B 的债务人 C 欺骗,与 B 签订了为 C 的债务提供保证的合同。这时,A 和 B 之间的担保合同就是被第三人 C 欺诈而为的法律行为。不同于本法第 148 条之处在于,欺诈表意人的不是与表意人为法律行为的相对人,而是二者以外的第三人。

需要注意的是,代理人、使用人不属于本条所言第三人。例如,甲欲购买乙厂生产的小型收割机,作为乙厂员工的丙,夸大宣传乙厂收割机的设置功能,使甲陷入错误状态,并基于该错误认识,作出了购买的意思表示,与乙签订了购买合同。这一事例中,表面上看似丙是甲乙之间法律行为以外的第三人,但是,由于丙是乙工厂雇佣的使用人,所谓使用人就是依照雇主的指示完成工作,并获取报酬的人,因此,雇主(乙)是对使用人(丙)的行为负责的人,所以,在此事例中不能将丙视作第三人,而应看作是法律行为的当事人。

二、因第三人欺诈而为的民事法律行为的效力

本条规定,法律行为的相对人知道或者应当知道表意人是被欺诈的,受欺

诈方有权请求人民法院或者仲裁机构予以撤销。前一事例中,如果 B 知道或应当知道 A 受到 C 的欺骗这一事实,那么 A 和 B 之间的保证合同就可以被 A 提起撤销。只是,"相对人知道或者应该知道"一事,需要由表意人证明,否则无法撤销该法律行为。

第一百五十条　一方或者第三人以胁迫手段,使对方在违背真实意思的情况下实施的民事法律行为,受胁迫方有权请求人民法院或者仲裁机构予以撤销。

释　义

本条是关于受胁迫而为的民事法律行为的效力的规定。

一、受胁迫而为的民事法律行为

受胁迫而为的民事法律行为是指,一方或第三方以身体或精神胁迫手段,使对方产生恐惧,并且对方因畏惧作出了违背其真实意思的民事法律行为。

一是胁迫人采取了相应的胁迫手段。不论是已经实施了胁迫行为还是威胁对方将要实施,也不论是以身体威胁还是精神威胁、作为还是不作为的方式,都可以构成此处所及胁迫手段。此外,该胁迫手段须具备违法性。判断违法性存否,就是对行为的目的和手段是否具有正当性进行判断。如放贷人 X 向借款人 Y 表示,"限期内仍不还款,我就报警"。该行为的目的是向借款人讨债,具有正当性。报警是法律赋予公民的正当维权方式,并不构成本条规制的胁迫手段。

二是受胁迫方因胁迫行为而产生畏惧心理,并基于恐惧作出了不符合其真实意思的意思表示。此处的关键在于,受胁迫人作出的意思表示,需要与胁迫行为之间存在因果关系。例如,放贷人 X,向借款人 Y 表示,"限期三天内将贷款利息汇入指定账户,否则,没人知晓你还能不能再见到你的家人"。假设放贷人 X 的威胁方式并未造成借款人 Y 的恐慌,借款人 Y 最终是因其家人的劝说而主动还款,则并不存在因胁迫而为之民事法律行为。

二、受胁迫而为的民事法律行为的效力

受胁迫而为的民事法律行为可以由被胁迫人向人民法院或者仲裁机构申

请撤销。被撤销后,法律行为的效力从撤销时点溯及至法律行为成立时无效。双方当事人不再受法律行为内容的拘束。

如果胁迫行为是由法律行为当事人以外的第三人作出的,那么,不论相对人是否知道表意人被第三人胁迫,表意人都可以撤销其与相对人之间的法律行为。相比于受第三人欺诈的情况,受第三人胁迫的表意人更容易实现撤销。法律之所以偏重保护受胁迫的人,是因为二者的意思表示之自由受到干涉的程度不同。被欺诈人在动机形成过程中,受到欺诈人的不当干涉,出于错误动机作出了意思表示。而胁迫几乎不给受胁迫人自己决定的余地,被胁迫人不得不作出胁迫人意欲其作出的意思表示。因此,法律有别于受第三人欺诈的情况,规定被胁迫人可以不需要证明相对人知道自己被第三人胁迫,即可撤销与相对人之间的法律行为。换言之,受第三人胁迫的法律行为与受胁迫的法律行为的构成要件别无二致。

第一百五十一条　一方利用对方处于危困状态、缺乏判断能力等情形,致使民事法律行为成立时显失公平的,受损害方有权请求人民法院或者仲裁机构予以撤销。

释　义

本条规定的是显失公平的民事法律行为。

一、显失公平的民事法律行为

所谓显失公平的民事法律行为指,双方权利义务关系明显不对等的民事法律行为。本条列举了两种具体情形:一是一方利用对方处于危困状态而实施的民事法律行为,譬如甲因家人生病而急需一笔资金,但因手头并无足够的流动资金,便打算出卖其市值200万元的房屋,乙得知甲情况,想趁机捞赚一笔,便与甲商定以100万元的价格成交。此时,乙即利用甲处于危困状态而与其达成了100万元的房屋买卖交易行为这一显失公平的民事法律行为。二是利用对方缺乏判断能力而实施的民事法律行为,对方可能与行为人存在行业背景差距、年龄差距等而缺失相应的判断能力,双方因此而达成明显不对等的权利义务关系,构成显失公平的民事法律行为。譬如在消费者合同中,消费者对商品信息的把握能力远远低于商家,常有商家利用消费者的这一弱点,以不实信息诱导消费者高额购买,或者不告知消费者本应提供的信息说明,使消费者蒙受不利益。此时即有可能成立显失公平的民事法律行为。

二、显失公平的民事法律行为的效力

本条规定,对因处于危困状态、缺乏判断能力等情形而实施的显失公平的民事法律行为,受损害方有权向法院或仲裁机构请求撤销,行为经撤销后将自始归为无效。

三、本条的变迁史

本条在延续《中华人民共和国民法通则》《中华人民共和国合同法》中相关规定基础之上,作出了一定的修改。《中华人民共和国民法通则》第58条第1款第3项规定"乘人之危"的法律行为无效,第59条第1款第2项规定"显失公平"民事行为可变更或撤销。与此相应,《最高人民法院关于贯彻执行〈民法通则〉若干问题的意见》第72条对"显失公平"如何认定作出了规定。《中华人民共和国合同法》第54条第1款第2项和第2款改变了"乘人之危"和"显失公平"法律效果二分模式,将"乘人之危"和"显失公平"之法效果统一规定为可变更或撤销。本条则将"乘人之危"和"显失公平"的行为表现予以整合,并统一规定了可撤销的法律效果。

第一百五十二条 有下列情形之一的,撤销权消灭:

(一)当事人自知道或者应当知道撤销事由之日起一年内、重大误解的当事人自知道或者应当知道撤销事由之日起九十日内没有行使撤销权;

(二)当事人受胁迫,自胁迫行为终止之日起一年内没有行使撤销权;

(三)当事人知道撤销事由后明确表示或者以自己的行为表明放弃撤销权。

当事人自民事法律行为发生之日起五年内没有行使撤销权的,撤销权消灭。

释 义

本条是关于撤销权消灭事由的规定。

一、撤销的意义

法律行为一旦成立就应该发生与其内容一致的效力,除非内容欠缺妥当性或者因意思表示有瑕疵而不具有效力。例如,甲患有老年痴呆症,其女乙是甲的法定代理人。一日甲独自从丙处购买了 10 瓶养生酒,花费 1 万元。在这个事例中,如果甲具有完整的行为能力,那么,这笔养生酒的交易,自应从合同成立时起有效。也就是说,甲应支付 1 万元给丙,丙应交付 10 瓶酒给甲,如果某方不履行义务,对方可以请求国家强制违约方履行义务。这就是法律行为具有效力的意义。而本事例中,由于甲是老年痴呆患者,属于限制行为能力人。根据本法第 145 条的规定,甲实施的交易,如果事先未得到其法定代理人乙的同意,或者事后未得到乙的追认,则不具有法律效力。

法律对不发生效力的情况,设计了直接规定无效和通过撤销归于无效两种。例如,上面事例中关于限制行为能力人实施法律行为的情况,法律就是以撤销来否定其效力。假如甲的痴呆程度进一步恶化,以至于失去了意思能力,那么对于其实施的法律行为,法律就以无效来否定其效力。由此可以看到,撤销对法律行为效力的否定是留有余地的,一个具备撤销条件的法律行为,只要不撤销依然有效。只有被撤销权人提起撤销以后才不具有效力。而被法律直接规定为无效的法律行为,例如,无民事行为能力人实施的法律行为,是任何人任何时候都可以主张的,自始至终都没有效力。因此,对于撤销,不仅需要考虑法律对哪些情况规定了撤销,还需考虑什么人有权撤销,以及什么时候有权撤销。

二、可撤销的法律行为

法律规定的可撤销的情况如下:

1. 根据本法第 145 条的规定,限制行为能力人未经法定代理人同意实施的法律行为,善意的相对人在法定代理人追认前可以撤销该法律行为。

2. 根据本法第 147 条的规定,因重大误解实施的法律行为,发生误解的行为人具有撤销权。

3. 根据本法第 150 条的规定,受到欺诈、胁迫后实施的法律行为,被欺诈或者被胁迫的行为人拥有撤销权。

4. 根据本法第 151 条的规定,在危困状态或者缺乏判断能力的状态下,实施的显失公平的法律行为,危困状态人拥有撤销权。

三、撤销权的消灭事由

在以上法律规定的情形下,撤销权人可以向法院或者仲裁机构请求行使撤销权,被撤销的法律行为将归于无效。但如果一直允许民事法律行为延续可撤销的状态,法律关系将无法得以安定,所以本条明确规定了撤销权的消灭事由。

一是撤销权行使期间届满。重大误解的民事法律行为的撤销权行使期间为 90 日,时间起算点为撤销权人知道或者是应该知道撤销事由存在之时。受胁迫的民事法律行为的撤销权行使期间为 1 年,时间起算点为胁迫行为终止之日。其他可撤销的民事法律行为的行使期间为 1 年,时间起算点为撤销权人知道或者是应该知道撤销事由存在之时。

二是撤销权人明确表示或者以自己的行为表明放弃撤销权。撤销权是撤销权人享有的一项权利,撤销权人可以选择放弃这项权利。放弃的方式可以是明示,也可以是默示。

三是可撤销的民事法律行为自发生之日起已满五年。为保证民事法律关系的稳定性和可预期性,民事法律行为的效力不适宜长期处于未决状态,故法律规定了撤销权五年的最长除斥期间。

第一百五十三条 违反法律、行政法规的强制性规定的民事法律行为无效。但是,该强制性规定不导致该民事法律行为无效的除外。

违背公序良俗的民事法律行为无效。

释 义

本条是关于法律行为内容因违反强制性法规以及公序良俗而无效的规定。

一、违反效力性强制性规定的民事法律行为无效

以是否可以被当事人的意思排除为基准,可分为强制性规定和任意性规定。强制性规定又可以分为效力性强制性规定和管理性强制性规定。《合同法司法解释(二)》第14条将无效的民事法律行为限定于违反效力性强制性规定的民事法律行为。九民会议纪要中指出,要慎重判断"强制性规定"的性质,特别是要在考量强制性规定所保护的法益类型、违法行为的法律后果以及交易安全保护等因素的基础上认定其性质。下列强制性规定,应当认定为"效力性强制性规定":强制性规定涉及金融安全、市场秩序、国家宏观政策等公序良俗的;交易标的禁止买卖的,如禁止人体器官、毒品、枪支等买卖;违反特许经营规定的,如场外配资合同;交易方式严重违法的,如违反招投标等竞争性缔约方式订立的合同;交易场所违法的,如在批准的交易场所之外进行期货交易。关于经营范围、交易时间、交易数量等行政管理性质的强制性规定,一般应当认定为"管理性强制性规定"。

二、违背公序良俗的民事法律行为无效

公序良俗是指国家、社会的一般秩序(公共秩序)和社会的一般道德观念(善良风俗)。违背公序良俗无效的规定,旨在阻止法律行为为实施不道德行为提供服务,法律秩序拒绝给不道德行为提供履行强制。此外,公序良俗条款具有实践宪法基本人权的功能,基本权利不仅是个别、主观的权利,更是一种客观的价值体系,宪法基本权利的价值体系经由民法上的概括条款实现。例如,过分限制人身自由的劳动合同以及具有赌博内容的合同等,都是内容违反公序良俗的无效合同。

第一百五十四条 行为人与相对人恶意串通,损害他人合法权益的民事法律行为无效。

释 义

本条是关于恶意串通损害他人的法律行为无效的规定。

一、恶意串通

恶意串通指双方合谋损害他人合法权益。例如,企业的采购员为了获取回扣,与出卖人约定,高价购买低质量的商品。此过程中,采购员与出卖人恶意串通,损害了企业的合法财产利益。

二、恶意串通损害他人行为的法律效力

本条与本法第 146 条的规定存在相似之处,皆为当事人通过主观的意思联络达成合意的行为。不同之处在于,第 146 条中的虚假行为是表意者的内心意思与外在表示不一致的行为,而本条中的恶意串通行为是表意者的内心意思与外在表示一致的行为。

原本法律行为的效力只受三方面因素的影响,即:法律行为当事人的行为能力是否完整;意思表示的内容是否适法、适当;意思表示的内部意思与外在表示是否一致。依此判断依据,由内外一致的意思表示构成的恶意串通行为,不具备效力阻却事由。但是,本条规定"恶意串通,损害他人合法权益的法律行为"无效,这说明我国法不仅将法律行为自身内容不法列入无效事由,而且将法律行为的目的不法也纳入了无效事由之中。通过本条明确禁止"损害他人合法权益的"法律行为。

第一百五十五条 无效的或者被撤销的民事法律行为自始没有法律约束力。

释 义

本条是关于行为无效或被撤销后的法律效果的规定。

一、无效的民事法律行为自始、当然、确定、绝对无效

无效的民事法律行为指自始、当然、确定、绝对无效。所谓自始无效指,从行为成立之时即不发生法律效力;所谓当然无效指,无须经任何程序,也无须任何人主张,民事法律行为即无效;所谓确定无效指,不同于可撤销行为,不会因当事人的主张或不主张而有效;所谓绝对无效指,不仅法院或仲裁机构可依

职权主动确认无效民事法律行为,而且任何人都可主张无效民事法律行为的无效。

二、可撤销的民事法律行为自行为被撤销后自始没有法律约束力

与此相对,可撤销的民事法律行为在被撤销前是有效的。只有特定的撤销权人在法定的撤销权行使期间内行使撤销权,行为被撤销后,民事法律行为才溯及至成立时消灭,产生自始、当然、确定、绝对无效的法效果。

第一百五十六条　民事法律行为部分无效,不影响其他部分效力的,其他部分仍然有效。

释　义

本条是关于法律行为部分无效的规定。

一、部分无效

部分无效是指,法律行为内容的一部分存在无效的原因。比如,X 从融资公司 Y 处获得贷款 300 万元,约定年利息为本金的 38%。由于《最高人民法院关于审理民间借贷案件适用法律若干问题的规定》中第 26 条第 2 款规定:"借贷双方的利率超过年利率 36%,超过部分利息约定无效。借款人请求出借人返还已支付的超过年利率 36%部分的利息的,人民法院应予支持。"由此可知该事例中超出年利率 36%部分的利息约定无效。

二、部分无效对全体法律行为效力的影响

部分无效内容的存在是否将引起该法律行为的全部无效? 理论上存在部分无效说和全部无效说两派观点。作为主流观点的部分无效说认为,无效止于无效内容部分,其余部分作有效处理。对因部分无效造成的内容残缺,通过任意法规、惯习以及公序良俗等解释方法,进行内容补充。全部无效说持相反观点,认为部分无效的合同内容导致整个合同全部无效。

本条规定:"法律行为部分无效,不影响其他部分效力的,其他部分仍然有效。"依据文义解释,法律行为部分无效的,如果除去部分无效内容后,会使

剩余部分受到影响的,该法律行为才因部分无效而全部无效。否则,部分无效内容仅引起法律行为的部分无效。可以看出,本条采纳了目前的主流观点,尽可能地尊重当事人意思自治,维持交易的稳定性。只有当部分无效的内容影响到其他部分的效力时才认定整个法律行为无效。例如,在合同内容中出现了加重对方义务或免除自己责任的格式条款,该格式条款无效,但整个合同并不因此而无效。又如,A 公司许诺为 B 公司融资 1000 万元,但是附加条件是要求 B 公司对 C 公司的商业信誉予以诋毁。诋毁商业信誉之内容因违反公序良俗而无效,但是这一部分无效内容会导致融资合同整体受到影响,这种情况下法律行为全部无效。

第一百五十七条　民事法律行为无效、被撤销或者确定不发生效力后,行为人因该行为取得的财产,应当予以返还;不能返还或者没有必要返还的,应当折价补偿。有过错的一方应当赔偿对方由此所受到的损失;各方都有过错的,应当各自承担相应的责任。法律另有规定的,依照其规定。

释　义

本条是关于民事法律行为无效、被撤销或者确定不发生效力而引起的法律效果的规定。

一、在行为人之间引起的法律效果

法律行为因无效、被撤销或确定不发生效力以后,民事法律行为将不再具备拘束力,已经履行的,应当恢复民事法律行为实施之前的状态。若行为人因该行为取得财产,则负担返还该财产的义务;若该财产不能返还或没必要返还的,则应当折价返还相应的财产利益。例如,X 与 Y 之间签订了买卖英语学习资料的合同。学习资料的市值为 500 元左右,而 Y 却虚夸这套资料带来的学习效果,谎骗 X 以 5000 元与其成交。X 向 Y 支付了 5000 元,并从 Y 处得到了学习资料以后,发现自己被骗,遂提出撤销该笔交易的诉请。合同被撤销后,X 将不具备持有该学习资料的法律根据,同理,Y 也无法律依据持有该笔价款,双方均可以向对方请求不当得利返还。假如此时学习资料灭失,或者由第三人依法获得该资料,致使 X 无法返还,那么,X 应将这套资料折价,如按照当时的市场价 500 元折算,将折价后的利益返还给 Y。

除了发生恢复原状的法律效果外,造成民事法律行为效力瑕疵的过错方还应负担赔偿损失的责任。在上例中,由于 Y 存在恶意欺骗的意思,所以其作为有过错的一方,应赔偿 X 由此遭受的损失。这一损害赔偿需要由 X 举证,并依缔约过失责任进行主张。

二、法律另有规定的,依照其规定

所谓法律另有规定的依照其规定是指,法律对具有效力瑕疵的民事法律行为的法效果另有规定的,应依照其规定来确定民事法律行为的后果。比如当事人恶意串通,损害国家、集体或者第三人利益的,应当收缴当事人因此所得的财产归国家所有、返还给集体或第三人。

第四节　民事法律行为的附条件和附期限

第一百五十八条　民事法律行为可以附条件,但是根据其性质不得附条件的除外。附生效条件的民事法律行为,自条件成就时生效。附解除条件的民事法律行为,自条件成就时失效。

释　义

本条是关于附条件的民事法律行为的规定。

一、何谓条件

所谓条件是指将来不确定发生的事实。例如 A 与 B 约定,如果 B 能考入甲大学,A 将每月赠与他 500 元,直到 B 大学毕业为止。这个法律行为(赠与合同)就是以 B 将来考入甲大学作为条件的,而 B 将来能否考取甲大学,是一个不确定的事实。由于能够作为条件的事实必须具备"将来"和"不确定发生"两个要素,因此,下面几类事实不可能成为条件。

(一) 既成事实

法律行为成立之时,其事实已经确定地发生或者不发生。这种情况下的事实因为缺乏将来性而不可能成为法律行为的条件。例如,X 和 Y 在 Y 的家中,观看一场已经结束了的足球比赛的光盘,由于 X 和 Y 都不知道该场比赛的结果,也没有得到任何相关信息。因此,Y 和 X 约定,如果甲队胜利,Y 支付下学期两人的伙食费,但如果乙队胜利,则由 X 支付。这个法律行为是以即成事实为条件的,不适用附条件的法律行为的相关规定。

(二) 不法行为

以不法行为作为法律行为条件的,该法律行为无效。这也是公序良俗具体化的结果。例如,Y 对 X 说,如果你杀了 A,就从 A 的保险金中取出 10 万元作为报酬给你。这一法律行为因附有不法行为条件而无效。

(三) 不能条件

以不可能发生的事情作为法律行为条件的,法律行为无效(作为停止条件时),或者成为无条件的法律行为(作为解除条件时)。

二、个别的法律行为不可附条件

原则上,可以自由地对法律行为附加条件。但是以下两类法律行为受到限制。

(一) 与身份有关的法律行为不得附条件

婚姻、收养等与身份有关的法律行为不得附有条件。例如,Y 是有妇之夫,与 X 存在婚外恋情,Y 与 X 约定如果妻子能够答应离婚,则与 X 结婚。可想而知,如果允许这样的身份行为附条件,则家族秩序的安定性很容易遭到破坏。因此,考虑到这样的法律行为含有违反家族公序良俗的内容,附条件的身份行为无效。或者也可以说,附条件的身份行为实则并不存在表意人的确定意思,像上例中 Y 与 X 的结婚,如果以 Y 的妻子同意离婚为条件,相当于 Y 并不确定自己要与 X 结婚。法律行为的内容如果是不确定的,将导致法律行为的不成立。因此,附条件的身份行为也可以依此理由被判定为没有成立。

(二) 基于民事法律行为确立关系稳定性的性质不允许附条件

除了身份行为以外,如果一旦附有条件,就会使对方处于显著不安定状态的单独行为,例如,抵销、解除、撤销等,只要没有对方的同意,也不得设定条件。例如,X 对 Y 持有 400 万元贷款债权,而 Y 对 X 持有 300 万元货款债权。X 对 Y 表示:将自己对 Y 的债权在对等额度(300 万元)内抵销,同时需要以 X 的债权人 A 的同意为条件。抵销是由 X 一方的单独意思表示构成的单方法律行为,法律如果允许表示抵销的当事人自由地对抵销附条件,则容易导致一方当事人的任意妄为,使当事人之间的交易关系陷入不安定状态。故法律不允许此类行使形成权的民事法律行为附条件。

三、附生效条件的民事法律行为

如果作为条件的事实一旦成就(确定发生),会使附该条件的法律行为自此发生效力,那么该条件的性质属于生效条件,也称停止条件。例如,A 对 B 表示,如果 B 的专业书能够在某出版社出版,将给 B 提供 10 万元的出版赞助费。在这个事例中,B 的专业书籍在某出版社出版一事,是 A 向 B 提供赞助费这一法律行为的条件。由于双方以该条件的确定发生作为民事法律行为生效的条件,故提供赞助费是附生效条件的民事法律行为。

四、附解除条件的民事法律行为

如果作为条件的事实一旦成就(确定发生),会使附该条件的法律行为自此消灭,那么该条件的性质属于解除条件。例如,甲将自己家的停车位让邻居家乙免费使用,约定一旦自己家买车,就不再借给邻居继续使用。这就是附解除条件的法律行为。停车位免费借用合同(法律行为)将在甲家买车时失去效力。

第一百五十九条 附条件的民事法律行为,当事人为自己的利益不正当地阻止条件成就的,视为条件已经成就;不正当地促成条件成就的,视为条件不成就。

释 义

本条是关于拟制条件成就或不成就的规定。

法律行为附条件的情况下,效力何时发生或失去,取决于不确定发生的将来之事。现实中,当事情的自然发展会给某一方当事人带来不利时,该当事人很可能采用一些手段,促成或者妨碍条件的成就以图获得利益。本条对这种违背诚实信用原则获取利益的行为通过拟制条件成就或者不成就的方式,对人为地制造或者妨碍条件者进行惩戒。

一、拟制条件成就

例如,X 制冷公司与 Y 食品厂签订空调系统安装合同,约定安装完成以后经 Y 食品厂验收合格,收取 Y 食品厂 50 万元工程款。然而,在 X 履行了空调安装工程以后,Y 却故意不进行验收检测,导致 X 制冷公司无法及时获得 50 万元。

在这个事例中,X 若要获得 50 万元的工程款,需要 Y 验收合格。也就是说,Y 进行验收并且给予合格检测结果一事,是法律行为的生效条件。由于 Y 不愿意支付或者想拖延支付这笔报酬,所以迟迟不进行验收,以阻止生效条件的成就。民法即通过拟制条件成就的方式,令行为人欲阻止的条件成就,进而促使该民事法律行为生效。在本案中,即视作 Y 已验收合格,X 将因此有权请求 Y 支付对价 50 万元。

二、拟制条件不成就

例如,定作人 A 找到家具承揽制作人 B,希望 B 能够在一周之内为其特制一把橡木椅子,只要能够如期完成,愿以高价支付劳动报酬。B 欣然应允,并表示如果一周内不能提交,甘愿赔付 1000 元给 A。为了获得这 1000 元,A 故意将提供给 B 的制作材料换成了松木,致使 B 为了退换木材花费了两天的时间,最终无法在约定的时间里提交定作物橡木椅子。

在这个事例中,A 为了获得利益,故意地提供错误的制作材料,促使 B 无法在一周内完成工作,该行为是违反诚实信用原则的。因而,民法对这类采用不正当手段促成条件成就的行为,通过拟制条件不成就来惩戒不诚实守信的行为人。令其获得利益的愿景落空。

三、条件成否未定期间当事人的权利——期待权

附条件的法律行为,条件成否未定时,法律行为的当事人就条件成就存在利益。对于这一利益,我国法通过赋予存有利益的一方当事人以期待权对其保护。不允许他人侵害这一条件成就期待权。对于阻止条件成就者,或者促成条件成就者,都是侵害了当事人期待权的侵权人,其应承担相应的侵权损害赔偿责任。

第一百六十条 民事法律行为可以附期限,但是根据其性质不得附期限的除外。附生效期限的民事法律行为,自期限届至时生效。附终止期限的民事法律行为,自期限届满时失效。

释 义

本条是关于附期限的法律行为的规定。

一、何谓期限

所谓期限是指,让法律行为效力的发生或者消灭与将来确定发生的事实联系在一起。期限包括确定的期限,例如,X 向 Y 借款 3000 元,约定半年后的 4 月 1 日返还。也包括不确定的期限,例如,X 向 Y 许诺自己死后,房屋甲遗赠给 Y。

二、个别的法律行为不可附期限

对婚姻、收养等与身份有关的法律行为,不适宜附期限。例如,X 对 Y 表示等我两年,两年以后我们结婚。这样的意思表示不具有确定性,不具有确定性内容的法律行为不成立。

另外,对因行使形成权而实施的民事法律行为也不适宜附加期限。例如,X 与 Y 之间缔结了货物甲的买卖合同,由于甲在海上运输过程中遭遇了海啸,于是 X 以不可抗力为由,向对方当事人 Y 表示了解除之意,并且附加了期限:"现由于遭受不可抗力,我方决定 2 个月后解除与你方缔结的关于货物甲的买卖合同"。解除的目的就是让双方当事人尽早地从彼此的合同关系中解脱出来,而像这样对解除附期限,就会与解除的目的背道而驰。因此,对因行使解除权而实施的民事法律行为也不适合附期限。

三、附始期的法律行为

法律行为附生效期限的,该法律行为自该生效期限届至时生效。例如,经营饭店的 Y 今年 60 岁,对 40 岁的厨师长 X 表示,3 年后在自己生日那一天,把店里经营权转让给 X,X 表示同意。这一转让经营权的法律行为,自 3 年以后 Y 生日那天生效。

四、附终期的法律行为

法律行为附终止时期的,该法律行为届时失效。例如,X 考入了 K 大学,申请并得到了 Y 企业提供的奖学金,每个月可以从 Y 企业获得 1000 元的学习奖励费,直到大学本科毕业为止。本科毕业那一天就是法律行为效力消灭时,奖学金因此停止发放。

五、附期限的法律行为中的期待利益

例如,Y 作为贷款人借给 X 30 万元,约定 X 半年以后还本付息。在这个事例中,金钱借贷合同中的债务人(借款方 X)在半年后的期限到来以前,可以自由地使用这 30 万元借款,X 享有的这一利益,称作期待利益。附期限民事法律行为的任何一方当事人,不得损害对方当事人的期待利益,否则应承担损害赔偿责任。期待利益只被一方当事人拥有时,该当事人在任何时候可以不负任何负担地放弃期待利益。而对方当事人同时也存在期待利益时,一方当事人放弃期待利益的,必须填补对方当事人因丧失期待利益而受到的不利益。该填补不必在放弃期待利益的同时进行。

第七章　代　理

▮本章导言▶

　　为了弥补民事主体意思自治的不足,或拓展其意思自治的范围,本章承继《民法总则》第七章和《民法通则》第四章,就代理制度的相关问题作出规定。本章由三节共十五个条文组成,就代理的形成、效力、类型等作了一般性规定。针对委托代理中的共同代理、不法代理、自己代理、双方代理、复代理、职权代理、无权代理、表见代理等行为作出具体规制。列举了代理终止的若干情形。本章基本延续了《民法总则》的体例和内容安排。相较《民法总则》之前的立法而言,本章在委托代理中增加了职务代理行为,明确规定了表见代理行为等,对代理行为作出更为科学系统的规制。

第一节　一　般　规　定

　　第一百六十一条　民事主体可以通过代理人实施民事法律行为。

　　依照法律规定、当事人约定或者民事法律行为的性质,应当由本人亲自实施的民事法律行为,不得代理。

释　义

本条是关于代理及其适用范围的规定。

一、法律行为的代理

(一)何谓代理

例如,A 打算卖掉自己的别墅甲,由于不了解别墅买卖相关信息,A 决定委托熟知房屋买卖行情的 B,代理自己出售别墅甲。B 很快找到了需求者 C,按照 A 的意思签订了以 500 万元出售甲的合同。在这个事例中,买卖行为是由 B 和 C 完成的。买卖标的物甲是 A 所有之物。B 之所以有资格处分 A 的所有物,是因为 A 授予了 B 以代理 A 处分甲物的权利。这样,B 从 A 处获得了处理这项事物的代理权以后,作为 A 的代理人与相对人 C 实施的买卖合同的效果,即转让买卖标的物甲以及获取对价的权利和义务,归属于被代理人(本人)A,而不是 B。

又如,10 岁的 X 对其父母 Y 说想学习小提琴,其父母商量后找到小提琴老师 Z,以每节课 150 元的报酬与 Z 签订了合同。这个事例与上例同理,父母 Y 作为 X 的法定代理人,只是签订小提琴教习服务合同这一法律行为的实施人,不是该行为效果的归属人。老师 Z 依据合同应提供的教习服务,不是向父母 Y,而是向本人 X 提供。

诸如此类,代理人在代理权限内,以被代理人的名义实施民事法律行为,由被代理人直接承受行为法律后果的制度,就是狭义代理。广义代理还包括间接代理,指代理人在代理权限内以自己的名义代被代理人实施民事行为,由被代理人承受其法律后果。

（二）代理制度存在的意义

民法建立在私法自治的基础之上,因此,个人私领域中的生活关系由个人的自由意思决定,他人不许干涉。即所谓的允许自律,否定他律。然而,一味地贯彻意思自由、自己决定,会给实际生活带来一定程度的不便。如以上两事例所示,判断能力不足的限制行为能力人能够实现意思自治的领域有限。即便具备完整行为能力的人,在处理某一具体事物时很可能不如专业人士处理得好。因此,为了弥补意思自治的不足,民法有必要导入代理制度。此外,代理制度的导入还有利于突破私法自治的局限。试想一个人仅凭一己之力可能做到的必然有限,若要展开像公司(法人)那样的大规模事业活动,代理制度必不可少。因此,代理制度的存在不仅有利于弥补私法自治的不足,还有利于拓宽私法自治的范围。

（三）代理的法构造

从前面事例中可以看到,代理由以下法律关系构成。一是,本人和代理人之间的关系,这层关系也叫作代理的内部关系。本人通过与代理人订立代办事项委托合同,授予代理人以处理该项事务的代理权。如前所示,A 委托 B 出售自己的别墅甲。该委托合同有效成立时,B就获得了处分别墅甲的代理权,成为A的代理人。二是,代理人与相对人之间的关系,这层关系也叫作代理的外部关系。代理人向相对人为意思表示,该意思表示的内容即本人委托的代办事项,如果相对人就该事项与代理人达成一致,双方的关系即建立在相互实施的法律行为之上,例如,前例中B与A之间存在买卖合同关系,Y与Z之间存在服务合同关系。三是,本人与相对人之间的关系,这层关系也叫作代理行为的效果归属关系。一般而言,直接代理和间接代理的法效果皆归属于本人和相对人。《民法典·总则编》虽未直接规定间接代理行为,但也并未排斥该项制度,间接代理制度常活跃于商事实务领域。例如,A委托B证券公司购买M公司的股票1000股。接受委托的B从C证券公司购买了M公司的股票1000股。在此基础上,B变更这1000股的名义为A,B收取一定的手续费。

二、代理的适用范围

虽然代理可以对意思自治起到补充、增强的作用。但是,出于诚实信用原则以及公序良俗原则的考虑,某些民事法律行为不得代理:依照法律规定、当事人约定或者民事法律行为的性质,应当由本人亲自实施的民事法律行为,不得代理。当事人约定不能代理的自然不得代理,法律规定不得代理的行为如本法婚姻家庭编第1049条,其规定,结婚的男女双方必须亲自到婚姻登记机关进行婚姻登记。依民事法律行为的性质不得代理的行为主要包括身份行为、捐赠遗体、人体器官以及允许使用肖像、姓名的行为等与人格权或人格利益有关的民事法律行为等。

第一百六十二条　代理人在代理权限内,以被代理人名义实施的民事法律行为,对被代理人发生效力。

释　义

本条是关于代理行为法律效果的规定。

代理人实施的法律行为具备以下两个要素时,称作代理行为。一是民事法律行为由代理人在代理权限内独立实施;二是代理人以被代理人名义实施民事法律行为,法效果归属于被代理人。

一、代理人在代理权限内独立地与相对人实施民事法律行为

首先,代理过程中,实际为意思表示的人是代理人,所以代理行为的有效与否,原则上只就代理人作判断,而无须考虑被代理人的情况。具体而言,在判断代理行为是否成立时,仅需考虑代理人的意思表示存在与否。在判断代理行为是否有效时,仅需判断代理人的意思表示中是否存在瑕疵。例如,本人A委托B从金融机构融资200万元。B在与融资机构洽谈的过程中,C金融公司谎骗A(而不是B)说,C公司资金雄厚,有能力发放长期低息贷款。A对此很满意,但并没有告知B。后B作为A的代理人与C公司签订了借贷协议。在这个事例中,实施借贷法律行为的是代理人B,不是本人A,所以该代理行为的有效与否,仅需针对B来判断。只要B没有受到欺诈,即使本人A受到了欺诈,也不影响B实施的代理行为的效力。反之,如果情况是:B接受A委托,与金融机构洽谈时,金融公司C谎骗B,其公司资金雄厚,可发放长期低息贷款。B轻信其言,作为A的代理人与C签订了金钱借贷合同。在这种情况下,B可以主张其因C欺诈而实施的代理行为可撤销。作为例外,如果代理人能够证明所为意思表示,完全是被本人操控完成的,则代理行为的瑕疵有无,依据本人的行为进行判断。

其次,代理人须在代理权限内为代理行为,而不能实施代理权限以外的代理活动,否则即构成无权代理,无法发生代理的法律效果。代理权是代理人的资格,享有代理权的代理人在代理权限内享有权利、履行职责。

二、代理行为的归属效力

本条规定了直接代理行为,即代理人以被代理人的名义实施法律行为,该法律效果归属于被代理人。同时,本条并未排斥间接代理的存在,若代理人以自己的名义与相对人完成民事法律行为时,原则上法律效果也归属于被代理人(《合同法》第402条、第403条)。例如,A就出售100台电脑一事授予B以代理权,B找到了买方C,与其缔结买卖合同。该代理行为的法律效果是,买卖合同直接约束被代理人A与买方C。换言之,C虽然是与B签订的电脑购买合同,但是货款应向本人A支付,而不是B。同理,由于有效购买合同的法律效果归属于A,所以给付100台电脑的义务需要由本人A履行,而不是代理人B。万一出现了不履行或者瑕疵履行,必须由本人和相对人承担责任。

由此可以看到,代理行为不同于一般法律行为之处在于,代理行为不仅需要考虑代理行为本身是否具有法律效力,还要考虑有效的内容所拘束的对象,即效果归属问题。代理行为是否有效及代理行为的法律效果归属应区分判定。

第一百六十三条 代理包括委托代理和法定代理。

委托代理人按照被代理人的委托行使代理权。法定代理人依照法律的规定行使代理权。

释 义

本条是关于代理类型的规定。

一、代理权的类型

基于本人的意思委托代理人行使代理权的代理称为委托代理。委托代理人的代理权来自委托人的委托授权,故委托代理又被称为授权代理。依照法律规定(非本人的意思)行使代理权的代理称为法定代理。法定代理主要是为保护无民事行为能力人和限制民事行为能力人,例如,父母与未成年子女之间的法定代理关系。另外,法定代理还包括家事代理和财产代管人的代理。家事代理指夫妻因日常家庭事务而相互代理的行为。财产代管人的代理指由法院选定的失踪人的财产管理人作为代理人,代管失踪人的财产的行为。

二、区分类型的目的——确定代理权授权范围

依据代理权的产生原因区分代理类型的主要目的在于确定代理范围。只有代理范围明晰,才能进一步明确代理行为的效果归属。

法定代理根据相应法律规定明确代理范围。而委托代理中的代理人只能在被本人委托授权的范围内处理事务(为法律行为),超出授权范围的法律行为,效果无法归属于本人。例如,A 委托 B 寻找恰当的贷款方,为 A 提供 200 万元的融资。B 找到了 C 金融公司,由于 C 能够提供符合本人要求的贷款条件,B 与 C 很快就达成金钱借贷合同。但因 B 非常满意 C 的融资条件,便与其签订了超出本人委托借款金额(300 万元)的合同。这样,超出本人委托代

理范围的 100 万元借款的法律效果不能归属本人 A。

第一百六十四条 代理人不履行或者不完全履行职责,造成被代理人损害的,应当承担民事责任。

代理人和相对人恶意串通,损害被代理人合法权益的,代理人和相对人应当承担连带责任。

释 义

本条是关于代理人对本人所负义务与责任的规定。

一、代理人对本人担负的义务

一是事务处理义务。就委托代理关系而言,代理人和本人之间的法律关系建立在双方订立的代理事项委托合同之上,代理人相当于受托人,本人相当于委托人。作为受托人的代理人必须遵照本人的意愿,尽其所能地处理好被委托的事务。就法定代理关系而言,代理人依照法律规定履行事务处理的法定职责。二是忠实义务。代理人不能使本人的利益与自己的利益处于相冲突的地位,且代理人必须完全为本人利益服务,为此法律将自己代理和双方代理行为规定为效力待定的民事法律行为(参见本法第 168 条)。三是自己执行义务。代理人处理本人事项的权利来自本人的权利授予,非代理人自身所有。因此代理人无权将本人的权利转让出去。受本人之托,处理事务一事,只能由代理人自己亲自完成,代理人不得擅自转委托(参见本法第 169 条)。

二、代理人对本人的责任

(一) 违约损害赔偿责任

不论在委托代理还是在法定代理中,如果代理人不履行或不完全履行对本人负担的合同义务(法定代理的情况下为法律规定的义务),并且因此给本人造成了损害,代理人就应为其债务不履行行为承担违约损害赔偿责任。这一责任的构成,与本法第 577 条的违约责任相关规定并无二致。申言之,由本人证明代理人存在不履行或者不完全履行合同义务(法定代理的情况下法定义务)的事实,以及自己因此蒙受了损害的事实,以此主张代理人负有损害赔偿责任。这里的损害不仅包括因代理人没有妥善地履行事务处理义务而给本人带来的履行利益损害,也包括因代理人不履行忠实义务以及自己执行义务而给本人带来的信赖利益损害。

(二) 侵权损害赔偿责任

另外,本条第 2 款所言"代理人和相对人恶意串通,损害被代理人合法权益的",受本法第 154 条规制。代理行为因代理人与相对人恶意串通而无效,导致本人无法获得期待的法律效果。本人的期待权益受损,而造成这一损害的加害人为代理人与相对人,他们应为其实施的故意加害行为承担侵权损害赔偿责任。根据本条规定,二者对其给本人造成的损害,以连带的方式赔偿。所谓连带,是指本人可以要求代理人或相对人或二者共同赔偿本人损失,以此最大程度地保障本人实现侵权损害赔偿救济。

第二节　委 托 代 理

第一百六十五条　委托代理授权采用书面形式的,授权委托书应当载明代理人的姓名或者名称、代理事项、权限和期限,并由被代理人签名或者盖章。

释　义

本条是关于委托代理中书面授权的规定。

一、委托代理中的代理权授予行为

若要代理行为的效果归属于本人,需要代理人拥有实施该代理行为的权限即代理权。在法定代理的情形下,代理权是依据法律规定获得的。委托代理的情形下,代理权是通过本人代理人授予代理权而产生的。例如,X 欲出售自己所有的房屋甲,将此事委托给了解二手房买卖行情的 A。并向 A 交付了记载着"将出售房屋甲的一切权限授予 A"的委托书。A 基于该委托书与 Y 交涉,代理 X 与 Y 签订了合同,将甲以 200 万元出售给 Y。

本例中,在 X 和 A 之间存在托付出售房屋甲的委托合同。该委托合同与代理权授予行为之间是否相互脱离、独立存在的呢? 目前我国的主流观点认为代理权授予行为是独立存在于委托合同之外的,是本人的单方意思表示。这样,代理权的授予行为的有效性则不受代理人同意与否的影响。并且,代理权授予行为仅仅产生让授权相对人获得代理权的效果。至于代理人的义务,例如常见的忠实义务、自己执行义务以及妥善处理事务义务,都是基于委托合同而非授权行为发生。将代理权授予行为抽象地独立于委托合同,意义在于让代理权授予行为的效力不至于受到基础行为(委托合同)的影响和限制。试想作为基础行为的委托合同,如果是在本人与限制行为能力人之间订立的,这时假如将本人的授权行为与委托合同混为一体,委托合同一旦被撤销,授权行为也将随之无效,代理行为将成为无权代理。因此,承认授权行为的无因性,视授权行为独立于委托合同之外,即使代理人是限制行为能力人,其代理权的有效性也不会受到任何影响,以此保护代理行为相对人的交易安全。

二、代理权授予行为的方式

代理授权的意思表示可以是明示的也可以是默示的。例如本法第170条规定的职务代理,即以默示方式授予法人或非法人组织的工作人员以职权范围内的代理权。委托代理权授予以书面方式进行的,约定的内容应详尽。授权委托书应当载明代理人的姓名或者名称、代理事项、权限和期间,并由被代理人签名或者盖章。实践中代理权的授予大都采用书面形式,即本人交付委托书的形式,其对代理权限的详尽约定使其成为认定代理人代理权限的有效凭证。

第一百六十六条 数人为同一代理事项的代理人的,应当共同行使代理权,但是当事人另有约定的除外。

释 义

本条是关于共同代理的规定。

一、共同代理

就同一事项,如果法律(或者本人)授予数人以代理权,那么就出现了数个代理人实施同一代理行为的情况,此即共同代理。

二、共同代理权的行使

当被代理人就同一代理权指定了数个代理人时,就代理权的行使问题,有约定的按约定处理,未明确约定是共同代理还是单独代理时,如何认定代理权的行使问题,有两种不同立法例。一是各个代理人可以单独地行使全部的代理权,即数人单独代理。二是所有的代理人必须共同地行使代理权,即数人共同代理。我国立法采取了第二种立法例,即数个代理人共有一个代理权,每个代理人的代理权都受有限制。如果其中一个代理人单独实施代理行为,便超越了代理权限,构成无权代理。

第一百六十七条　代理人知道或者应当知道代理事项违法仍然实施代理行为,或者被代理人知道或者应当知道代理人的代理行为违法未作反对表示的,被代理人和代理人应当承担连带责任。

释　义

本条是关于不法代理的规定。

一、何谓不法代理

民法设置代理制度的目的,在于使民事主体可以借助代理制度,补充或者扩张自己为法律行为的行为能力。通过本法第 153 条,表达了不允许法律行为中存在违法内容的立法理念。含有这类内容的法律行为无效。因此,民法也不允许本人找人代理实施含有这类违法内容的法律行为。例如,A 授权 B 销售走私汽车。又如,A 授权 B 销售假冒伪劣食品、药品。这些都是让他人代理本人实施具有违法内容的法律行为,是被民法谴责的行为。

二、不法代理的民事责任

对于代理违法事项而造成的损害,如果代理人知道或者应该知道代理事项内容不法,其应当拒绝代理行为,而若代理人未予拒绝并实施了代理行为,进而造成损害的,应与被代理人承担连带责任。同理,对于代理人实施的代理行为,被代理人也应负有合理的审查注意义务,如果被代理人知道或应当知道代理人的行为违法却放任其实施该行为,因此而造成损害的,被代理人应当与代理人承担连带责任。

假如代理人所代理的事项内容本身不存在违法性,但是代理人如果采用了具有违法性的手段,例如,以胁迫相逼实施代理行为。那么,该法律行为的效力也同样被否定。即,受到胁迫的相对人,可以通过举证代理人存在胁迫行为而主张撤销代理人实施的民事法律行为并要求代理人承担相应责任。如果相对人同时能够证明,本人明知代理人以违法手段实施了代理行为却不加阻止,则其还可以请求本人与代理人承担连带责任。

第一百六十八条 代理人不得以被代理人的名义与自己实施民事法律行为,但是被代理人同意或者追认的除外。

代理人不得以被代理人的名义与自己同时代理的其他人实施民事法律行为,但是被代理的双方同意或者追认的除外。

释 义

本条是关于自己代理和双方代理的规定。

一、自己代理

所谓自己代理是指,代理人作为本人代理人的同时,也是代理行为的相对人。例如,A 为了卖掉自己的房屋甲,授予 B 以处理该项事务的代理权,B 自己以 200 万元购买了甲。在买卖合同上记载"卖方 A,代理人 B,买方 B"。

二、双方代理

所谓双方代理是指,代理人在代理本人的法律行为的同时,也是该法律行为相对人的代理人。例如,A 为了卖掉自己的房屋甲,授予 B 以处理该项事务的代理权。同时 C 欲购买房屋甲,并授予 B 以处理该项事务的代理权。这样 B 作为双方代理人,签订了以 200 万元买卖房屋甲的合同,合同中记载着"卖方 A,代理人 B;买方 C,代理人 B"。

三、民法原则上禁止自己代理、双方代理

民法之所以禁止自己代理、双方代理是因为考虑到,契约本是双方当事人相互通过自由交涉,以自己的意思决定缔结的。合同内容由民事主体自己决定。代理是代理人从本人得到代理权限,代替本人缔结合同的制度,代理制度目的在于补充或者扩充私法自治。但自己代理、双方代理的代理行为,是由同一个人的意思决定的,不是基于自由交涉的自律决定。基于自己代理、双方代理有悖于私法自治原则,与代理制度理念相反。且自己代理、双方代理的行为容易造成代理权的滥用,损害被代理人的利益。因此,法律原则上禁止自己代理或双方代理。

四、自己代理、双方代理的法律效果

《民法通则》《合同法》皆未明确限制自己代理和双方代理行为的法律效力,《民法总则》则对这两种代理行为作出明确规制,《民法典》总则编予以保留。法律原则上禁止自己代理和双方代理行为,但考虑到自己代理、双方代理只是代理人使用代理权不当的结果,因此法律规定,如果自己代理或者双方代理中的本人事先同意或者事后追认该代理行为,补足了代理权的瑕疵,法律也承认自己代理或双方代理的效力。所以本条确认了自己代理和双方代理为效力待定的民事法律行为。

第一百六十九条 代理人需要转委托第三人代理的,应当取得被代理人的同意或者追认。

转委托代理经被代理人同意或者追认的,被代理人可以就代理事务直接指示转委托的第三人,代理人仅就第三人的选任以及对第三人的指示承担责任。

转委托代理未经被代理人同意或者追认的,代理人应当对转委托的第三人的行为承担责任;但是,在紧急情况下代理人为了维护被代理人的利益需要转委托第三人代理的除外。

释 义

本条是关于复代理的规定。

一、何谓复代理

所谓复代理,指委托代理人为被代理人的利益将其所享有的代理权转委托于第三人而产生的代理。

二、复代理的特征

1. 本人给予代理人以选任其他代理人的权限(复任权)。代理人只有在本人事前同意或者事后追认复任权,或出现紧急情况下为维护被代理人的利益时,才有权选任他人作代理人。否则代理人应该自己执行代理事务。

2. 代理人须为被代理人的利益而转委托。代理人是基于被代理人的授权而获取的代理权,一般情形下,代理人应在代理权限内亲自实施代理行为,但实践中可能存在代理人能力不足以为委托事项下的代理行为,故出于对被代理人利益的考量而实施转委托行为是被法律允许的。

3. 代理人选任出来的代理人(复代理人)是本人的代理人,不是代理人的代理人。即复代理人所为代理行为的效果归本人。例如,本人 A 授权 B 代理出售 100 支 U 盘,代理人 B 在出售了 40 支后,得到本人 A 同意,选任 C 作为出售剩余 60 支 U 盘的复代理人。C 与 D 经交涉后签订了 60 支 U 盘的买卖合同,署名"A 的代理人 C"。复代理人在实施代理行为时,对本人承担着与代理人同样的义务。

4. 在一定情形下,代理人对复代理人的行为承担责任。若转委托代理未经被代理人同意或者追认的,则只有当代理人对第三人的选任以及对第三人的指示存在过错时,才须承担责任。如果代理人在选任以及指示复代理人时,已经尽到了相当的注意义务,则可以免除代理人的责任。

若转委托代理未经被代理人同意或者追认的,代理人应当对转委托的第三人的行为承担责任;但是,由于急病、通信联络中断等特殊原因,委托代理人自己不能办理代理事项,又不能与被代理人及时取得联系,如不及时转托他人代理,会给被代理人的利益造成损失或者扩大损失的,代理人可以不经被代理人同意或者追认而转委托代理。

第一百七十条　执行法人或者非法人组织工作任务的人员,就其职权范围内的事项,以法人或者非法人组织的名义实施的民事法律行为,对法人或者非法人组织发生效力。

法人或者非法人组织对执行其工作任务的人员职权范围的限制,不得对抗善意相对人。

释　义

本条是关于职务代理的规定。

一、何谓职务代理

例如 A 公司的采购员 B 在与 C 签订了 50 把电脑椅的买卖合同时署名"A 公司的 B",此时相对人 C 有理由相信 B 不是为了自己,而是为了他所属的公司 A 进行该笔交易,因此 C 有权向 A 公司请求支付货款,并向 A 公司交付合同中约定的 50 把电脑椅。

二、职务代理行为效果归属的依据

在商事交易中,公司职员执行公司委任的工作,与相对人签订合同时,出于交易迅速便捷的考虑,往往忽略显名,也无须单独授权职工实施职权范围内的工作任务。例如,纺织厂 A 的销售员 B 向 C 服装厂出售一批棉麻布匹,即使在销售合同中没有向相对人 C 显名"A 厂的 B",C 厂也可以凭借多年的贸易往来,相信 B 的出售行为是在执行其所属企业 A 厂的职务行为,因而将购买款项向 A 纺织厂支付,而不是 B(法律效果归本人)。职员 B 实施的法律行为的效果,之所以归属于其所属纺织厂,不是因为其对相对人显名与否,而是因为自其受雇于公司以后,接受公司委任的工作,并按照公司的指示、监督执行具体的委任事项,是被公司授予代理权的代理行为。该职务代理行为的基础是职务关系,职务代理实质上构成委托代理的特殊形式,法律效果应归属于公司。

三、对善意相对人的特别保护

基于职务关系的代理权是公司职员执行工作任务后法效果归属于公司的根据,当公司职员超越职权范围执行工作任务时,构成无权代理,但无权代理的代理行为不得对抗善意相对人。例如,以上事例一中的采购员 B,超出公司委派他购买电脑椅的数量,与 C 签订了购买 70 把椅子的合同。只要相对人 C 不知道 A(本人)对 B 的指示是 50 把,那么对于超出代理范围的 20 把椅子,C 仍旧可以请求 A 公司(本人)支付货款,A 公司不可以以 B 超越代理权限为抗辩事由拒绝支付。以此保护商事交易中的相对人,维护商事交易的安定、顺畅。

第一百七十一条　行为人没有代理权、超越代理权或者代理权终止后,仍然实施代理行为,未经被代理人追认的,对被代理人不发生效力。

相对人可以催告被代理人自收到通知之日起三十日内予以追认。被代理人未作表示的,视为拒绝追认。行为人实施的行为被追认前,善意相对人有撤销的权利。撤销应当以通知的方式作出。

行为人实施的行为未被追认的,善意相对人有权请求行为人履行债务或者就其受到的损害请求行为人赔偿。但是,赔偿的范围不得超过被代理人追认时相对人所能获得的利益。

相对人知道或者应当知道行为人无权代理的,相对人和行为人按照各自的过错承担责任。

释　义

本条是关于无权代理的规定。

一、无权代理的构成要件及法律效果

行为人没有代理权、超越代理权授权范围、代理权消灭以后依旧实施代理行为等情形都是无权代理。根据本法第 162 条,代理行为的效果之所以归属本人是因为存在代理权,即存在令代理行为的效果归属于本人的意思表示。因此,欠缺代理权的行为,其法律效果无法直接归属于本人。

二、本人对无权代理的追认

无权代理只是发生无权代理人所为法律行为的效果不归属于本人的效

力,如果本人希望得到该法律行为的效果,补充欠缺的代理权,就可以使代理行为的法效果归属本人。因此,本条赋予本人以追认权,通过本人向相对人或者无权代理人发出追认的意思表示,令无权代理行为的法效果归属于本人。由于追认属于单方民事法律行为,所以有关法律行为的相关规范均可适用于追认。例如,追认可以采用明示的方式,也可以采用诸如实际履行的默示方式。本法第 503 条规定,无权代理人以被代理人的名义订立合同,被代理人已经开始履行合同义务或者接受相对人履行的,视为对合同的追认。

当然,如果追认的意思表示是向代理人而不是相对人作出的,有可能出现相对人不知道追认一事存在的情况。此时本人和代理人无法向相对人主张追认的效力,无法要求法律行为的效果归于本人。

三、法律对相对人的保护措施

(一) 相对人的催告权

为了保证法律关系的稳定性,解除相对人在本人未予追认无权代理行为时所处的不安状态,法律赋予相对人以催告权。自相对人知道对方没有代理权之日起,可以向被代理人发出诸如"关于是否追认某人(无权代理人)的行为,请于某期间内作出答复"的通知,根据本条规定,本人须在收到通知之日起三十日内予以追认,未作表示即视为未予追认。

(二) 善意相对人的撤销权

相对人也可以通过行使撤销权,向无权代理人发出撤销与其成立的法律行为的通知,使自己尽早从不安定状态中解脱出来。需要注意的是,此处的撤销权仅以通知的形式行使即可发生撤销的效果,即法律行为溯及至成立时起无效,而不需要通过诉讼程序获得撤销的效果。

根据本条规定,只有不知道代理人是无权代理人的相对人(善意的相对人)才有撤销权。也就是说,当相对人明知代理人是无权代理,还要以代理人没有代理权为由撤销法律行为的,无权代理人可以通过举证相对人恶意,来阻却相对人行使撤销权。

(三) 善意相对人的履行请求权以及损害赔偿请求权

本条除了赋予无权代理行为的相对人以催告权和撤销权来保护相对人以外,还对没有得到追认的无权代理的相对人,提供了行使请求履行或损害赔偿的权利。当无权代理行为的效力因为没有得到本人的追认而确定地无法归属于本人时,善意相对人可以要求无权代理人履行,或要求无权代理人赔偿其所受损失,但无权代理人的赔偿范围只能以履行利益为限,不得超过被代理人追认时相对人所能获得的利益。

(四) 恶意相对人的损害赔偿请求权

相对人因为存在恶意(知道没有代理权)或者过失(应该知道没有代理权),而没有资格请求无权代理人履行或者赔偿损害。即便在这种情况下,恶意的相对人如果能证明,无权代理人在为无权代理行为时,存在故意或者过失,导致自己的权利或者利益受到了损失,也可以请求无权代理人承担损害赔偿责任。如果相对人对损害的发生与有过失,其应当与无权代理人按照各自的过错承担责任。

第一百七十二条 行为人没有代理权、超越代理权或者代理权终止后,仍然实施代理行为,相对人有理由相信行为人有代理权的,代理行为有效。

释 义

本条是关于表见代理的规定。

一、何谓表见代理

表见代理指,行为人无代理权而以被代理人的名义为代理行为,但客观上有足以使相对人相信行为人有代理权的事实,善意的相对人基于这一信赖与行为人实施了民事法律行为。区别于一般无权代理,表见代理的行为有效,相对人有权请求本人履行代理行为的内容。

二、表见代理的构成要件

首先,行为人无代理权而以被代理人的名义为代理行为。表见代理成立的前提为无权代理,广义的无权代理包括表见代理行为。其次,客观上有足以使相对人相信行为人有代理权的事实。行为人虽然客观上无代理权,但表现出有代理权的特征。如常年在甲公司工作的 A 已经离职,但仍保留甲公司的公章,以甲公司名义与相对人 B 签订合约,A 的行为即满足权利外观。最后,必须相对人为善意且无过失。也就是说,无权代理中的相对人若希望行为效果归属本人,必须能够举证说明自己不知道行为人没有代理权,并且没有知道的可能性。这样,只有善意无过失的相对人才能被法律评价为"有理由相信行为人有代理权"的相对人,从而适用本条。

三、表见代理制度适用的场合

表见代理制度的目的在于保护相对人,这与法定代理制度的设计理念是相反的。法定代理制度是以本人的行为能力欠缺或者不足为前提,通过法定代理人补充本人的行为能力,以达到保护本人的目的。因此,表见代理制度多活跃于委托代理中,而鲜见于法定代理情形。

第三节　代理终止

第一百七十三条　有下列情形之一的,委托代理终止:

（一）代理期限届满或者代理事务完成;

（二）被代理人取消委托或者代理人辞去委托;

（三）代理人丧失民事行为能力;

（四）代理人或者被代理人死亡;

（五）作为代理人或者被代理人的法人、非法人组织终止。

释　义

本条是关于委托代理终止的规定。

一、何谓代理终止

所谓代理终止是指代理权消灭。

二、委托代理的终止事由

委托代理权的消灭原因包括:一是代理权授予行为本身的原因。例如,代理期间届满。二是基础法律关系的原因。例如,代理事务已经完成。三是被代理人方面的原因。例如,被代理人丧失民事行为能力或者被代理人死亡。

四是当被代理人是法人或者非法人组织时,只存在因法人或非法人组织终止(注销)而导致委托代理终止的情形。五是代理人方面的原因。例如,代理人丧失民事行为能力或者死亡。

第一百七十四条 被代理人死亡后,有下列情形之一的,委托代理人实施的代理行为有效:

(一)代理人不知道且不应当知道被代理人死亡;

(二)被代理人的继承人予以承认;

(三)授权中明确代理权在代理事务完成时终止;

(四)被代理人死亡前已经实施,为了被代理人的继承人的利益继续代理。

作为被代理人的法人、非法人组织终止的,参照适用前款规定。

释 义

本条是关于委托代理终止的例外规定。

一、被代理人死亡产生的法律效果

根据本法第 173 条的规定,委托代理中的被代理人死亡是代理权消灭的事由之一。由此可知,被代理人死亡将导致代理人丧失代理权,其实施的代理行为成为无权代理。

二、委托代理终止的例外情形

当被代理人死亡或者作为被代理人的法人、非法人组织终止时,代理人实施的民事法律行为可以由他人代受。故被代理人死亡并不当然导致代理关系终止,代理人实施的代理行为在以下几种情形中仍有效:一是代理人不知道并且不应该知道被代理人死亡,代理人在此情形中无过错,不应由其承受代理行为终止的不利后果。二是代理人的继承人予以承认,此相当于代理人的继承人对代理权的授予。三是授权中明确代理权在代理事务完成时终止,此时代理行为仍在代理权限范围内。四是被代理人死亡前已经实施,为了被代理人的继承人的利益继续代理。此情形下承认代理关系的继续存在有利于被代理人继承人的利益保护。

第一百七十五条　有下列情形之一的,法定代理终止:

(一)被代理人取得或者恢复完全民事行为能力;

(二)代理人丧失民事行为能力;

(三)代理人或者被代理人死亡;

(四)法律规定的其他情形。

释　义

本条是关于法定代理终止的规定。

法定代理终止的情形主要有以下几种:一是被代理人取得或者恢复完全民事行为能力。被代理人不具备完全民事行为能力是法定代理发生的主要原因,而当被代理人已经恢复完全民事行为能力之时,法定代理将无存在的必要。二是代理人丧失民事行为能力。代理行为为民事法律行为的一种,而丧失民事行为能力的行为人无法实施有效的民事法律行为。故当代理人丧失民事法律行为时,代理关系终止。三是代理人或被代理人死亡。当代理人或被代理人死亡时,将不满足民事法律行为构成的主体要件,法定代理关系自然终止。四是法律规定的其他情形。除上述三种法定代理终止的情形外,法律规定的其他情形也可能导致法定代理关系终止。比如,夫妻离婚后,家事代理关系即终止;监护资格被取消后,法定代理关系即终止等。

第八章 民事责任

本章导言 ▶

　　民事责任是保障民事权利实现的重要制度,是民法的重要组成部分。本章的形成主要有三方面原因。第一,我国原《民法通则》通过第六章专章规定了民事责任,创立了民事权利、民事义务和责任"三位一体"的立法模式。该模式已经被广大人民群众和法律工作者普遍接受和熟悉,所以后来的《民法总则》承继了该立法模式,继续专章(第八章)规定了民事责任。现《民法典》专章规定民事责任的做法再次沿袭了该立法模式,保持了立法习惯的延续性和统一性,立法体系更加合理。第二,民事责任是民事主体违反民事义务引发的于己不利的法律后果,民事义务系对应民事权利而来,所以在民事权利之后规定民事责任符合民法保护民事主体民事权益的基本逻辑。第三,本章明确民事责任,有利于引导民事主体强化自觉依法履行民事义务的意识,预防和制裁违反民事义务的行为,实现民法典对民事主体民事权益的保护。

　　本章共计12条,主要规定了民事责任的强制性,民事责任的种类(按份责任和连带责任),民事主体承担民事责任的方式和不可抗力、正当防卫、紧急避险行为的责任承担规则,明确了因保护他人民事权益而使自己受到损害的责任承担主体,增设了因自愿实施紧急救助行为造成受助人损害的不承担民事责任的规则,强调了侵害英雄、烈士等的姓名、肖像、名誉、荣誉,损害社会公共利益的需要承担民事责任,规定了违约责任与侵权责任的竞合处理规则,明确了财产优先承担民事责任原则等。

　　第一百七十六条　民事主体依照法律规定或者按照当事人约定,履行民事义务,承担民事责任。

释　义

本条是关于民事义务和民事责任的规定。

民法以保护民事权益为宗旨,其基本逻辑就是确认民事主体的民事权益,课以义务人一定的义务,义务人违反义务将产生一定的民事责任。确认权利的目的已经在《民法典》第一编第五章中得以实现,本章解决民事责任的基本问题。理解本条需要把握以下三点:

其一,所谓的民事义务是指义务人为满足权利人的利益而为一定行为或不为一定行为的拘束。民事义务是为了保护民事权益而存在的,本质就是为一定行为或者不为一定行为,包括作为义务和不作为义务。作为义务要求必须积极地去做一件事,例如成年子女负有赡养父母的义务。不作为义务要求不能去做一件事,例如禁止殴打他人、盗窃他人财物等。

其二,民事义务和民事责任产生的原因有且只有两个,即法律规定和当事人约定。法律规定的民事义务不需要当事人互相约定便存在,例如任何人都负有不得随意剥夺他人生命权的义务。当事人约定的义务是指该义务是当事人双方互相约定出来的,并不是法律直接规定出来的,买卖合同中很多的义务就是约定义务。例如张某买李某10斤苹果,约定明天中午12点前李某将苹果送到张某家,那么李某按时送货的义务就是一种约定义务。

其三,民事责任是民事主体因违反民事义务,侵害他人的人身财产权益所引起的于己不利的法律后果。依据不同的标准,可以对民事责任进行不同的分类。根据责任发生根据的不同,民事责任可以分为合同责任、侵权责任与其他责任。合同责任指因违反合同约定的义务或法律规定的义务而产生的责任。侵权责任是指因侵害他人的民事权益而依法须承担的责任。其他责任是指合同责任与侵权责任之外的其他民事责任,如不当得利、无因管理等产生的责任。根据民事责任是否具有财产内容,民事责任可以分为财产责任与非财产责任。财产责任是指由行为人承担财产上的不利后果,使受害人得到财产上补偿的民事责任,如损害赔偿责任。非财产责任是指为防止或消除损害后果,使受损害的非财产权利得到恢复的民事责任,如消除影响、赔礼道歉等。其他民事责任的分类不再一一赘述。

第一百七十七条 二人以上依法承担按份责任,能够确定责任大小的,各自承担相应的责任;难以确定责任大小的,平均承担责任。

释 义

本条是关于按份责任的规定。

按份责任是指各个责任主体按照自己应有的份额承担责任。各个责任主体能够分清楚各自份额的,按照各自份额承担责任。确定份额的方法有二:一是看法律规定,即法律直接规定各个责任主体的份额如何确定。例如法律规定责任主体责任份额的大小依据各自的过错大小来认定,即过错越大,责任就越大。二是依照当事人的约定来判断,这在合同领域比较常见。例如,在共同保证中,两个保证人和债权人约定两个保证人按照4∶6的比例对债务人不能清偿的债务承担责任。

如果按照上述方法难以确定责任大小的,平均承担责任。这也符合常理,既实现了对受害人的保护,也实现了数个责任人之间的相对公平。

第一百七十八条 二人以上依法承担连带责任的,权利人有权请求部分或者全部连带责任人承担责任。

连带责任人的责任份额根据各自责任大小确定;难以确定责任大小的,平均承担责任。实际承担责任超过自己责任份额的连带责任人,有权向其他连带责任人追偿。

连带责任,由法律规定或者当事人约定。

释 义

本条是关于连带责任的规定。

连带责任是指依照法律规定或者当事人约定,两个或者两个以上当事人对其共同债务全部承担或部分承担,并能因此引起其内部债务关系的一种民事责任。按份责任是有份额大小之分的,实在分不清份额时平均分担,但是连带责任不同,连带责任是指每个责任人都有义务向受害人全部承担该民事责

任,只是数个连带责任人事后可以互相追偿。本条对连带责任承担规则的规定实际上讲了以下四个方面的内容:

第一,受害人可以向任何一个或者全部责任人主张全部责任。连带责任要分两个方面来看,一个是外部责任,另一个是内部责任。所谓的外部责任是指数个连带责任人作为一个整体向受害人承担的责任,所谓的内部责任是指数个连带责任人内部之间责任份额的确定。在看外部责任时,数个连带责任人是一个整体,所以受害人只需要向这个整体主张民事责任即可,从这个角度来讲,受害人可以同时向所有连带责任人主张民事责任,也可以只向其中一个或者数个连带责任人主张民事责任,因为连带责任主要是为了保护受害人的求偿权。需要注意的是,任何一个责任人不得以全体责任人内部之间有责任份额的约定为由而拒绝向受害人全部赔偿。即内部责任仅仅约束数个连带责任人而已,对受害人没有影响。无论法律怎样规定数个连带责任人之间的份额大小,无论数个连带责任人怎么约定互相之间的责任份额大小,都不影响受害人向其中一个或者全部连带责任人主张部分或者全部民事责任。

第二,各个责任人之间存在责任份额划分。此处解释的是连带责任的内部责任份额划分问题,在按份责任中,数个责任人之间责任份额的区分要和赔偿受害人一起解决,但是在连带责任中,是先解决赔偿受害人问题,然后再解决数个责任人之间份额大小的确定问题。数个连带责任人之间也有份额大小之分,这个份额大小也是依据法律规定和当事人约定划分,如果法律没有规定,当事人也没有约定的话,则数个连带责任人平均分担。

第三,一人承担超出自己应当承担的责任份额后可以再向其他责任人追偿。该方面要解释的是连带责任内部追偿权的行使问题,外部责任部分提及,受害人理论上讲完全可以向其中一个连带责任人主张全部民事责任,而内部责任部分又解释到数个连带责任人之间实际上是有责任份额大小之分的,那其中一人要是承担了全部民事责任的话,其可以事后再向其他连带责任人追偿(当然,追偿权的行使不限于追偿权人承担所有责任份额的情形,只要其承担的责任份额超出了自己应当承担的份额,其就可以向其他责任人行使追偿权)。需要注意的是,追偿必须发生在赔偿完受害人以后,也就是说只有外部责任承担完毕才会牵扯到内部责任的分担问题。

第四,连带责任的发生原因。按照本条的规定,连带责任的产生原因有两个,即法律规定和当事人约定。法律规定的连带责任是指法律直接规定的数个责任人对同一损害承担的连带责任,此处指称的法律不仅限于《民法典》,还包括《消费者权益保护法》《食品安全法》等特别法。例如《民法典·侵权责任编》规定的共同加害行为、共同危险行为、基于聚合因果关系呈现的无意思联络的数人侵权行为引发的连带责任,建筑物倒塌致害中建设单位和施工单位的连带责任,分公司和总公司对分公司债务承担的连带责任,普通合伙人对合伙债务承担的连带责任等。约定的连带责任是指当事人事先通过单独的协议或协议中的条款共同约定对未来发生的损害承担的连带责任。例如,在连带责任保证中,保证人和债权人、债务人约定如果将来债务人不履行债务,债权人就可以要求保证人履行债务,即债务人和保证人向债权人承担连带责任。

第一百七十九条 承担民事责任的方式主要有:

(一)停止侵害;

(二)排除妨碍;

(三)消除危险;

(四)返还财产;

(五)恢复原状;

(六)修理、重作、更换;

(七)继续履行;

(八)赔偿损失;

(九)支付违约金;

(十)消除影响、恢复名誉;

(十一)赔礼道歉。

法律规定惩罚性赔偿的,依照其规定。

本条规定的承担民事责任的方式,可以单独适用,也可以合并适用。

释 义

本条是关于承担民事责任的方式的规定。

承担民事责任的方式,又称"民事责任形式",是指行为人违反民事义务承担民事责任的具体形式。其既是对权利人合法权益受到侵害时的补救方法，又是法院保护民事权利的具体方法和制裁不法行为的具体措施。本条列举了十一种承担民事责任的方式，现逐项解释：

1. 停止侵害、排除妨碍与消除危险。这三者不仅仅适用于物权请求权，也适用于人格权请求权、身份权请求权。例如，针对非法拘禁这种持续性侵害人身自由的行为，受害人除了请求损害赔偿以外，还可以主张停止侵害。当人格权被妨碍或者面临被侵害的危险（比如绑架嫌疑人持刀尾随受害人）时，受害人亦可主张排除妨碍或消除危险。

2. 返还财产。其不仅仅是返还原物、恢复占有，还包括返还因不法侵害而获得的财产。例如，著作权人有权要求盗版印刷行为人返还其销售盗版印刷著作权人著作获得的收益。

3. 恢复原状。其既包括物权法上的返还原物、返还占有，也包括侵权法项下的损害填补，如因过失将他人自行车撞坏后，对自行车进行修理，以恢复自行车未被撞坏之状态。

4. 修理、重作、更换。这是违约责任承担方式的一种，是因为当事人因交付标的物之质量有瑕疵而承担的责任。其既可适用于买卖合同，表现为修理、更换，也可适用于承揽合同，表现为修理、重作等。

5. 继续履行。无正当理由不履行或不适当履行合同约定的义务的，权利人可以请求义务人按照合同约定继续履行义务，必要之时，权利人可以诉请人民法院强制执行。

6. 赔偿损失。即以金钱或实物的方式填补受害人所遭受的损失。该责任承担方式适用范围最广，应用频率最高，其包括违约损害赔偿、侵权损害赔偿和无因管理中的赔偿损失等。其也可分为金钱赔偿和实物赔偿，并以金钱赔偿最为常见。

7. 支付违约金。这是典型的违约责任承担方式之一，即守约方可以要求违约方因其违约而向自己支付合同约定的违约金。例如，张某和李某在买卖合同中约定，李某要在明天中午12点之前将苹果送到张某的水果店，如果不能准时送到的话，李某要向张某支付违约金100元。

8. 消除影响、恢复名誉。该责任承担方式主要是针对名誉权侵权而设，即被侵权人可以要求侵权人采取发布更正公告等方式消除因为侮辱诽谤造成的不良影响，澄清社会成员的误解，恢复被侵权者的名誉，使之获得正常的社会评价。

9.赔礼道歉。这是常见的比较具有中国历史传统的人格权侵权抚慰方式,这种救济方式可以在一定程度上减轻被侵权人的精神痛苦,使侵权人得到被侵权人的谅解。

10.惩罚性赔偿。是指根据法律规定,赔偿数额超出实际的损害数额的赔偿。不同于常规的赔偿损失,惩罚性赔偿重在惩罚加害人,其仅适用于法律特别规定之情形。例如,《民法典》第 1207 条规定:"明知产品存在缺陷仍然生产、销售,或者没有依据前条规定采取有效补救措施,造成他人死亡或者健康严重损害的,被侵权人有权请求相应的惩罚性赔偿。"《消费者权益保护法》(2013 年修正)第 55 条规定:"经营者提供商品或者服务有欺诈行为的,应当按照消费者的要求增加赔偿其受到的损失,增加赔偿的金额为消费者购买商品的价款或者接受服务的费用的三倍;增加赔偿的金额不足五百元的,为五百元。法律另有规定的,依照其规定。经营者明知商品或者服务存在缺陷,仍然向消费者提供,造成消费者或者其他受害人死亡或者健康严重损害的,受害人有权要求经营者依照本法第 49 条、第 51 条等法律规定赔偿损失,并有权要求所受损失二倍以下的惩罚性赔偿。"

以上承担民事责任的方式可以单独适用,也可以合并适用。例如张某和李某是邻居,张某在自己家院墙边种了一棵树,几年后这棵树枝繁叶茂,高过了李某家的房顶,并且很多树枝延伸到了李某家房顶上。一日,狂风暴雨来袭,树枝将李某家房顶上的瓦片弄碎,导致李某家漏雨,损失 1 万元。此时李某可以要求张某停止侵害(如果风雨继续的话)、消除危险(如果张某不修剪树枝的话下一次风雨来袭还会如此)、恢复原状(将李某房顶修好)、赔偿损失(赔偿李某家里被淹的家具)等。

第一百八十条 因不可抗力不能履行民事义务的,不承担民事责任。法律另有规定的,依照其规定。

不可抗力是不能预见、不能避免且不能克服的客观情况。

释 义

本条是关于不可抗力的规定。

不可抗力是指依照现有的技术水平不能够预见,并且采取一切可能的措施都无法避免或者克服的事件。不可抗力的要求是不能预见、不能避免、不能克服,体现了主客观结合的判断标准。不能预见反映了不可抗力的主观标准。例如,甲在乙处订了一批鲜花,需要冷链运输,但是在运输过程中,冷链专用箱出现故障,致使鲜花枯萎,无法完成交易。这种冷链专用箱发生故障的情况是完全可以预见的,不属于不可抗力。每个人的预见能力不同,因此是否可预见应当以一般人的预见能力为标准。例如,气象专家有可能预见到明天刮台风,但是一般人不可能预见到台风的突然来袭,所以台风属于不可抗力。不能避免且不能克服是不可抗力的客观标准,指事件的发生不以人的意志为转移,超出了人力所及。不可抗力包括三类:一是地震、台风、海啸等自然灾害。只有不可抗拒的自然灾害才能成为免责事由。二是战争、武装冲突、罢工等社会异常事件。三是国家原因,是指因为国家行使行政、司法职能而导致的不可抗力。

因不可抗力不能履行民事义务的,不承担民事责任(法律有特殊规定的除外)。这里的民事责任既包括违约责任也包括侵权责任,也就是说不可抗力作为民法中的免责事由之一,其在整个民法体系中都可以适用。例如,甲乙签订了一份买卖合同,甲未按期履行合同,其延期交付货物时在送货途中遭遇泥石流,货物因此受到损坏而无法交付,此时,乙仍可以请求甲承担违约责任,法律依据为《民法典》第590条。该条规定:"当事人一方因不可抗力不能履行合同的,根据不可抗力的影响,部分或者全部免除责任,但是法律另有规定的除外。因不可抗力不能履行合同的,应当及时通知对方,以减轻可能给对方造成的损失,并应当在合理期限内提供证明。当事人迟延履行后发生不可抗力的,不免除其违约责任。"

第一百八十一条　因正当防卫造成损害的,不承担民事责任。

正当防卫超过必要的限度,造成不应有的损害的,正当防卫人应当承担适当的民事责任。

释　义

本条是关于正当防卫的规定。

正当防卫是指在公共利益、本人或他人的人身或其他合法权益受到现时的不法侵害时,为防止损害的发生而对不法侵害人所采取的防卫行为。本条指称之正当防卫必须具备以下四个要件:第一,正当防卫须针对正在进行的不法侵害,即加害人已经着手实施侵害,该侵害尚未结束。例如,甲抢夺了乙的背包,乙在其后紧追不舍,属于正当防卫。如果乙放弃追赶,甲逃离了乙的追赶范围,就认为不法侵害已经结束,即使第二天乙又碰到了甲,乙也不能针对甲前一天的抢夺行为进行正当防卫。第二,正当防卫须针对不法侵害人本人。例如,甲欠乙一笔钱,丙陪伴乙去甲处讨要欠款,期间甲和乙发生言语冲突,随后乙对甲大打出手,甲为保护自己不受伤害拿起身边的棍子进行防卫,不小心将站在旁边的丙打伤。甲对丙的伤害不能主张正当防卫,因为丙不是不法侵害人。第三,正当防卫须为保护合法权益而实施。在相互斗殴的情形,双方均不能主张正当防卫。第四,正当防卫须在必要的限度内。例如,甲抢夺了乙的背包,乙和朋友丙在其后紧追不舍,乙和丙追上甲之后,丙控制住了甲,乙又对甲进行拳打脚踢,致使甲骨折。因丙控制住甲已经能够有效地制止侵害行为,所以乙再对甲进行拳打脚踢致其骨折的行为超过了必要限度,不属于正当防卫。

正当防卫可以保护合法权益不受不法侵害,阻却违法行为的发生,其不属于不法侵害行为,正当防卫造成损害的不需要承担民事责任,同时也不能对正当防卫行为实行正当防卫。例如,甲和乙发生矛盾,甲朝乙的脸打了一拳,因甲比乙高大许多,乙不敢还手,只能躲避。甲随后又对乙持续拳打脚踢,乙情急之下拿起地上的石块砸在甲的头上,乙得以逃脱。此时乙的行为属于正当防卫,其对甲的伤害不需要承担民事责任。如果甲追上逃脱的乙,用石头将乙的头砸伤,该行为不属于正当防卫,因为不能对正当防卫行为实行正当防卫。

防卫过当的要承担适当的民事责任。防卫过当是指超出必要"限度"而造成不应有损害的防卫。例如,在存在多种防卫手段均可以有效制止不法侵害时,应当采取较轻的手段。如果采用了较重的手段对不法侵害人造成了不必要的伤害时,需要承担民事责任。例如,甲将汽车停在了乙的停车位上,乙可以打电话叫甲挪车,而无须对甲的汽车进行毁损,否则,乙应当对甲进行赔偿。

第一百八十二条 因紧急避险造成损害的,由引起险情发生的人承担民事责任。

危险由自然原因引起的,紧急避险人不承担民事责任,可以给予适当补偿。

紧急避险采取措施不当或者超过必要的限度,造成不应有的损害的,紧急避险人应当承担适当的民事责任。

释　义

本条是关于紧急避险的规定。

紧急避险指为了使公共利益、本人或他人的人身和其他合法权益免受正在发生的危险,而不得已采取的损害他人一定利益的救险行为。紧急避险本质是对合法权益的舍小保大的无奈之举,是在较小利益和较大利益之间的权衡取舍。例如甲的仇人乙对其进行追杀,情况十分危急,如果甲停下来对乙进行必要的反击阻止其追杀,可构成正当防卫。如果甲在马上要被乙追上的时候,无奈之下抢过路人丙的摩托车成功逃脱。甲抢走丙摩托车的行为侵犯了丙的合法权益,但构成紧急避险,所以甲无需承担侵权责任。

紧急避险须符合下列条件:第一,必须是合法权益遭受紧急危险。紧急避险所保护的应是合法权益,且该权益正在遭受正在发生的、现实的危险。如果因为还未发生的危险、已经发生过的危险或者假想的危险而实施避险侵害他人利益,则不构成紧急避险。第二,避险措施应是在不得已的情况下实施的,不得超过必要限度。由于紧急避险实际上伤害了另一合法权益,具有侵害性,因此,紧急避险不可随意为之,只有无其他方式可以避险时才可适用。紧急避险之所以可以牺牲一部分较小利益,是因为该行为可以保护另一较大利益。如果因避险行为造成的损害大于危险发生造成的损害,则避险行为就失去了合理性。

本条延续了原《侵权责任法》第 31 条的规定,将紧急避险的法律效果分为三种类型。第一,当险情是由人引起时,由引起险情的人承担民事责任。第二,危险是由自然原因引起的,行为人采取的措施又无不当,则避险人不承担责任或予以适当补偿。如运送货物的船只突遇台风,必须将货物倾倒一部分才可以保障船只安全行驶。此时险情是由于自然原因引起,且倾倒部分货物的行为是挽救船员生命的唯一方法,因此船员对货物的损失不承担责任,但可对货物主人进行适当补偿。第三,如果避险人的避险行为不当或超过必要限度,造成了不应有的损害,避险人仍应承担适当责任。

第一百八十三条 因保护他人民事权益使自己受到损害的,由侵权人承担民事责任,受益人可以给予适当补偿。没有侵权人、侵权人逃逸或者无力承担民事责任,受害人请求补偿的,受益人应当给予适当补偿。

释 义

本条是关于见义勇为的规定。

《民法典》第183、184条规定的是我国民法中的见义勇为制度,其中,第183条强调了救助人因救助行为遭受损害的权益保障,第184条强调了救助人因救助行为造成受助人损害时责任的豁免。两条法律规范相辅相成,顺应了社会主义核心价值观的要求,对鼓励民事主体伸出援手、保护救助人权益和弘扬社会主义核心价值观具有重要作用。

见义勇为是指不负法定或约定义务的自然人,为保护国家、社会公共利益或他人人身、财产权益,在紧急情况下实施的预防或制止犯罪、抢险救灾、救死扶伤等防止危害、制止侵害的救助行为。见义勇为的构成要件有四:第一,主体为自然人。法人、非法人组织虽属于民事主体,但见义勇为制度所倡导的是见义勇为人的高尚品质,因此应将法人、非法人组织分离出来。第二,行为主体无法定或约定义务。见义勇为强调的是一种自然人无义务负担下的主动援助和施救,消防员抢险救灾、游乐项目工作人员保障游客安全,均不应认定为见义勇为。第三,行为主体具有保护国家、社会利益或他人人身、财产安全免受侵害或损害的目的。即见义勇为是以利他为目的的救助,如果行为人救助他人是为了事后索取报酬,则不属于见义勇为。第四,见义勇为应发生在紧迫情况下。是否构成紧迫情况,应以一般人的认知作为判断标准,否则,以异于常人的标准判断构成危险进而进行施救,造成了不该有的损失,则不适用见义勇为条款。

见义勇为中受助人所面临的危险来源多种多样,如侵害人的加害行为、自然力、动物侵害、受助人自身突发疾病等,不同的危险来源导致的救助人的损害赔偿责任应区别对待。首先,当存在侵害人时,救助人因保护他人民事权益使自己受到损害的,由侵权人承担民事责任。同时,相较于原《侵权责任法》第23条,而后的《民法总则》和本条均新增了此种情况下受助人可以予以适当补偿的规定,这更有利于保障救助人的权益。其次,如果存在受助人突发急病、失足落水等无侵害人的情形,此时不存在他人侵害而只能由救助行为的受益人自己进行补偿。如果存在侵权人,但是侵权人逃逸或者侵权人确实无力偿还的,由于被救助人是直接获利人,出于公平和公序良俗理念的考虑,在救助人请求补偿时,受益人应当给予适当补偿。

第一百八十四条 因自愿实施紧急救助行为造成受助人损害的,救助人不承担民事责任。

释 义

本条是关于自愿紧急救助的规定。

本条是民事主体自愿实施紧急救助行为后的民事责任承担的规定,其立法目的在于使好人做好事时无后顾之忧,这有助于维护社会公平正义,改良社会风气。

自愿紧急救助的构成要件有三:第一,必须要有紧急的情况发生,此时若不实施救助,受助人可能遭受重大损害。例如救助正在遭受抢劫的人。第二,必须是行为人出于自愿而实施的救助行为,并非第三人胁迫,也不是行为人自身某种义务使然。第三,救助行为致使被救助人遭受损害,该损害既可以是人身损害,也可以是财产损害。

在立法过程中曾有人建议,如果由于救助人的故意或重大过失导致被救助者损害的,救助人应当承担民事责任。但最终本条没有采纳这一建议,理由是在紧急危险关头,无法对救助人提出过高要求,否则很难保证救助人自愿实施救助行为,这更不利于形成和谐稳定的社会秩序,有悖于社会主义核心价值观。

第一百八十五条 侵害英雄烈士等的姓名、肖像、名誉、荣誉,损害社会公共利益的,应当承担民事责任。

释　义

本条是关于英雄烈士等人格利益受法律特殊保护的规定。

"英雄烈士"指无私忘我、不畏艰险,为国家和人民作出显著成绩和特殊贡献,或者在保卫祖国和社会主义建设事业中因特定情形牺牲的,依照《烈士褒扬条例》(2019 修订) 与《军人抚恤条例》被依法认定为烈士的自然人。近些年,有关侵害英雄烈士等人格权益的案件时有发生,对社会造成了极为恶劣的影响。对于英雄烈士等的人格利益进行特别保护具有鲜明的政治意义,是弘扬社会主义核心价值观的具体体现,有利于弘扬烈士精神,缅怀烈士功绩,培养民事主体的爱国主义精神,增强中华民族的凝聚力。

侵害英雄烈士人格利益的民事责任包括以下四个构成要件:第一,侵害了英雄烈士等的姓名、名誉、肖像和荣誉。英雄既可以是生者,也可以是死者,而烈士只能是死者,对于生存在世的英雄完全可以通过一般的侵权制度予以解决。第二,行为人具有过错。该侵权类型属于一般侵权,应适用过错责任原则。行为人无过错的,无须承担侵权责任。第三,必须有损害的发生。该损害可以是英雄烈士的姓名、肖像、名誉和荣誉的损害或者英雄烈士近亲属利益的损害。同时,英雄烈士体现了国家形象和民族精神,该损害也包括公共利益的损害。第四,加害行为与损害之间具备因果关系,即上述损害是由行为人的加害行为所致。

符合上述要件的,加害人必须承担民事责任。承担民事责任的方式主要有消除影响、恢复名誉、赔礼道歉和损害赔偿等。

第一百八十六条　因当事人一方的违约行为,损害对方人身权益、财产权益的,受损害方有权选择请求其承担违约责任或者侵权责任。

释　义

本条是关于违约责任和侵权责任竞合的规定。

本条规定了违约责任和侵权责任的竞合。行为人的违约行为同时满足侵权责任构成要件的,允许受害人在两种民事责任中进行选择,要求对方承担相应的民事责任。本条规定要求受害人只能行使一个请求权实现权利的救济,而非并求,主要原因是民法中权利救济的核心是填补不法行为所造成的损害,而不是使受害人因祸得福。否则,受害人将可能借损害赔偿而实现财富增长,进而背离平等原则和诚实信用原则。

违约责任与侵权责任的竞合包括以下三个条件:第一,行为人实施了一个不法行为。如果行为人实施多个不法行为,应该按照不同的要求分别承担相应的责任。第二,同一个不法行为既满足了违约责任的要求,又满足了侵权责任的要求。第三,数个民事责任相互冲突,受害人只能要求对方承担其中一个。例如,甲借乙的电脑使用,之后甲将电脑擅自转卖给不知情的丙,并完成交付。此时,丙基于善意取得电脑的所有权,乙既违反借用合同产生违约责任,又侵犯甲的财产权产生侵权责任,甲只能要求义务人承担其中一个责任。

第一百八十七条 民事主体因同一行为应当承担民事责任、行政责任和刑事责任的,承担行政责任或者刑事责任不影响承担民事责任;民事主体的财产不足以支付的,优先用于承担民事责任。

释 义

本条是关于民事责任优先的规定。

本条旨在明确民事责任、行政责任和刑事责任三者之间的关系,确立民事责任优先原则。民事责任产生于民法,行政责任产生于行政法,刑事责任产生于刑法,实践中这三种责任重合概率很高。所谓的民事责任优先是指不同性质的责任并存时,要先承担民事责任,然后再承担刑事责任和行政责任。民事责任优先原则的适用条件有二:第一,责任主体应依法承担民事责任。实践中,为了防止债权人和债务人恶意串通逃避行政或刑事责任,往往要求债权人证明民事责任的成立,必要的时候须经有关司法机关的审判确认,才可以认定。第二,责任主体的财产不足以同时满足清偿民事债务和承担罚款、罚金及没收财产的行政、刑事责任。民事、行政及刑事责任是三种性质不同的法律责任,一般情况可以并行不悖。只有当同一责任主体的财产不足以同时承担民事责任和财产性的行政、刑事责任时,方存在民事责任优先的问题。例如,张某醉酒驾驶机动车闯红灯致李某死亡,最终人民法院判决张某违反《刑法》构成了刑事犯罪,处罚金10万元;交警部门因为张某违反《道路交通安全法》向其罚款5000元;人民法院又因为张某违反原《侵权责任法》而判决张某赔偿李某近亲属100万元。事实上张某所有的财产加起来只有50万元,此时该50万元应该全部用于侵权损害赔偿。

第九章 诉讼时效

本章导言 ▶

　　本章是关于诉讼时效的规定,诉讼时效是指权利人在一定期间内不行使权利,在该期间届满后,发生义务人可以拒绝履行其给付义务效果的法律制度。民法对权利的保护并非没有限度,该制度旨在督促权利人积极、及时行使权利,稳定法律秩序,维护交易安全。本章承继原《民法总则》第九章的规定,共计12条,主要规定了普通诉讼时效期间及其起算规则、最长权利保护期间;分期履行债务诉讼时效期间的起算规则;无民事行为能力人或限制民事行为能力人对其法定代理人的请求权的诉讼时效期间的起算规则;未成年人遭受性侵害的损害赔偿请求权的诉讼时效期间的起算规则;诉讼时效期间届满的法律效果;诉讼时效的援引规则;诉讼时效的中止及其效力;诉讼时效的中断及其效力;不适用诉讼时效的请求权类型;诉讼时效的法定性及时效利益不得预先放弃;仲裁时效;除斥期间的一般规定等。相较于《民法总则》之前的民事立法而言,本章关于诉讼时效的规定更为全面、细致,其整合、吸收了原《最高人民法院关于审理民事案件适用诉讼时效制度若干问题的规定》(法释〔2008〕11号)和《最高人民法院关于适用〈中华人民共和国民法总则〉诉讼时效制度若干问题的解释》(法释〔2018〕12号)等法律文件的部分规定,也作出了一定的修改,为以后诉讼时效制度的适用提供了基本法律依据。

　　第一百八十八条　向人民法院请求保护民事权利的诉讼时效期间为三年。法律另有规定的,依照其规定。

　　诉讼时效期间自权利人知道或者应当知道权利受到损害以及义务人之日起计算。法律另有规定的,依照其规定。但是,自权利受到损害之日起超过二十年的,人民法院不予保护,有特殊情况的,人民法院可以根据权利人的申请决定延长。

释 义

本条是关于普通诉讼时效的规定。

诉讼时效是指请求权人在法定期间内不行使权利,义务人可以拒绝履行其给付义务的法律制度。欠债还钱,本来是"天经地义"的。然而,请求权人应依法及时主张权利,否则,法律不必纵容躺在权利上睡觉之人,债务人在诉讼时效期间届满后将享有抗辩权,请求权人到法院诉讼时将不会得到法院的保护。

本条修改了原《民法通则》规定的诉讼时效制度,修改主要表现为三点:一是一般诉讼时效期间由两年改为三年,二是取消了一年的特殊诉讼时效,三是规定诉讼时效期间自权利人知道或者应当知道受到损害以及义务人之日起计算。

诉讼时效计算起点为"权利人知道或者应当知道权利受到损害以及义务人之日"。通常来讲,权利人很容易知道自身权利遭受侵害,但未必知道侵害人或义务人是谁。从知道或者应当知道损害发生以及义务人之日起计算诉讼时效更为合理、更具可操作性。例如,2010年,张某向李某的鱼塘投毒,投放的是慢性毒药,此时李某并不知晓。2012年,李某鱼塘的鱼开始相继死亡,李某也不知原因。2013年,李某找相关部门鉴定才发现原来鱼是中毒死亡,遂立即报案。2014年公安机关才查清事实,将张某抓捕归案。本案中,张某投毒的行为发生在2010年,李某知道自己权利受到侵害是2012年,李某知道义务人是谁是2014年。即李某向张某主张侵权损害赔偿请求权的诉讼时效期间从2014年开始计算。

"法律另有规定的依照其规定"有两方面的意思:一方面,当《民法典》分编针对某一特殊民事法律关系的诉讼时效有专门的规定时,要优先适用分编的规定。例如,《民法典》第594条规定:"因国际货物买卖合同和技术进出口合同争议提起诉讼或者申请仲裁的时效期间为四年。"另一方面,当其他法律对某一特殊民事法律关系的诉讼时效有特殊规定时,要优先适用其他法律规定,例如,《产品质量法》(2018年修正)第45条:"因产品存在缺陷造成损害要求赔偿的诉讼时效期间为二年,自当事人知道或者应当知道其权益受到损害时起计算。因产品存在缺陷造成损害要求赔偿的请求权,在造成损害的缺陷产品交付最初消费者满十年丧失;但是,尚未超过明示的安全使用期的除外。"

"自权利受到损害之日起超过二十年的,人民法院不予保护;有特殊情况的,人民法院可以依据根据权利人的申请决定延长。"这是关于最长诉讼时效的规定,当权利受到损害的事实已经发生,且经过很长时间已超过 20 年,那么这段期间已经形成了稳定的经济交易秩序,如果打破秩序就会破坏稳定与和谐,所以损害发生之日起超过 20 年再请求法院保护权利,法院则会驳回权利人的诉讼请求。例如,上述鱼塘投毒案例中,假如李某 25 年之后才知道当年是张某故意投毒的话,那么法院便不再保护李某的胜诉权。但是,真有特殊情况如若不保护权利人的请求权将会带来更为严重的后果或者不好的影响的,法官可以依当事人的申请,综合裁量决定是否延长时效期限。

必须指出的是,诉讼时效期间届满权利人本身享有的民事权利并没有消灭。例如,张某起诉李某,要求李某偿还 10 万元借款,结果张某请求权的诉讼时效已过,那么法院会驳回张某的诉讼请求。此时张某因为过了诉讼时效而丧失了胜诉权,那么李某是否还欠张某 10 万元呢? 答案是肯定的,如果李某主动清偿,张某完全有权接受。

第一百八十九条　当事人约定同一债务分期履行的,诉讼时效期间自最后一期履行期限届满之日起计算。

释　义

本条是关于同一债务分期履行的诉讼时效起算点确定规则的规定。

理解本条需要把握两个重点:一是该诉讼时效计算方法仅限于约定型同一债务分期履行的情况,二是该诉讼时效计算方法仅限于同一债务分期履行之情形。

当事人可以对同一债务的履行方式进行约定,例如一次性履行完毕或者分期履行。在当事人对该同一债务约定分期履行时,该笔债务诉讼时效的计算时间起点为最后一期履行期限届满之日。例如在买卖合同中,当事人双方约定该笔货款分三期支付,分别为 2019 年的 1 月份、6 月份和 12 月份,那么出卖人向买受人主张该笔债权的诉讼时效应当自2020年1月份开始计算,即最后一期履行期限届满之日,注意,不是2019年12月份,因为2019年12月份是最后一期的履行期限,该时间段过了才是履行期限届满。《民法典》第633条规定:"出卖人分批交付标的物的,出卖人对其中一批标的物不交付或者交付不符合约定,致使该批标的物不能实现合同目的的,买受人可以就该批标的物解除。出卖人不交付其中一批标的物或者交付不符合约定,致使之后其他各批标的物的交付不能实现合同目的的,买受人可以就该批以及之后其他各批标的物解除。买受人如果就其中一批标的物解除,该批标的物与其他各批标的物相互依存的,可以就已经交付和未交付的各批标的物解除。"本条规定的就是分期履行之债。如果各批债务具有可分性的话,可以就每一笔债务单独行使权利,即其诉讼时效可以从每笔债务履行期限届满时起算;但是当各笔债务具有整体性时,则所有债务只具有一个请求权,即其诉讼时效应当从最后一笔债务履行期限届满之日起起算。

本条要求之分期履行的债务必须为同一债务,该同一债务指称的不是同一类型或者同一性质,而是指不可分割的一个债务,即该债务具有同一性和整体性。该同一债务从整体上来说是一个债务,是基于同一合同目的所成立的。虽然基于当事人的意愿,将债务的履行进行了分割,使每个分债务具有了一定的独立性,但是这种独立性还不足以否定该债务的整体性。该同一债务强调债务的整体性,不同于定期给付之债,定期给付之债为不同笔债务,即每笔债务相互独立,只是互相重复而已。以供电合同和借款合同为例,在供电合同中,需电人每月向供电人交付电费,这不是分期履行,而是每月重复同种债务,所以该债务属于定期给付之债,其诉讼时效不适用本条的计算方法。在借款合同中,例如借款人每月向出借人还款2000元,总共分30年还清。该债务属于分期履行的债务,是一笔债务,具有整体性和同一性,只不过是分为了360期还款而已,其诉讼时效的计算适用本条规定。可见,分期履行之债在订立合同时就已经产生该债务,之后在合同履行过程中该债务不会重复或者变更。

第一百九十条 无民事行为能力人或者限制民事行为能力人对其法定代理人的请求权的诉讼时效期间,自该法定代理终止之日起计算。

释　义

本条是关于无民事行为能力人或限制民事行为能力人对其法定代理人的请求权的诉讼时效起算点确定规则的规定。

代理是民法中的一项制度，可以分为法定代理和意定代理（委托代理）两种。法定代理人的代理权来自法律的直接规定，例如，无民事行为能力人、限制民事行为能力人的监护人为其法定代理人。意定代理人的代理权来自被代理人的授权，而这种授权又往往根源于当事人之间的委托合同。

一般情况下，诉讼时效期间从当事人知道或者应当知道权利被侵害以及义务人时起算。然而，无民事行为能力人和限制民事行为能力人的合法权益可能受到法定代理人的侵害，由于其心智不成熟，没有独立的认知，言行举止在绝大多数情况下都会受到法定代理人的控制，很难让他们自觉地意识到要维护自己的权利的。就算意识到了，他们也因为受到法定代理人的控制而无法主张自己的权利。为了最大化保护无民事行为能力人或者限制民事行为能力人的合法权益，无民事行为能力人或限制民事行为能力人对其法定代理人的请求权的诉讼时效期间，自该法定代理终止之日起计算更为合理。

诉讼时效起算点因为不同的法定代理终止情形而存在差别：第一，被代理人取得或者恢复民事行为能力的，法定代理自然终止。例如父母侵害未成年子女的合法权益，未成年子女向父母主张侵权损害赔偿请求权的诉讼时效，从未成年子女成为完全民事行为能力人时起算。第二，法定代理人丧失民事行为能力的。例如，父母原来是未成年子女的法定代理人，后来父母成为无民事行为能力人。父母的法定代理权从其被宣告为无民事行为能力之时终止，诉讼时效从宣告生效之时起算。第三，法定代理人或者代理人死亡。例如，父母死亡或者未成年子女死亡，此时双方的法定代理关系终止，从终止之时起算诉讼时效。第四，法律规定的其他情形。

第一百九十一条　未成年人遭受性侵害的损害赔偿请求权的诉讼时效期间，自受害人年满十八周岁之日起计算。

释 义

本条是关于受性侵害未成年人的损害赔偿请求权的诉讼时效期间起算点确定规则的规定。

未成年人遭受性侵害的损害赔偿请求权的诉讼时效期间,自受害人年满十八周岁(包括十八周岁)之日起计算。也就是说,如果受害人在儿童期遭受了性侵害,那么即便当时其没有主张权利,追究加害人的民事责任,其年满十八周岁后仍然可以要求加害人承担民事责任。本条规定的原因在于未成年人心智发育不完善,尤其是对性不甚了解,他们遭受性侵害之时往往不能很好地认知到损害的严重性。基于种种考量,法定代理人可能即便知道未成年人遭受性侵害也不愿意帮其维护合法权益,甚至有可能法定代理人本身就是加害人。基于此,法律特作上述规定。

第一百九十二条 诉讼时效期间届满的,义务人可以提出不履行义务的抗辩。

诉讼时效期间届满后,义务人同意履行的,不得以诉讼时效期间届满为由抗辩;义务人已经自愿履行的,不得请求返还。

释 义

本条是关于诉讼时效届满的法律效果的规定。

诉讼时效届满以后义务人针对权利人的请求权享有抗辩权。抗辩权和请求权相对,请求权是请求对方为或者不为一定行为的权利,抗辩权是可以延缓或否定请求权的权利,权利主体可以拒绝向对方为或者不为一定行为。例如,张某欠李某2万元,约定2020年还清,结果一直到2024年也没还。由于三年的诉讼时效已过,当李某2024年以后再向张某行使请求权时,张某就有了一个抗辩权。

诉讼时效届满以后义务人同意继续履行的话其就不能再行使自己的抗辩权。如前所述,诉讼时效届满以后义务人(张某)本来可以主张抗辩权,但是如果张某又向李某承诺说有钱了一定会还给他的话,那么此后当李某向张某行使请求权要求张某还钱时,张某就不能再行使自己的抗辩权了。张某同意继续履行实质上是对抗辩权的放弃,既然你已经放弃了抗辩权,同意继续还李某钱,那么以后你就不能再反悔,否则将违反诚实信用原则。

诉讼时效届满以后义务人已经自愿履行义务的,其不能再要求权利人返还。因为诉讼时效届满不导致债权消灭,债务人自愿履行的,债权人有权受领给付。这种给付可以导致债权债务的消灭,不会构成不当得利,义务人不可请求返还。

第一百九十三条　人民法院不得主动适用诉讼时效的规定。

释　义

本条是关于诉讼时效援引规则的规定。

诉讼时效必须依法申请,法院不能依职权主动援引诉讼时效的规定来裁判案件。例如,张某欠李某10万元,现在诉讼时效已过,李某向人民法院提起诉讼,要求张某还钱。从法律上讲,既然诉讼时效已过,那么张某就有了一个抗辩权,当李某起诉张某还钱时张某完全可以以诉讼时效已过为由拒绝还钱,人民法院也会支持,最终的结果就是人民法院判决张某不用还钱。《最高人民法院关于适用〈中华人民共和国民法总则〉诉讼时效制度若干问题的解释》第3条规定:"当事人未提出诉讼时效抗辩,人民法院不应对诉讼时效问题进行释明及主动适用诉讼时效的规定进行裁判。"

行使主张诉讼时效届满的抗辩权是债务人的权利,法院不能代替债务人行使权利。如果法院可以主动审查的话,那就意味着法院在证明诉讼时效过了或者没过的事实,这不符合谁主张谁举证的一般证据规则,也将背离居中审判原则,无异于偏袒债务人。

第一百九十四条　在诉讼时效期间的最后六个月内,因下列障碍,不能行使请求权的,诉讼时效中止:

(一)不可抗力;

(二)无民事行为能力人或者限制民事行为能力人没有法定代理人,或者法定代理人死亡、丧失民事行为能力、丧失代理权;

（三）继承开始后未确定继承人或者遗产管理人；

（四）权利人被义务人或者其他人控制；

（五）其他导致权利人不能行使请求权的障碍。

自中止时效的原因消除之日起满六个月，诉讼时效期间届满。

释 义

本条是关于诉讼时效中止的规定。

诉讼时效中止是指在诉讼时效进行期间，因发生法定事由阻碍权利人行使请求权时，诉讼时效依法暂时停止计算，并在法定事由消失之日起按照六个月计算。诉讼时效中止是一种应对紧急突发情况的措施，规定中止情形必须发生在诉讼时效期间的最后六个月内，这既足以保障当事人的权益，又可以避免当事人滥用诉讼时效中止制度。例如，诉讼时效从 2020 年 1 月 1 日起算，一般诉讼时效是三年，则引发诉讼时效中止的情形只能发生在 2022 年 7 月 1 日至 2022 年 12 月 31 日这个时间段之内。

诉讼时效中止的原因有五：第一，不可抗力。不可抗力是指不能预见、不能避免并不能克服的客观情况。例如，自然灾害（如台风、地震、洪水、冰雹）、政府行为（如征收、征用）、社会异常事件（如罢工、骚乱等）等。第二，无民事行为能力人或者限制民事行为能力人没有法定代理人，或者法定代理人死亡、丧失民事行为能力、丧失代理权。由于无民事行为能力人和限制民事行为能力人自身存在认知缺陷和能力缺陷，民事活动绝大多数都是由法定代理人代理，否则，其无法主张自己的权利。所以，对于无民事行为能力人和限制民事行为能力人而言，法定代理人缺位对他们而言属于不能行使请求权的客观障碍，应当停止计算诉讼时效，保护无民事行为能力人和限制民事行为能力人的胜诉权。第三，继承开始后未确定继承人或者遗产管理人的。因为此时无法确定权利义务由谁继受或行使，所以不能计算诉讼时效。第四，权利人被义务人或者其他人控制的。很多人为了钻诉讼时效抗辩的空子，会想尽办法控制权利人以使其无法行使请求权，这种情况下，权利人不行使权利并非是在权利上睡眠，为了保护权利人的合法权益，其受控制期间不应算入诉讼时效期间。第五，只要在诉讼时效期间最后六个月内出现了权利人不能行使请求权的障碍,诉讼时效就应当中止,而不限于以上四种情形。本条将诉讼时效中止的原因由原来的"导致权利人不能主张权利的客观情形"改为"导致权利人不能行使请求权的障碍",其包容性更强,不限于"客观情形",可以包括交通事故受害人因构成一级伤残而不能行使请求权和权利人在服刑期间,人身自由受到限制,无法正常行使诉讼权利等。

第一百九十五条　有下列情形之一的,诉讼时效中断,从中断、有关程序终结时起,诉讼时效期间重新计算:

（一）权利人向义务人提出履行请求;

（二）义务人同意履行义务;

（三）权利人提起诉讼或者申请仲裁;

（四）与提起诉讼或者申请仲裁具有同等效力的其他情形。

释　义

本条是关于诉讼时效中断的规定。

诉讼时效中断指在诉讼时效期间进行中,因发生一定的法定事由,致使已经经过的时效期间全部归为无效,待该事由消失后,诉讼时效期间重新计算。诉讼时效的目的是督促权利人及时行使请求权,消除权利义务关系的不稳定状态,如果当事人通过实施本条规定的这些行为,使得权利义务关系重新明确,则诉讼时效已无继续计算的意义,所以予以中断。这是诚实信用原则的要求,也可以最大程度地保护债权人利益。

诉讼时效中断的事由包括:

第一,权利人向义务人提出履行请求。其主要表现形式有:(1)当事人一方直接向对方当事人送交主张权利文书,对方当事人在文书上签字、盖章或者虽未签字、盖章但能够以其他方式证明该文书到达对方当事人的。(2)当事人一方以发送信件或者数据电文方式主张权利,信件或者数据电文到达或者应当到达对方当事人的。(3)当事人一方为金融机构,依照法律规定或者当事人约定从对方当事人账户中扣收欠款本息的。(4)当事人一方下落不明,对方当事人在国家级或者下落不明的当事人一方住所地的省级有影响的媒体上刊登具有主张权利内容的公告的。

第二，义务人同意履行义务。所谓义务人同意履行义务是指义务人以明示或默示方式承认履行义务。承认不以明示为限，义务人作出分期履行、部分履行、提供担保、请求延期履行、制订清偿债务计划等承诺或者行为的，均属于同意履行义务。

第三，权利人提起诉讼或者申请仲裁，程序终止时发生诉讼时效中断。撤回起诉或者因起诉不合法等被驳回起诉的，诉讼时效不中断。所谓提起诉讼是指当事人在人民法院发动的诉讼，申请仲裁和提起诉讼的效力相同。提起诉讼也包括其他与诉讼具有同等效力的行为，例如申请支付令，申请破产、申报破产债权，为主张权利而申请宣告义务人失踪或死亡，申请诉前财产保全、诉前临时禁令等诉前措施，申请强制执行，申请追加当事人或者被通知参加诉讼和在诉讼中主张抵销等。

此外，向人民调解委员会以及其他依法有权解决相关民事纠纷的国家机关、事业单位、社会团体等社会组织提出保护权利请求的。如果权利人提出请求后，经有关机关处理未能解决纠纷的，则诉讼时效应从权利人知道或者应当知道纠纷未获解决之日起重新起算。如做出调处决定或达成调处协议，调处决定或调处协议中规定了义务人履行义务的期限，在履行期限届满后义务人未履行或者未完全履行义务的，则诉讼时效自履行期限届满之日重新起算。

权利人向公安机关、人民检察院、人民法院报案或者控告，请求保护民事权利的，诉讼时效从其报案或者控告之日起中断。上述机关决定不立案、撤销案件、不起诉的，诉讼时效期间从权利人知道或者应当知道不立案、撤销案件或者不起诉之日起重新计算。刑事案件进入审理阶段，诉讼时效期间从刑事裁判文书生效之日起重新计算。

第一百九十六条 下列请求权不适用诉讼时效的规定：
(一)请求停止侵害、排除妨碍、消除危险；
(二)不动产物权和登记的动产物权的权利人请求返还财产；
(三)请求支付抚养费、赡养费或者扶养费；
(四)依法不适用诉讼时效的其他请求权。

释 义

本条是关于不适用诉讼时效的请求权的规定。

本条单独列举了四种不适用诉讼时效的请求权类型,体现了对相关权利人的特殊保护。

第一,请求停止侵害、排除妨碍、消除危险的请求权不适用诉讼时效的规定。之所以具有上述三种性质的请求权不适用诉讼时效,是因为停止侵害、排除妨碍、消除危险所面对的妨害一般都是持续性的,至少到受害人请求停止侵害、排除妨碍、消除危险时妨害并未消失。对于尚处在持续状态中的侵害提出的请求,即便随着时间的流逝,也不会产生损害诉讼时效制度所保护的利益的问题,自然不应当适用诉讼时效。

第二,不动产物权和登记的动产物权的权利人请求返还财产不适用诉讼时效的规定。不动产是指房屋、土地、林木等地上定着物。不动产的本质特征在于其不可脱离土地而单独存在,生长过程中的林木是不动产,但是如果将其砍伐以后林木就变成了动产。所有不动产物权的权利人请求返还财产的均不适用诉讼时效。动产是除不动产之外的其他的物,其本质特征在于可以脱离土地而单独存在,具有可移动性,例如汽车、轮船、电视机等。动产有登记的动产和未登记的动产之分,只有登记的动产物权的权利人请求返还财产的不适用诉讼时效,以体现登记的公信力。须登记的动产有汽车、船舶、航空器、航天器等。举例来说,张某的手机在 2019 年被李某偷了,直到 2025 年张某才知道当年是李某偷了自己的手机,那么张某要求李某返还手机的请求权就要受到诉讼时效的约束,该诉讼时效从 2025 年开始计算。如果当时李某偷的是张某的汽车的话,那么张某要求李某返还汽车的请求权是不适用诉讼时效的,也就是说张某任何时候都有权要求李某返还汽车,因为汽车是登记的动产。

第三,请求支付抚养费、赡养费或者扶养费的请求权不适用诉讼时效的规定。请求支付抚养费、赡养费或者扶养费的请求权属于基于身份关系产生的,具有财产给付性质的请求权。出于维护基本社会伦理秩序的考虑,基于身份关系产生的财产性请求权不适用诉讼时效。例如,张文系张武的儿子,张武从张文出生始就没有抚养过张文,张文一直跟着母亲生活,现在张文已经 15 周岁。虽然 15 年前张文的权利就遭受了侵害,但是张文现在依然可以请求张武向自己支付抚养费。

第四,依法不适用诉讼时效的其他请求权。例如,存款本息的请求权无特定履行期限,存款人可以随时请求金融机构兑付,如果适用诉讼时效,会给民众的生存利益带来极为不好的影响,违背法律的目的,所以存款本息请求权不适用诉讼时效。认购人基于对国家和金融机构的信赖购买债权的,其投资具有类似于储蓄的性质,所以由国债和金融债产生的支付体系请求权不适用诉讼时效。基于投资产生的缴付出资请求权不适用诉讼时效,这主要考虑到充足的资本是企业开展经营活动的保障,也是企业对外承担民事责任的担保,缴付出资请求权不应该受到诉讼时效的限制,否则违背公司资本充足的原则。

第一百九十七条 诉讼时效的期间、计算方法以及中止、中断的事由由法律规定,当事人约定无效。

当事人对诉讼时效利益的预先放弃无效。

释 义

本条是关于诉讼时效法定性的规定。

诉讼时效制度有利于促使权利人及时行使权利,维护交易秩序和安全。其关系法律秩序的清晰稳定,权利人和义务人不可以自行约定。

时效利益抛弃的前提是义务人能够获得时效利益,这必须以时效期间届满为前提。在诉讼时效期间开始计算后、时效期间届满前,债务人并没有时效利益,时效利益的抛弃只能是一种事后处分的行为。此外,如果允许预先放弃时效利益,权利人可能会利用强势地位,损害义务人的权利。

第一百九十八条 法律对仲裁时效有规定的,依照其规定;没有规定的,适用诉讼时效的规定。

释 义

本条是关于仲裁时效的规定。

本条重申了《仲裁法》第74条的规定,明确了仲裁时效优先于诉讼时效的规则。仲裁时效指权利人向仲裁机构请求保护其权利的法定期限。权利人在法定期限内没有行使权利,就丧失提请仲裁机构以保护其权益的权利。仲裁包括民商事仲裁、劳动仲裁、农村土地承包经营纠纷仲裁三种。民商事仲裁是指民事主体请求仲裁机构裁决合同纠纷和其他财产权益纠纷。劳动仲裁是指民事主体向劳动仲裁委员会请求裁决处理劳动争议纠纷。农村土地承包经营纠纷仲裁是民事主体就农村土地承包经营纠纷，向农村土地承包仲裁委员会申请裁决。

关于仲裁时效，特别法有规定的适用特别规定；特别法没有规定的，适用诉讼时效。仲裁时效的特别规定主要有三：第一，劳动仲裁时效的特别规定。《劳动争议调解仲裁法》第 27 条规定："劳动争议申请仲裁的时效期间为一年。仲裁时效期间从当事人知道或者应当知道其权利被侵害之日起计算……"从本条规定看，劳动仲裁时效的特殊性主要有：一是时效期间短，仅为一年；二是劳动仲裁时效中止的，时效自原因消除之日起继续计算，而不是按照半年计算；三是因拖欠报酬发生争议的，不受仲裁时效限制。劳动关系终止的除外。第二，《民法典·合同编》对仲裁时效的特殊规定。《民法典》第 594 条规定："因国际货物买卖合同和技术进出口合同争议提起诉讼或者申请仲裁的时效期间为四年。"第三，《农村土地承包经营纠纷调解仲裁法》对仲裁时效的特殊规定。《农村土地承包经营纠纷调解仲裁法》第 18 条规定："农村土地承包经营纠纷申请仲裁的时效期间为二年，自当事人知道或者应当知道其权利被侵害之日起计算。"

第一百九十九条　法律规定或者当事人约定的撤销权、解除权等权利的存续期间，除法律另有规定外，自权利人知道或者应当知道权利产生之日起计算，不适用有关诉讼时效中止、中断和延长的规定。存续期间届满，撤销权、解除权等权利消灭。

释　义

本条是关于除斥期间的规定。

除斥期间又称"预定期间""预备期间"，指法律规定的某种民事权利有效存续的期间。其立法目的在于督促权利人及时行使权利，以维护交易秩序的安全和稳定。

除斥期间约束的是形成权，即一方当事人以自己单方意思表示就可以改变某法律关系的权利。形成权不像请求权那样具有相对性，不需要请求任何人履行某一义务或依赖某一个人来实现权利，所以形成权不受诉讼时效约束。

由于形成权是当事人单方面即可行使的权利,其行使的对象根本无法抗辩,所以法律对形成权行使期间的限制就显得十分必要。诉讼时效存在中止、中断和延长的情形,期间因法定事由可以变动,而除斥期间是固定不变的,其不能中止、中断或延长。诉讼时效的届满仅导致胜诉权的消灭,而不消灭权利本身,而除斥期间的届满则导致权利本身的消灭。

第十章 期间计算

本章是关于期间计算的规定。期间是一种重要的法律事实,是民事法律关系产生、变更和终止的重要依据。民法典有关期间的规定并不鲜见,民事主体开展民事活动时也经常约定各种期间,所以民法典必须规定期间的计算方法,以此细化和补充相关法律规定和当事人意思之不备,减少法律适用歧义和民事纠纷,节省民事交易成本。

本章指称的期间可以分为期日和期间两种,前者是指某一特定的时间点,例如某年、某日、某时等。后者是指两个期日之间的时间段,例如一年、三天、五小时等。本章共计 5 条,主要规定了期间的计算单位、期间的起算与结束、期间结束日的顺延和期间可以法定或者约定等。本章规定是针对自期间起算点向将来计算的情形,即顺算。至于自起算点回溯计算的情形,即逆算,可类推适用顺算的计算方法。

第二百条 民法所称的期间按照公历年、月、日、小时计算。

释 义

本条是关于期间的计算单位的规定。

期间是从某一时间起至某一时间止的时限。任何具有法律意义的民事活动,都可以在时间的长河中标注出一段线或一个点,但是这段线如何计算长度和如何确定其起点和终点在民事主体权利义务分配以及责任的分担中十分重要。法律将期间的计算方法予以明确,以此提高法律适用的可预测性,使得民事主体权利义务的分配以及责任的承担更加明确。

本条规定旨在明确民法上的期间按照公历的年、月、日、小时来计算,这与我国部分地区偶尔使用的农历计算方法不同。我国很多农村地区目前仍然使用农历计年,例如结婚日期、出生日期等还是用农历标注,但这只是民间的计算方法而已,法律并不认同。民法认可的期间计算方法为公历计算法,必须采用公历日期,也就是说 1、3、5、7、8、10 和 12 月份每月有 31 天,2 月份分平年和闰年,各自有 28 天和 29 天,其他月份每月有 30 天。公历计算法不使用民间俗称的"大、小年""闰月"等。民法认可公历计算法也是我国民法与世界法律接轨的表现。˙

第二百零一条 按照年、月、日计算期间的,开始的当日不计入,自下一日开始计算。

按照小时计算期间的,自法律规定或者当事人约定的时间开始计算。

释 义

本条是关于期间起算点确定规则的规定。

理解本条主要把握以下两个要点:

第一,开始当日不计入期间。举例说明:甲和乙于 3 月 7 日签订了一份买卖合同,双方约定"自合同签订之日起 10 日内,乙一次性交付定金 10 万元"。3 月 7 日是双方签订合同的日期,而该日不计入期间内,所以应当从 3 月 8 日开始计算 10 天为乙方支付定金的期间。既然期间已经开始了为何开始当日又不计算在内? 原因在于法律事实发生后,当天已经不足一天了,将当天计算在内的做法对当事人是不公平的,也不符合交易习惯,况且《民事诉讼法》关于期间的规定也是如此。(《最高人民法院关于适用〈中华人民共和国民事诉讼法〉的解释》第 125 条规定:"依照民事诉讼法第 82 条第 2 款规定,民事诉讼中以时起算的期间从次时起算;以日、月、年计算的期间从次日起算。")诉讼法是程序法,民法典是实体法,为了保证同样的案件依照实体法与程序法的规定都能够实现结果的一致性,开始的当天也不应算入期间。

第二,按照小时计算期间的,自法律规定或者当事人约定的时间开始计算。即双方约定一个时间点,那么就从这个时间点开始计算期间。例如,因乙方欠费,甲方通过短信向乙方通知将于今日 9 点起通过 GPS 锁机 10 个小时,则自上午 9 点起开始计算 10 个小时为锁机的期间。

第二百零二条　按照年、月计算期间的,到期月的对应日为期间的最后一日;没有对应日的,月末日为期间的最后一日。

释　义

本条是关于期间终点确定规则的一般规定。

理解本条主要把握以下两个要点:

第一,到期月的对应日为期间的最后一日。例如,乙从甲处购买家用电器,双方约定乙应当自 2019 年 1 月 15 日起,5 个月内将余款还清。那么乙支付余款的期间起算点应当是 2019 年 1 月 16 日,到期月是 6 月,到期月的对应日是 6 月 15 日,即乙支付余款的期间应当是 2019 年 1 月 16 日至 2019 年 6 月 15 日。

第二,如果到期月没有对应日,则月末日为最后一日。例如,乙从甲处购买家用电器,双方约定乙应当自 2019 年 1 月 31 日起,5 个月内将余款还清。即到期月是 6 月,到期月的对应日应该是 31 日,而 6 月没有 31 日,所以应当以到期月 6 月的月末日为最后一日,也就是 6 月 30 日是期间的最后一日,即乙支付余款的期间为 2019 年 2 月 1 日至 2019 年 6 月 30 日。注意,31 日在 2 月、4 月、6 月、9 月、11 月无对应日。30 日在 2 月无对应日。29 日在平年的 2 月无对应日。

第二百零三条　期间的最后一日是法定休假日的,以法定休假日结束的次日为期间的最后一日。

期间的最后一日的截止时间为二十四时;有业务时间的,停止业务活动的时间为截止时间。

释　义

本条是关于期间终点确定规则的特殊规定。

所谓法定休假日，既包括法定节假日，也包括周六、周日。法定节假日是根据国家、民族的风俗习惯或纪念要求，由国家法律统一规定的用以进行庆祝以及度假的休息时间。休假日中，合同的当事人以及影响合同正常履行的第三人或者机构都要进行休息，因此，期间结束最后一日是法定休息日的应当顺延到次日。例如，乙从甲处购买家用电器，双方签订买卖合同约定：乙应当自2019 年 1 月 1 日起，4 个月内将余款还清。还款期的起算点应该是 1 月 2 日，终点本是 5 月 1 日，由于 5 月 1 日是法定休假日，由此就应当以 5 月 2 日为期间的最后一日。当然，这是指只有 5 月 1 日这一天为法定节假日的情形，如果法定节假日为 5 月 1 日至 7 日的话，那么期间的最后一日就应该是 5 月 8 日。

"期间的最后一日的截止时间为二十四时；有业务时间的，停止业务活动的时间为截止时间。"一般而言，最后一天的具体截止时间应该是 24 时，如果义务的履行或者权利的行使有特殊业务活动时间限制的话，那最后一天的具体截止时间不能是 24 时，而是停止业务活动的时间为具体截止时间。业务活动例如出卖人交付货物可能需要快递或者物流服务，而快递或者物流服务一般不可能 24 小时随时都能收发货。如果快递或者物流服务每天收发货的具体时间为早 8 点到晚 7 点，那么晚 7 点就是出卖人交付货物期间最后一天的具体截止时间，而不是最后一天的 24 时。

第二百零四条　期间的计算方法依照本法的规定，但是法律另有规定或者当事人另有约定的除外。

释　义

本条是关于期间计算方法可以法定或约定的规定。

本条意指《民法典》第 200—203 条关于期间计算方法的规定原则上当事人都要遵守，如果其他法律另有规定或者当事人另有约定的话，要优先遵从其他法律规定或者当事人的约定。本条实际上蕴含三个方面的意思表示：

第一，特别法优于一般法。虑及民事主体开展民事活动时经常会用到期间，民法典规定相对统一的期间计算方法，为民事主体开展民事活动提供统一的参照规则，可以减少不必要的交易误会和纠纷，方便民事主体的生活，促进民事交易，活跃市场经济，稳定法律秩序。《民法典》第 200—203 条之立法目的便在于此。民法典仅是民事领域的基本法(或言一般法),除此以外,我国民事领域还有很多民事单行法或者诉讼法等特别法存在。当此类特别法对期间的计算方法有特殊规定时,按照特别法优于一般法的法律适用规则,期间的计算方法应当优先适用此类特别法的规定,这也就是本条指称的"法律另有规定的除外"。例如《民事诉讼法》(2017年修正)第82条第4款规定:"期间不包括在途时间,诉讼文书在期满前交邮的,不算过期。"该规定就是本条指称的"法律另有规定"的情形之一。

第二,尊重意思自治。民法是私法,讲求意思自治,这也是民法自愿原则的体现和要求。民法典需要充分尊重当事人的意思自治,当事人有特定交易习惯或者对期间的计算方法能够达成一致约定的,民法典应当认可,所以本条规定"当事人另有约定的除外"。例如甲乙二人签订买卖合同,约定乙需在合同签订后15个工作日内交付货款。此时二人约定的乙交付货款的期间计算单位是工作日,而非自然日,只要该约定为二人真实自愿的意思表示,那么乙交付货款的期间计算单位就应当适用该约定的工作日,而非法定的自然日。当然,当事人对期间计算方法的约定并非完全没有限制,尚须遵守民法基本原则和法律、行政法规的强制性规定。

第三,特别规定优于一般规定。本条与《民法典》第200—203条构成了特别规定与一般规定的关系,即《民法典》第200—203条是法定的期间计算方法的规定,原则上讲,民事主体开展民事活动要遵循上述规定。但是如果民事主体在开展民事活动时存在本条规定的情形,那么优先适用本条的规定。从适用顺位的角度来讲,在期间计算方法的选择层面,本条赋予了民事主体更大的选择余地。换言之,民事主体可以通过本条来排除《民法典》第200—203条的适用。例如按照《民法典》第200—203条的规定,民事主体在选择期间计算单位时,其只能选择年、月、日、小时。但是按照本条的规定,民事主体完全可以选择用"半月""周""季度"等单位来计算期间,只要该约定不违反民法基本原则和法律、行政法规的强制性规定即可。

附　则

本附则导言

本部分是《民法典》的附则，是附在《民法典》后面的规则，在整部《民法典》中，其作为《民法典》总编和分编的辅助性内容而存在，发挥补充、引致、过渡等作用。本章共计两条，主要规定了两方面内容，一是民法典中部分法律术语的含义，二是民法典的时间效力。民法典中的法律术语众多，本章仅对部分法律术语的含义进行了规定，防止以后此类法律术语在适用过程中产生歧义。本章对民法典时间效力的规定比较细致，其阐明了民法典生效与其他部分既有民事法律规范日后效力的关系，为以后理顺民法典和其他部分既有民事法律规范的适用关系提供了法律依据。

第一千二百五十九条　民法所称的"以上"、"以下"、"以内"、"届满"，包括本数；所称的"不满"、"超过"、"以外"，不包括本数。

释　义

本条是关于法律术语含义的规定。

本条承继原《民法总则》第 205 条之规定而来，对《民法典》中出现的以上法律术语进行概念阐释，防止以上法律术语在以后的法律适用过程中产生歧义。民法所称的"以上""以下""以内""届满"，包括本数；所称的"不满""超过""以外"，不包括本数。这句话是指民法通常会用以上词汇来界定某个时间段、年龄段等，该时间段、年龄段的区间起点或终点按照以上规则认定。例如《民法典》第 17 条规定："十八周岁以上的自然人为成年人。不满十八周岁的自然人为未成年人。"依照上述规则可以得出结论，成年人是指大于等于十八周岁的自然人，未成年人是指小于十八周岁的自然人。需要注意的是，本条规定的是"民法所称"，而不是"本法所称"，意思是不止民法典，其他民事法律规范中出现的以上法律术语的含义亦是如此。

第一千二百六十条　本法自 2021 年 1 月 1 日起施行。《中华人民共和国婚姻法》、《中华人民共和国继承法》、《中华人民共和国民法通则》、《中华人民共和国收养法》、《中华人民共和国担保法》、《中华人民共和国合同法》、《中华人民共和国物权法》、《中华人民共和国侵权责任法》、《中华人民共和国民法总则》同时废止。

释 义

本条是关于民法时间效力的规定。

民法的时间效力指的是民法的生效时间,民法的失效时间,以及民法在生效前对社会民事关系是否具有溯及力。本条规定了民法典生效时间和其他民事法律规范失效时间两方面的内容。

1.民法典生效时间。法律生效时间的确定方式主要有两种,即自法律公布之日起即生效和自法律公布之后,明文规定某个时间开始生效。以上两种方式的选择主要取决于该法律适用空间范围的大小和调整对象的复杂度。适用空间范围越大,调整对象越复杂的法律选择第二种生效时间确定方式的可能性越高。例如原《民法总则》于 2017 年 3 月 15 日发布,于 2017 年 10 月 1 日生效。该种生效时间确定方式旨在给予民事主体一定的"预习"该法的时间,确保民事主体提前做好接受新法约束和指引的准备,毕竟较于旧法而言,新法往往都会有所变动。民法典适用于全国,适用空间范围大,调整对象复杂多样,所以其采用了第二种生效时间确定方式,即《民法典》公布(发布)日期和施行(生效)日期相分离。(2020 年 5 月 28 日为《民法典》的公布日期,2021 年 1 月 1 日为《民法典》的施行日期。)

2.其他民事法律规范失效时间。民事法律规范失效的时间主要有三种类型:新法直接规定废止旧法;旧法规定与新法相抵触的部分失效;由国家机关颁布专门的决议规定,宣布某些民事法律规范失效。在民法典出台之前,我国民事立法工作主要表现为出台诸多民事基本法和民事单行法等。现民法典已经将以前的诸多民事基本法和民事单行法吸纳其中,民法典生效之后原有的诸多民事基本法和民事单行法已经失去了其存在意义。所以本条采用了上述第一种民事法律规范失效的时间类型,即《民法典》生效之日起,原《中华人民共和国婚姻法》《中华人民共和国继承法》《中华人民共和国民法通则》《中华人民共和国收养法》《中华人民共和国担保法》《中华人民共和国合同法》《中华人民共和国物权法》《中华人民共和国侵权责任法》和《中华人民共和国民法总则》失效。需要注意的是,是《民法典》的生效引发了其他民事法律规范的失效,而非《民法典》的公布(发布)。

我国原有的民事法律规范不仅限于本条列举的九种(例如还有《合伙企

业法》和与原《婚姻法》配套适用的诸多司法解释等），除这九种之外的其他既有民事法律规范并不会因《民法典》生效而必然全部失效。此类民事法律规范的失效时间可分为三种。第一，民法典生效之时，此类民事法律规范随之失效。例如在《民法典》生效时，作为与原《民法通则》《婚姻法》相关的法律解释之一，2014 年第十二届全国人大常委会第十一次会议通过的《全国人民代表大会常务委员会关于〈中华人民共和国民法通则〉第九十九条第一款、〈中华人民共和国婚姻法〉第二十二条的解释》同步废止。第二，旧法规定与新法相抵触的部分失效。民法典为新法，此类既有的民事法律规范为旧法。换言之，民法典生效以后，此类既有民事法律规范的效力多表现为部分有效，部分无效。原《民法总则》与原《民法通则》的关系就是此类例证。第三，将来此类民事法律规范也有可能因为国家机关颁布专门的决议宣布其失效。其效力将来何去何从，很大程度上取决于立法选择和其内容本身是否还能适应社会主义发展的需要。